知识产权法学

主　编　孙玉荣

副主编　周贺微　刘自钦　涂　靖

知识产权出版社
全国百佳图书出版单位
—北京—

图书在版编目（CIP）数据

知识产权法学/孙玉荣主编. —北京：知识产权出版社，2022.12
ISBN 978 – 7 – 5130 – 8434 – 5

Ⅰ.①知…　Ⅱ.①孙…　Ⅲ.①知识产权法学—中国　Ⅳ.①D923.401

中国版本图书馆 CIP 数据核字（2022）第 201236 号

责任编辑：刘　江　　　　　　　　　责任校对：谷　洋
封面设计：杨杨工作室·张冀　　　　责任印制：刘译文

知识产权法学

主　编　孙玉荣

副主编　周贺微　刘自钦　涂　靖

出版发行：知识产权出版社 有限责任公司	网　址：http：//www.ipph.cn
社　址：北京市海淀区气象路 50 号院	邮　编：100081
责编电话：010 – 82000860 转 8344	责编邮箱：liujiang@ cnipr.com
发行电话：010 – 82000860 转 8101/8102	发行传真：010 – 82000893/82005070/82000270
印　刷：三河市国英印务有限公司	经　销：新华书店、各大网上书店及相关专业书店
开　本：720mm×1000mm　1/16	印　张：20
版　次：2022 年 12 月第 1 版	印　次：2022 年 12 月第 1 次印刷
字　数：308 千字	定　价：108.00 元

ISBN 978 – 7 – 5130 – 8434 – 5

前　言

　　创新是引领发展的第一动力，保护知识产权就是保护创新。《知识产权强国建设纲要（2021—2035 年）》的发布，使得知识产权作为国家发展战略性资源和国际竞争力核心要素的作用日益突出。全面加强知识产权保护，激发全社会创新活力，建设世界科技强国与全面推进依法治国，为完善我国知识产权法治建设带来机遇和挑战。知识产权法学是一门适时性、理论性和专业性很强的学科，随着知识产权法学理论和我国知识产权立法、司法进程的演变，许多方面需要重新探索和研究。本书作者吸收国内外知识产权法学界的最新研究成果，结合我国现行知识产权法律、法规和司法解释，从理论和实务角度对知识产权法律制度的基础理论和基本制度进行系统深入研究，由浅入深，详尽介绍知识产权法的基本制度、理论及相关实务问题，内容包括知识产权法总论、著作权法、商标法和专利法共四编 17 章。本书力求做到内容全面、重点突出、讲述精细、深浅适中，达到科学性、系统性与实践性的统一。

　　本书的出版得到北京工业大学文法学部有关领导和学术委员会的大力支持，谨在此致以衷心的感谢！本书由北京工业大学文法学部法律系孙玉荣教授和周贺微、刘自钦、涂靖三位具有知识产权法学博士学位的年轻教师暨北京知识产权研究院核心骨干成员合作完成。具体分工如下：孙玉荣负责全书的统筹谋划并且撰写前言和第一编知识产权法总论部分；周贺微负责撰写第二编著作权法、刘自钦负责撰写第三编商标法、涂靖负责撰写第四编专利法。本书的写作和资料选取截止于 2022 年 6 月，在写作过程中参考了我国知识产权法学界多位学者的论著，在此致以诚挚的谢意。

　　本书适于作为高等院校硕士研究生学习知识产权法学相关课程的专业

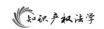

教材，同时可作为高等院校本科生知识产权法学课程的教材和参考用书，也可用于党政机关、企事业单位知识产权从业工作者的岗位培训教材以及从事知识产权法学理论研究人员及实务工作者的参考用书。

学无止境！在写作过程中，尽管我们尽了自己最大的努力，然而由于时间有限、内容篇幅所限，本书可能会有些遗漏和浅尝辄止之处，文责自负，书中如有观点不妥当，请各位读者、学界同人批评指正，以便再版时予以修订。

知识产权出版社刘江博士为本书编辑出版付出了辛勤的汗水，谨在此致以诚挚的谢意。

作　者
2022 年 8 月于北京

目　录

第一编　总　论

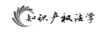

第三编　商标法

第四编 专利法

第一编

总　　论

第一章　知识产权概述

一、知识产权的概念

"知识产权"（Intellectual Property）这一概念在我国的形成及相关学术研究的具体实践都是首先从法学领域开始的。关于这一术语的起源，我国学者的观点不一。郑成思先生认为它起源于 18 世纪的德国。❶ 吴汉东教授则认为"知识产权"最早起源于 17 世纪中叶的法国学者卡普佐夫的著作，后来被比利时法学家皮卡弟所发展。❷ 刘银良教授认为它起源于 19 世纪的欧洲：1846 年，法国人阿尔弗雷德·尼翁（Alfred Nion）在《作家、艺术家和发明家的民事权利》一书中使用了"propriété intellectuelle"。❸ 在过去相当长的一段时间内我国法学界曾采用"智力成果权"的说法，直到 1986 年《中华人民共和国民法通则》（以下简称《民法通则》）的颁布，"知识产权"这一称谓变得通用起来，成为约定俗成的正式概念。时至今日，知识产权这一概念的内涵和外延已经被逐步拓展，不仅仅局限于法学领域，此乃社会发展之必然。我国台湾地区至今仍然采用"智慧财产权"的说法。❹ 知识产权是指人们对自己的智力劳动成果、经营标记、商誉和其他特定相关客体等依法享有的一种专有权利。

1967 年《成立世界知识产权组织公约》第 2 条给知识产权下定义时采取了列举的方式，即知识产权应该包括下列几项权利：（1）与文学、艺术

---

❶ 郑成思. 知识产权论［M］. 北京：社会科学文献出版社，2007：1.

❷ 吴汉东. 知识产权法学［M］. 北京：北京大学出版社，2022：3.

❸ 刘银良. 知识产权法［M］. 北京：高等教育出版社，2010：5.

❹ 本书认为，把 Intellectual Property 翻译为"智力成果权"更为准确。

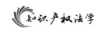

及科学作品有关的权利;(2)与表演艺术家的表演活动、与录音制品及广播有关的权利;(3)与人类创造性活动的一切领域内的发明有关的权利;(4)与科学发现有关的权利;(5)与工业品外观设计有关的权利;(6)与商品商标、服务商标、商号及其他商业标记有关的权利;(7)与防止不正当竞争有关的权利;(8)一切其他来自工业、科学及文学艺术领域的智力创作活动所产生的权利。《与贸易有关的知识产权协议》(TRIPS 协议)也采取列举的方式将知识产权规定为著作权与邻接权、商标权、地理标志权、外观设计权、专利权、集成电路布图设计权、商业秘密权。由此可见,相关国际公约都是从划定范围的角度来给知识产权下定义的。世界上多数国家的立法和法学著述也大多如此,即关于知识产权的定义采纳的是列举主义。我国学者则大多采用的是概括法,而且至今为止很难说得清"知识产权"这个概念的定义到底有多少种。我国知识产权学界的泰斗郑成思教授从 1982 年出版其第一部著作《知识产权若干问题》至 2005 年出版最后一本巨著《知识产权——应用法学与基本理论》的 20 多年间,在不同研究阶段曾对"知识产权"这一概念作过不同的解释。1993 年出版的《知识产权法教程》,对"知识产权"的定义为"人们对其创造性的智力成果所依法享有的专有权利"。在 1998 年出版的《知识产权论》中,郑成思教授用大量篇幅论述了"知识产权"的财产属性及其在财产权概念下的具体地位,但并没有对"知识产权"给出具体定义。2004 年,郑成思教授重新用概括性语言对"知识产权"这一概念进行了界定,即"知识产权是一种私权,指对特定智力创造成果所依法享有的专有权利,或者说是以特定智力创造成果为客体的排他权、对世权"。❶ 吴汉东教授将"知识产权"定义为"人们对于自己的智力活动创造的成果和经营管理活动中的标记、信誉所依法享有的专有权利"。❷ 刘春田教授则认为,"知识产权是基于创造成果和商业标记依法产生的权利的统称"。❸ 王迁教授指出,知识产权是人们依法对自己的特定智力成果、商誉和其他特定相关客体享有的权利。❹

❶ 郑成思,朱谢群. 信息与知识产权的基本概念 [J]. 科技与法律,2004(2).
❷ 吴汉东. 知识产权法学 [M]. 北京:北京大学出版社,2022:4.
❸ 刘春田. 知识产权法 [M]. 北京:中国人民大学出版社,2022:6.
❹ 王迁. 知识产权法教程 [M]. 北京:中国人民大学出版社,2021:3.

他认为，用概括法给"知识产权"下定义虽然容易被接受，但是概括起来非常困难。以列举客体的方式给知识产权下定义虽然比较烦琐，却是较为实际可行的方法。❶ 孙国瑞教授则提出，使用概括式加列举式，避免了概括式定义的弊端，是一种比较稳妥的方法。❷

二、知识产权的性质和特征

（一）知识产权的性质

作为一项民事权利，知识产权是一种私权，这是毋庸置疑的。TRIPS协议序言中明确界定"知识产权是私权"❸。实际上，这句表述不过是对既有事实的一个确认而已。❹ 在西欧，版权、专利权和商标权从一开始就是作为一种个人财产权而受到保护的。知识产权的创造、管理、运用和保护等环节虽然都与公权力有密切关系，这使得知识产权成为公私利益平衡的产物，但不能因此认定知识产权兼具公权和私权的性质。从法律体系上来看，民法是私法的基本形式之一，而知识产权法作为民法的一个组成部分，自然属于私法范畴，即使知识产权法中也有一些行政法规范。但公法与私法的分类本是就一部法律的整体性而言的，因而具有相对性，公法中会含有私法的成分，反之亦然。因此，知识产权法中尽管包含不少行政法律规范，却并不能就此改变知识产权的私权性质。

（二）知识产权的特征

如同知识产权的概念一样，关于知识产权的特征，目前我国学界依然众说纷纭，没有达成统一的意见。尽管如此，无形性、专有性、地域性和时间性等特点作为知识产权的特征，还是在学术界得到了一定的认同。❺

---

❶　王迁. 知识产权法教程［M］. 北京：中国人民大学出版社，2009：5.

❷　孙国瑞. 知识产权法学［M］. 北京：知识产权出版社，2012：2.

❸　Agreement on Trade – Related Aspects of Intellectual Property Rights："Recognizing that intellec- tual property rights are private rights"［EB/OL］.（2015 – 12 – 15）［2022 – 05 – 31］. http：//www. wto. org/english/res_e/booksp_e/analytic_index_e/trips_01_e. htm.

❹　闫文军，唐素琴. 知识产权教程［M］. 北京：科学出版社，2015：8.

❺　李明德. 知识产权法［M］. 北京：社会科学文献出版社，2007：43.

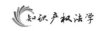

1. 无形性

我国多数教科书在总结知识产权的特征时，都将知识产权客体的非物质性等同于"无形性"。吴汉东教授认为，将知识产权的本质特征概括为"无形性"，有背离民法基本原理之处。❶ 知识产权的客体是智力活动成果，是人们的创造力和想象力的结晶，其本身是无形的。我们一定要将智力成果区别于表现（再现）智力活动的有形物质载体。吴教授认为，知识产权客体的非物质性是知识产权的本质特征，也是其区别于有形财产权的根本标志。而专有性、地域性和时间性等特点作为知识产权的基本特征，也是由知识产权的本质特征所决定的。当然，知识产权的基本特征也并非知识产权所独有的，而是与其他财产权，特别是财产所有权相比较而言的。

2. 专有性

知识产权的内容核心是对智力成果的专有权和支配权。人们的智力活动一旦以某种外在形式表现出来，便具有了被扩散、被复制以及失控的可能性；而这种情况的发生必然会危害智力成果创造者或其他合法所有者的利益。在知识产权法律制度的保护下，知识产权人则享有对其无形智力劳动成果的实质性的控制权或专有权，但不是对有形载体的事实上的控制或所有。专有性是把知识产权和公有领域的人类智力成果区分开来的一个重要特点。知识产权的专有性主要表现在以下两个方面：第一，对同一项智力成果不能有两个或两个以上同一属性的知识产权并存；第二，知识产权为权利人所独占，权利人垄断这种专有权利并受到法律的严格保护，非依法律规定或未经权利人许可，任何人不得使用为权利人所垄断的智力成果。

3. 地域性

知识产权作为一种专有权在空间上的效力并不是无限的，而是要受到地域的限制。区别于有形财产权，知识产权具有严格的地域性。按照一国法律获得承认和保护的知识产权，只能在该国领域内发生法律效力。除非签有国际公约或双边互惠协定，知识产权没有域外效力，其他国家对这种

---

❶ 吴汉东. 知识产权法［M］. 北京：法律出版社，2011：11.

权利没有保护的义务，任何人均可在自己的国家内自由使用该智力成果，而无须取得权利人的同意，也不必向权利人支付任何报酬。

4. 时间性

知识产权的时间性是指，知识产权仅在法律规定的期限内受到保护，一旦法律规定的有效期限届满，这一权利就自行终止或消灭，相关知识产品即成为整个社会的共同财富，可以由社会公众自由地使用。知识产权在时间上的有限性，是各国为促进科学文化发展、鼓励智力成果公开，并借此协调知识产权专有性与知识产品社会性之间的矛盾而普遍采取的法律手段。

与传统知识产权相比较而言，网络环境下知识产权的无形性特点更加突出而地域性特征有所淡化。

传统知识产权客体的无形性并不妨碍其被固定在有形的载体上，即与一定的物质载体相结合。在网络环境中，智力成果是以字节流的形式存在的，以信号的形式进行传播，网络的虚拟性使得知识产权客体的无形性特点更为突出，并且对知识产权权利客体的复制和传播都呈现出便捷和低成本的特点。在网络环境下，数字化作品的极易复制性得到进一步强化，从而使网络环境下知识产权的保护过程变得更为复杂和艰难。

网络的全球化给传统知识产权的地域性特征带来了挑战。对传统知识产权而言，地域性是指知识产权在空间上的效力受到地域的限制，即权利主体所拥有的知识产权只在本国境内有效。但是在信息网络环境中，互联网的无国界性导致大量发生在互联网上的知识产权侵权案件是跨国界的，这给网络侵权主体的确认以及如何确定侵权行为发生地带来困难，同时也给知识产权执法、监管以及产生纠纷后的举证等带来诸多难题。

三、知识产权与技术创新的关系

关于技术创新的含义，从科技与经济、宏观与微观、国际与国内等不同领域和角度有许多解释，并且是发展和变化的。归纳技术创新的基本特征在于：（1）技术创新是以技术研究与开发为基础，科技研发的水平直接制约着技术创新的程度与规模；（2）技术创新是将技术研发所形成的具有竞争力的商品和服务推向市场的一系列活动，市场和商业效益是评价和检

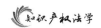

验技术创新质量的最终标准；（3）技术创新是技术与经济紧密结合、相互转化的系统工程，并非单纯的、独立的科学研究和技术进步过程，还涉及市场实现、组织管理、国家调控等范畴，是科技促进社会经济发展的重要途径。

知识产权制度作为对创造性智力成果的激励和保护机制，促进和保护创新是其基本宗旨和目标。创新是引领发展的第一动力，保护知识产权就是保护创新。作为重要的经济资源，技术创新成果如若想要实现最优化配置，则势必离不开良好的法治环境。知识产权法律制度既是实施创新驱动发展战略的协调和保障机制，又为数字经济的创新成果及其产业化提供了强有力的保护。

知识产权战略与技术创新具有十分密切的联系。知识产权战略贯穿技术创新的全过程，无论是创新成果的构思、技术方案设计、创新成果的产权化和产品化，以及创新成果的市场化和对创新成果的保护等，都是知识产权战略运行的环节和内容，两者之间是一种良性互动的关系。知识产权战略实施对于技术创新具有极大的推动作用，技术创新则是知识产权战略实施的重要目标。技术创新不仅是实施企业知识产权战略转换策略的动力源，而且其促进了企业知识产权战略转换态势的发展，随着技术创新能力的提高，企业创新的方式和实施知识产权战略的层次也将不断提高。因此，企业在技术创新中应以知识产权战略为指引，在技术创新战略下实施知识产权战略，将技术创新过程演变为企业知识产权战略实施的过程。

知识产权战略是遵守并利用法律制度的框架，获得和保持竞争力的手段。从战略层面上，可以将其划分为国家知识产权战略、地方知识产权战略、产业知识产权战略和企业知识产权战略。企业知识产权战略的本质是企业运用知识产权及其制度的特点去寻求市场竞争有利地位的总体性谋划和采取的一系列策略与手段，其基本含义是指企业特别是高新技术企业，根据自身条件、技术环境和竞争势态，把运用知识产权作为在创新和经营活动中的重要甚至主要方针和手段，对技术创新知识产权的获得、利用、管理和保护等进行整体性筹划和采取相应措施，以达到保持和提高竞争优势的总目标。企业知识产权战略是系统工程，是集法律、科技、经济于一体的综合战略，它是企业经营发展战略体系的组成部分，其定位应当与企业的其他战略相关联，其实施也有赖于其他战略的配合与制约。例如，商标战略就与市场营销战略、广告战略、企业形象战略等紧密相连。企业知识产权战略又是依法治企战略的核心部分，知识产权法律制度是其制定和实施的依托与保障，企业通过知识产权战略，促进其他方面的规范化、法治化建设。企业对知识产权法律资源所提供的行为框架和保障机制的运用，也就是企业知识产权战略的形成和实现过程。知识产权可以帮助企业获得与维持市场竞争优势，这是企业实施知识产权战略的根本原因。

四、知识产权强国建设战略

随着各国之间经济技术交流与合作的加强，知识产品和技术密集型产品以及其他高科技产品在国际经济贸易活动中的比重越来越大，进入21世纪后知识产权更是成为世界各国激烈竞争的焦点之一，知识产权的数量和质量及受保护程度在作为评价指标的同时，也用于衡量高新技术产业、技术创新水平以及综合国力，并且越来越广泛地、直接地作为发达国家占领国际市场甚至解决国际争端的强有力武器。美国、欧盟和日本等经济技术发达国家和地区，纷纷对本国和地区的知识产权战略进行调整，把技术创新中知识产权保护纳入地区和国家战略，知识产权保护的强化趋势已经成为国际主流。面对如此激烈的国际竞争与如此严峻的知识产权竞争形势，我国于2008年6月发布《国家知识产权战略纲要》。国家知识产权战略是指通过提升国家知识产权创造、运用、保护和管理能力，以促进社会经济技术发展的一种总体谋划。为进一步贯彻落实《国家知识产权战略纲要》，全面提升知识产权综合能力，实现创新驱动发展，推动经济提质增效升级，2014年12月10日制定发布《深入实施国家知识产权战略行动计划（2014—2020年）》。2016年5月19日，中共中央、国务院印发《国家创新驱动发展战略纲要》，强调科技创新是提高社会生产力和综合国力的战略支撑，必须摆在国家发展全局的核心位置。2021年9月，中共中央、国务院印发的《知识产权强国建设纲要（2021—2035年）》围绕"建设面向社会主义现代化的知识产权制度""建设支撑国际一流营商环境的知识产权保护体系""建设激励创新发展的知识产权市场运行机制""建设便民利民的知识产权公共服务体系""建设促进知识产权高质量发展的人文社会

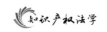

环境""深度参与全球知识产权治理"六大方面，共部署了 18 项重点任务，提出要加快以大数据、人工智能和基因技术等为代表的新领域、新业态知识产权立法，建立健全新技术、新产业、新模式知识产权保护规则。

　　数字经济时代，技术创新和应用周期不断缩短，对知识产权保护效率也提出了更高要求。知识产权保护所涉及的数据要素流通、知识产品传播及国际话语体系影响力构建，亟须从技术革新、模式创新角度加强知识产权建设，推动数字内容产业的新模式、新业态，提升内容产业的社会效益和经济效益。作为数字经济的根基，知识产权是推动数字经济高质量发展的新引擎，是实现创新驱动发展的有力保障，更是激励数字经济持续创新的关键因素。我国若要在当前日趋复杂的国际形势下打造具有国际竞争力的数字经济产业，推动数字经济与实体经济相互融通，加速驱动创新，引领创新驱动，势必离不开知识产权的保驾护航。

第二章　知识产权法概述

作为一种重要的财产权，知识产权是由法律所确认和保护的权利。知识产权的创造、管理、运用和保护都离不开法律。作为一种法律关系，知识产权制度是通过知识产权法调整知识产权人与非权利人之间围绕某项智力成果而发生的权利和义务关系。知识产权法作为民法体系的一个重要组成部分，自然具有法的一般本质特征，即强制性、规范性、普遍性、稳定性。但与民法体系的其他成员相比较，知识产权法虽属于私法，但其强行性规范特征较为明显。

一、知识产权法在我国法律体系中的地位

法律体系是一个国家现行国内法构成的体系，它反映一个国家法律的现实状况，必须与该国的经济文化状况相适应，必须符合法律自身的发展规律，具有客观性。法律体系的形成又是一国的立法机关和法学工作者对现行法律规范进行科学抽象和分类的结果，具有主观性。法律体系可以划分为不同的相对独立的部分，这就是法律部门，即部门法。

知识产权法在我国法律体系中的地位如何？回答此问题的关键是搞清楚知识产权法到底能不能从民法中独立出来从而形成一个独立的法律部门？对此，学者观点不一。赞成者认为，知识产权法因其特殊性，不能完全适用民法的基本原则，故应从民法中独立出来。更多学者认为，知识产权法虽有其特殊性，但仍属于民法范畴。知识产权法的调整对象是平等主体因创造或使用智力成果而产生的财产关系和人身关系，其调整手段和适

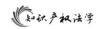

用原则主要是民法的手段和原则。❶ 此乃通说，本书亦采之。

知识产权是一项民事权利，知识产权法当然属于民法体系的一个组成部分，这不仅是学界多数人的观点，❷ 还体现在我国的民事立法中。早在《民法通则》第 5 章就专设"知识产权"一节。其后的《中华人民共和国侵权责任法》（以下简称《侵权责任法》）第 2 条第 2 款将著作权、专利权、商标专用权、发现权作为民事权益加以规定，使得知识产权作为侵权行为的客体，成为侵权责任法保护的对象。由此可见，我国民事立法早已将知识产权划归民事权利的序列。2020 年 5 月 28 日第十三届全国人民代表大会审议通过的《中华人民共和国民法典》（以下简称《民法典》）在"总则编"第五章"民事权利"第 123 条规定"民事主体依法享有知识产权"，并对知识产权具体包括哪些具体权利进行列举规定。

关于我国民法典是否要设置知识产权编这个焦点问题，自 2002 年民法典草案编撰初始就备受学者争议。2002 年 1 月 11 日召开的全国人大法工委工作会上，确定由郑成思教授主持起草中国民法典中的知识产权篇。郑教授在当年发表的一篇文章中这样写道："我确实感到这是一个难题。因为世界上除了意大利不成功的经验之外，现有的稍有影响的民法典，均没有把知识产权纳入。"❸ 诚如郑教授所言，1996 年，世界知识产权组织主持的华盛顿会议上，各国与会专家在"知识产权不纳入民法典"这一点上已经达成共识。若是要突破这一共识，在理论上及立法技术上均可能有一些风险。❹ 1994 年《俄罗斯民法典》在前三编生效多年之后，于 2006 年专编规定了"智力活动成果和个性化标识权"。该编在 2008 年生效的同时，包括《著作权与邻接权法》《专利法》《商标、服务标记和原产地名称法》等在内的 6 部法律被宣布废止，但该国知识产权界对此的争议却没有停止。在我国，以吴汉东教授为代表的一些学者主张在民法典中设"知识产权编"❺，但遗憾的是这一观点在最终出台的《民法典》中没有被

---

❶ 吴汉东. 知识产权法学［M］. 北京：北京大学出版社，2022：31.
❷ 刘春田教授认为，知识产权法是民法不可分割的一部分。参见：刘春田. 知识产权作为第一财产权利是民法学上的一个发现［J］. 知识产权，2015（10）：6.
❸ 郑成思. 民法典知识产权篇·第一章 论述［J］. 科技与法律，2002（2）.
❹ 郑成思. 民法典知识产权篇·第一章 论述［J］. 科技与法律，2002（2）.
❺ 吴汉东. 知识产权"入典"与民法典"财产权总则"［J］. 法制与社会发展，2015（4）.

采纳。

二、知识产权法的调整对象

知识产权法的调整对象是平等主体因创造或使用知识产品而产生的财产关系和人身关系，这些知识产品表现为创造性智力成果、商业标志和其他具有商业价值的信息。除客体的特殊性外，知识产权法所调整的社会关系还具有当事人法律地位平等、以财产关系和人身关系为内容等特点。

知识产权法律关系的主体，即参加知识产权法律关系，享有权利、承担义务的人。这里的"人"，不仅指自然人，还包括法人或非法人组织，其法律地位是平等的。知识产权法律关系主体的权益平等地受到法律的保护。知识产权的权利主体具体包括商标权人、著作权人、专利权人等。根据权利的取得方式不同，还可以将知识产权的权利主体划分为原始主体和继受主体。原始主体是通过自己的创造性活动而取得知识产权的人。继受主体是通过转让、继承等方式取得知识产权的人。

知识产权法律关系的客体是指知识产权法律关系主体享有的权利和承担的义务所指向的对象，即创造性智力成果、商业标志和其他具有商业价值的信息。知识产权的客体具有非物质性和可复制性等特征。知识产权客体与其载体具有可分离性。换句话说，知识产权的客体一般可由一定的有形物去复制。知识产权作为一种财产权，就是因为这些权利被利用后，能够体现在一定的产品、作品或其他物品的复制活动上。例如，作者的思想如果不体现在可复制的手稿、石头或录音上，就不成为一种财产权。❶但是，著作权的客体并不是承载作品的那个手稿、石头或录音，而是作品。无论最初的书稿、雕刻或录音制品被复制多少份，作品始终就是一个。

知识产权法律关系的内容是指知识产权法律关系的主体享有的相应权利和承担的相应义务。知识产权法所调整的社会关系主要是财产关系，但也有部分人身关系，如著作权中作者所享有的发表权、署名权和修改权，即作者的精神权利，是作者就作品中所体现的人格或精神所享有的权利。这些人身利益与财产权利具有密切的联系。多数情况下，对人身关系的调

---

❶ 郑成思. 知识产权论［M］. 北京：社会科学文献出版社，2007：64.

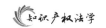

整，既是为了保护权利主体的人身权益，也是为了更好地保护其财产权益。

三、知识产权法的法律渊源

法律渊源，即法律规范的表现形式，也称法源。知识产权法的渊源，指的是知识产权法律规范的表现形式。了解知识产权法的渊源是相当必要的：一是只有表现为法律渊源的知识产权法律规范才具有法律效力；二是具有不同法律渊源的知识产权法律规范具有不同的法律效力。我国知识产权法的渊源主要包括以下几个方面。

1. 宪法

宪法是国家的根本大法，是一切立法的依据和出发点，是知识产权法基本的法律渊源。如《中华人民共和国著作权法》（以下简称《著作权法》）第 1 条规定："为保护文学、艺术和科学作品作者的著作权，以及与著作权有关的权益，鼓励有益于社会主义精神文明、物质文明建设的作品的创作和传播，促进社会主义文化和科学事业的发展与繁荣，根据宪法制定本法。"

2. 有关知识产权的法律或包含知识产权的法律

法律有广义、狭义两种理解。广义上讲，法律泛指一切规范性文件；狭义上的法律，仅指全国人大及其常委会制定的规范性文件。这里采用的是狭义的概念。在我国知识产权法的渊源中，知识产权法律的地位和效力仅次于宪法。目前，我国比较重要的知识产权法律有：《中华人民共和国商标法》（1982 年 8 月 23 日第五届全国人民代表大会常务委员会第二十四次会议通过，1993 年、2001 年、2013 年三次修正，2019 年第四次修正，以下简称《商标法》）、《中华人民共和国专利法》（以下简称《专利法》）1984 年 3 月 12 日由第六届全国人民代表大会常务委员会第四次会议通过并于 1992 年和 2000 年经全国人民代表大会常务委员会二次修正、2020 年第四次修正，《中华人民共和国著作权法》（1990 年 9 月 7 日第七届全国人民代表大会常务委员会第十五次会议通过，2010 年第二次修正、2020 年第三次修正，以下简称《著作权法》）、1993 年 9 月 2 日全国人大常委会发布的《中华人民共和国反不正当竞争法》（2017 年、2019 年两次修正，以下简称《反不正当竞争法》）以及《民法典》"总则编"第五章关于"知识产权客体的规定"，等等。

3. 国务院及其所属部委依据法律、行政法规所制定的规范性文件

国务院作为国家最高行政机关，它可以根据宪法、法律和全国人民代表大会常务委员会的授权，制定、批准和发布法规、决议和命令，由国务院制定的法律文件，称为行政法规，这些规范中有关知识产权方面的规定在我国的知识产权法实践中起到了非常重要的作用，是知识产权法的重要表现形式，其地位和效力仅次于宪法和知识产权法律。如《中华人民共和国商标法实施条例》《中华人民共和国植物新品种保护条例》《信息网络传播权保护条例》《中华人民共和国著作权法实施条例》《计算机软件保护条例》《出版管理条例》《中华人民共和国知识产权海关保护条例》《中华人民共和国专利法实施细则》等。

国务院各部委依据知识产权法律、行政法规所制定的规范性文件称为行政规章。规章虽不属于立法，但是司法审判活动中裁判的重要参考。

4. 地方性法规

地方各级人民代表大会、地方各级人民政府、民族自治区的自治机关在宪法、法律规定的权限内所制定、发布的决议、命令、地方性法规、自治条例、单行条例中有关知识产权的法律规范，也是知识产权法的重要渊源。如《上海市知识产权保护条例》（2021 年 3 月 1 日起施行）、《北京市知识产权保护条例》（2022 年 7 月 1 日起实施）、《广东省知识产权保护条例》（2022 年 5 月 1 日起实施）、《陕西省专利条例》（2012 年 10 月 1 日起生效）、《甘肃省专利条例》（2012 年 8 月 1 日起生效）、《四川省专利保护条例》（2012 年 5 月 1 日起生效）、《昆明市知识产权促进与保护条例》（2014 年 10 月 1 日起生效）、《天津市专利促进与保护条例》（2011 年 4 月 1 日起生效）、《广东省专利条例》（2010 年 12 月 1 日起生效）、《青海省专利促进与保护条例》（2010 年 3 月 1 日起生效）、《江苏省专利促进条例》（2009 年 10 月 1 日起生效），等等。

5. 最高人民法院的指导性文件

最高人民法院是我国的最高审判机关，依法享有监督地方各级人民法

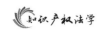

院和各专门人民法院的审判工作的职权。为了在审判工作中正确贯彻执行法律，它可以在总结审判实践经验的基础上发布司法解释性文件，包括发布在审判工作中适用某个法律的具体意见以及对具体案件如何适用法律作出批复。如《最高人民法院关于审理涉电子商务平台知识产权民事案件的指导意见》《最高人民法院关于涉网络知识产权侵权纠纷几个法律适用问题的批复》《最高人民法院关于审理专利授权确权行政案件适用法律若干问题的规定》《最高人民法院关于加强著作权和与著作权有关的权利保护的意见》《最高人民法院关于依法加大知识产权侵权行为惩治力度的意见》《最高人民法院关于审理侵犯商业秘密民事案件适用法律若干问题的规定》《最高人民法院关于知识产权民事诉讼证据的若干规定》《最高人民法院关于审理侵害知识产权民事案件适用惩罚性赔偿的解释》等。

6. 国际条约、国际惯例

国际条约是指我国作为国际法主体同外国缔结的双边、多边协议和其他具有条约、协定性质的文件。条约生效后，根据"条约必须遵守"的国际惯例，对缔约国的国家机关、团体和公民就具有法律上的约束力，因而也是知识产权法的重要渊源之一。如我国参加的《保护工业产权巴黎公约》《专利合作条约》《保护文学艺术作品伯尔尼公约》《商标国际注册马德里协定》《世界版权公约》等。

国际惯例是指以国际法院等各种国际裁决机构判例所体现或确认的国际法规则和国际交往中形成的共同遵守的不成文的习惯，是国际条约的补充。

四、知识产权侵权的法律责任

在理论上知识产权侵权有直接侵权和间接侵权之分。数字经济时代，知识产品的传播途径发生很大变化。数字技术的飞速发展促使数字经济新业态出现的同时，知识产权保护的新客体也不断涌现，侵害知识产权的行为越来越隐蔽，难以被发现，这些都是数字经济给知识产权制度带来的新挑战。

（一）知识产权侵权的归责原则

归责，是指确认和追究侵权行为人的民事责任。归责原则，是指据以确定行为人承担民事责任的根据和标准。关于归责原则的体系，我国学界虽有分歧，但知识产权学术界和司法实务界普遍认为侵害知识产权的赔偿责任应采取二元归责原则。❶

作为一个归责体系，二元归责原则更具有周延性或者说完整性。二元归责说主张归责原则包括过错责任原则和无过错责任原则，从逻辑学上讲，过错责任和无过错责任是一种周延的列举，不存在遗漏的情形。二元说更有利于建立一个逻辑统一的归责原则体系，也符合当代侵权行为法的发展潮流。当今世界归责原则二元化的制度已基本形成，这是不可否认的事实。二元归责原则体系在我国也具有明确的法律依据。我国从《侵权责任法》到《民法典》侵权责任编对此都有明确规定。

（二）知识产权侵权的责任承担

知识产权侵权行为是一种违反知识产权法律规定的不合法行为，侵害人应当依法承担责任，包括民事责任、刑事责任和行政责任。

1. 民事责任

知识产权的民事救济措施主要有停止侵权和赔偿损失，著作权人的人身权利受到侵害时有权请求侵害人消除影响和赔礼道歉。我国《著作权法》第52条规定，侵害著作权人的发表权、署名权、修改权、保护作品完整权和其他侵犯著作权以及与著作权有关的权利的行为，应当根据情况，承担停止侵害、消除影响、赔礼道歉、赔偿损失等民事责任。

侵害他人知识产权的侵权人有过错且导致权利人蒙受经济损失时，应进行损害赔偿。我国现行知识产权立法中有关法定赔偿和惩罚性赔偿的规定，采取的是分立模式，即二者并列存在、相互独立，共同承担损害赔偿的功能。❷ 法定赔偿，是指法院在认定知识产权侵权人应承担的赔偿数额

---

❶ 吴汉东. 知识产权法学［M］. 北京：北京大学出版社，2014：18.

❷ 焦和平. 知识产权惩罚性赔偿与法定赔偿关系的立法选择［J］. 华东政法大学学报，2020（4）.

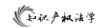

时，在缺少证据无法查清侵权人实际损失、侵权人所获利益以及权利许可费的情况下，法官行使自由裁量权在法定限额内判决赔偿数额的方式。惩罚性赔偿作为源起于英美法系的一项集补偿、惩罚、威慑和激励功能于一体的制度，在给予被侵权人充分补偿的前提下，通过责令侵权人承担超过被侵权人实际损害范围的赔偿金额，对恶意侵权人施以严厉制裁的同时，起到了鼓励被侵权人积极维权的目的。随着惩罚性赔偿制度的发展和完善，其功能内涵在不断地丰富，适用范围也逐渐拓宽延伸至知识产权领域。

我国知识产权立法中最先引入惩罚性赔偿制度的是 2013 年修改的《商标法》，其在第 63 条规定了侵害商标权的赔偿数额确定方法，并表明对于恶意侵害商标权，且情节严重的，可以通过上述确定数额 1 倍以上至 3 倍以下的方式确定赔偿数额。在 2019 年新修《商标法》中对于商标侵权行为惩罚性赔偿的力度加大至 1 倍以上 5 倍以下。2019 年修改的《反不正当竞争法》第 17 条也引入了惩罚性赔偿制度。2020 年《著作权法》修订后规定惩罚性赔偿适用于故意侵害著作权及相关权利的情节严重的行为，惩罚数额为 1 倍以上 5 倍以下。2020 年第四次修正的《专利法》在第 71 条引入了规制专利侵权行为的惩罚性赔偿制度，针对的是故意侵犯专利权情节严重的行为，对赔偿数额方面同样规定了 1 倍以上至 5 倍以下惩罚性赔偿幅度，与著作权法、商标权法上的惩罚性赔偿倍数保持了一致。为实现对知识产权惩罚性赔偿制度的统一规范，提高知识产权惩罚性赔偿制度的立法层级，我国《民法典》对知识产权惩罚性赔偿制度作出了一般性规定。❶ 为增强惩罚性赔偿司法适用的可操作性，最高人民法院于 2021 年 3 月 3 日发布《关于审理侵害知识产权民事案件适用惩罚性赔偿的解释》（法释〔2021〕4 号），对知识产权民事侵权案件中惩罚性赔偿的适用范围、请求内容和时间、故意和情节严重的认定、计算基数和倍数的确定、生效时间等作出了具体规定，明晰了法律适用标准。在司法实践中，法定赔偿和惩罚性赔偿却仍然混淆不清，甚至被交叉适用，法定赔偿成为带有一定惩罚性因素的赔偿方式，这种功能定位不明晰成为阻碍惩罚性赔偿制

---

❶ 《中华人民共和国民法典》第 1185 条规定："故意侵害知识产权，情节严重的，被侵权人有权请求相应的惩罚性赔偿。"

度发展的障碍之一，因此必须厘清惩罚性赔偿与法定赔偿的界限。

（1）从制度设计层面来看，我国《商标法》规定了单独的惩罚性赔偿条款，法定赔偿仅是在其他计算方式无法实现的情形下的一种替代措施，本质上应遵守补偿性原则。

（2）从司法实践的角度出发，在法院受案数量井喷、审判人员压力骤增的现状之下，若承认法定赔偿同样具有惩罚性，在相同情形下法院势必更易抛弃审判过程复杂烦琐、判决证成更须充分细致的惩罚性赔偿，而以操作简便、效率更高的法定赔偿加以替代，这不仅无益于从根本上解决当前惩罚性赔偿适用率低的困境，还可能打击当事人的举证积极性，助长法定赔偿的滥用。

（3）对侵权人适用惩罚性赔偿是比判令其承担一般民事责任更加严厉的一种制裁，故该条款应具备较为严苛的前提要求，须谨慎适用。在法定赔偿中，"恶意"和"情节严重"仅是确定赔偿数额可酌情考虑的因素，并非前置的必要条件，将法定赔偿纳入惩罚性赔偿计算基数无疑将不适当地降低惩罚性赔偿适用标准，扩大适用范围。

（4）司法实践中法定赔偿比例畸高带来的问题之一是法院的判赔金额远远低于权利人的索赔金额。判赔数额偏低的情况在一定程度上表明法定赔偿并未充分实现填平损失的功能，更不必说发挥惩罚、警示的法律效用了。

笔者认为，法定赔偿应回归补偿性，作为补偿性赔偿的法定赔偿不应作为惩罚性赔偿的计算基数，因为法定赔偿作为对效果事实的酌定，其证明标准相较于惩罚性赔偿偏低。将法定赔偿排除于基数之外，能够促使权利人为追求更高额赔偿而积极举证，有利于消除权利人消极举证的现状，减轻司法负担。另外，法定赔偿中包含对主观过错及情节程度的评价，在此基础上再施以惩罚性赔偿属于重复评价，对于侵权人有失公平。❶

2. 刑事责任

作为一种私权，知识产权的救济措施在大多数情况下是由权利人对侵

---

❶ 孙玉荣，李贤. 知识产权惩罚性赔偿制度的法律适用与完善建议［J］. 北京联合大学学报（社科版），2021（1）.

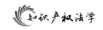

权行为人提出民事侵权损害赔偿来进行救济的。当知识产权侵权行为情节严重构成犯罪时，追究刑事责任是对社会公共利益和社会主义市场经济秩序的有利维护和最有强制力的法律保障。我国《刑法》第三章"破坏社会主义市场经济秩序罪"设专节规定了"侵犯知识产权罪"，共8个罪名，分别是：（1）假冒注册商标罪；（2）销售假冒注册商标的商品罪；（3）非法制造、销售非法制造的注册商标标识罪；（4）假冒专利罪；（5）侵犯著作权罪；（6）销售侵权复制品罪；（7）侵犯商业秘密罪；（8）为境外窃取、刺探、收买、非法提供商业秘密罪。

为规范侵犯知识产权犯罪案件办理，统一法律适用标准，加大知识产权刑事司法保护力度，营造良好创新法治环境和营商环境，最高人民法院、最高人民检察院于2020年8月发布《关于办理侵犯知识产权刑事案件具体应用法律若干问题的司法解释（三）》（2020年8月31日最高人民法院审判委员会第1811次会议、2020年8月21日最高人民检察院第十三届检察委员会第四十八次会议通过，自2020年9月14日起施行）。

3. 行政责任

世界上绝大多数国家和地区对知识产权保护都只规定了民事责任和刑事责任，行政责任的承担是我国知识产权保护的重要特点。我国《著作权法》第53条规定，当著作权侵权行为同时损害公共利益的，由主管著作权的部门责令停止侵权行为，予以警告，没收违法所得，没收、无害化销毁处理侵权复制品以及主要用于制作侵权复制品的材料、工具、设备等，违法经营额5万元以上的，可以并处违法经营额1倍以上5倍以下的罚款；没有违法经营额、违法经营额难以计算或者不足5万元的，可以并处25万元以下的罚款。根据我国《商标法》的规定，对侵犯注册商标专用权的行为，工商行政管理部门有权依法查处。认定侵权行为成立的，责令立即停止侵权行为，没收、销毁侵权商品和主要用于制造侵权商品、伪造注册商标标识的工具，违法经营额5万元以上的，可以处违法经营额5倍以下的罚款，没有违法经营额或者违法经营额不足5万元的，可以处25万元以下的罚款。对五年内实施两次以上商标侵权行为或者有其他严重情节的，应当从重处罚。销售不知道是侵犯注册商标专用权的商品，能证明该商品是自己合法取得并说明提供者的，由市场监督管理部门责令停止销售。

第三章　知识产权的国际保护

一、概　　述

知识产权的国际保护是指以多边国际公约为基本形式，以政府间国际组织为协调机构，通过对各国国内知识产权法律进行协调并使之形成相对统一的国际法律制度。其目的是为各国知识产权立法提供一种基本标准和框架结构，知识产权国际公约或者知识产权双边条约的参加国（包括地区，下同）或者缔结国，必须履行该国际公约或者条约中所规定的义务，使本国知识产权法至少达到公约或者条约的"最低要求"，从而在世界范围内对知识产权形成基本的保护标准，使知识产权国际纠纷的解决具有共同的法律依据。

知识产权国际组织包括政府间国际组织和非政府间国际组织。前者的代表有世界知识产权组织、世界贸易组织、联合国教科文组织等；非政府间国际组织主要有国际唱片业协会、国际商标协会、国际作曲者协会联合会等。其中最重要的、处于核心地位的是世界知识产权组织和世界贸易组织。

世界知识产权组织（WIPO）是联合国组织系统中的16个专门机构之一，它管理着涉及知识产权保护各个方面的20多项国际条约，如《保护工业产权巴黎公约》《专利合作条约》《商标法条约》《商标国际注册马德里协定》《商标注册条约》《保护原产地名称及国际注册协定》《制裁商品来源的虚假或欺骗性标志协定》《工业品外观设计国际备案协定》《为商标注册目的而使用的商品与服务的国际分类协定》《工业品外观设计国际分类协定》《专利国际分类协定》《商标图形国际分类协定》《为专利申请程

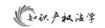

序的微生物备案取得国际承认条约》《保护植物新品种国际公约》《集成电路知识产权条约》《保护文学艺术作品伯尔尼公约》《保护录音制品制作者防止未经许可复制其制品公约》《印刷字体的保护及其国际保护协定》《视听作品国际登记条约》《世界知识产权组织版权条约》《WIPO 表演与录音制品条约》《保护表演者、录音制品制作者与广播组织公约》❶。WIPO 的主要宗旨是：通过国家间的合作，以及与其他国际组织的协作，促进国际范围对知识产权的保护；保证各种知识产权公约所建立的联盟之间的行政合作。

二、《保护工业产权巴黎公约》

《保护工业产权巴黎公约》（简称《巴黎公约》）1883 年于巴黎缔结，1884 年 7 月正式生效，并于 1900 年、1911 年、1925 年、1934 年、1958 年、1967 年先后 6 次修订。1979 年又作了个别修正。到 2022 年 4 月为止，已有 179 个成员方。我国从 1985 年 3 月 19 日起成为其正式成员。

《巴黎公约》第 1 条明确了工业产权的范围，工业产权的保护对象有专利、实用新型、外观设计、商标、服务标记、厂商名称、货源标记或原产地名称和制止不正当竞争。对工业产权应作最广义的理解，不仅应适用于工业和商业本身，而且应同样适用于农业和采掘业，适用于一切制成品或天然产品，如酒类、谷物、烟叶、水果、牲畜、矿产品、矿泉水、啤酒、花卉和谷类的粉。专利应包括本联盟国家的法律所承认的各种工业专利，如输入专利、改进专利、增补专利和增补证书等。

《巴黎公约》确立了国民待遇原则和优先权原则。

国民待遇原则体现在《巴黎公约》第 2 条和第 3 条。其中，第 2 条规定：本联盟任何国家的国民，在保护工业产权方面，在本联盟所有其他国家内应享有各该国法律现在授予或今后可能授予各该国国民的各种利益，一切都不应损害本公约特别规定的权利，因此，他们应和各该国国民享有同样的保护，对侵犯他们的权利享有同样的法律上的救济手段，但是以他们遵守对各该国国民规定的条件和手续为限。本联盟每一国家法律中关于

---

❶ 该公约由世界知识产权组织、联合国教科文组织、世界劳工组织共同管理。

司法和行政程序、管辖权以及指定送达地址或委派代理人的规定，工业产权法中可能有要求的，均明确地予以保留。第 3 条规定：本联盟以外各国的国民，在本联盟一个国家的领土内设有住所或有真实和有效的工商业营业所的，应享有与本联盟国家国民同样的待遇。

优先权原则体现在《巴黎公约》第 4 条第 1 款的规定，已经在本联盟的一个国家正式提出专利、实用新型注册、外观设计注册或商标注册的申请的任何人，或其权利继承人，为了在其他国家提出申请，在以下规定的期间内应享有优先权：发明和实用新型应为 12 个月，外观设计和商标应为 6 个月。这些期间应自第一次申请的申请日起算；申请日不应计入期间之内。如果期间的最后一日是请求保护地国家的法定假日或者是主管机关不接受申请的日子，期间应延至其后的第一个工作日。

三、《保护文学艺术作品伯尔尼公约》

《保护文学艺术作品伯尔尼公约》（有的称为《保护文学和艺术作品伯尔尼公约》，以下简称《伯尔尼公约》），1886 年于伯尔尼缔结，1887 年 12 月 5 日生效。1896 年 5 月 4 日于巴黎补充，1908 年 11 月 13 日于柏林修订，1914 年 3 月 20 日于伯尔尼补充，1928 年 6 月 2 日于罗马修订，1948 年 6 月 26 日于布鲁塞尔修订，1967 年 7 月 14 日于斯德哥尔摩修订，1971 年 7 月 24 日于巴黎修订。至 2022 年 1 月 28 日，已有 181 个成员方。我国从 1992 年 10 月 15 日起成为其正式成员。

《伯尔尼公约》是世界上第一个保护版权的国际公约，也是具有最广泛的代表性、迄今为止最重要的国际版权条约。它确立了国民待遇原则、自动保护原则、版权独立原则和最低保护原则，这些原则贯穿于每条实体规定。

1. 《伯尔尼公约》保护的作品范围

（1）文学艺术作品。该公约明确规定文学艺术作品的范围包括科学和文学艺术领域内的一切作品，不论其表现方式或形式如何，诸如书籍、小册子及其他著作；讲课、演讲、讲道及其他同类性质作品；戏剧或音乐戏剧作品；舞蹈艺术作品及哑剧作品；配词或未配词的乐曲；电影作品或以与电影摄影术类似的方法创作的作品；图画、油画、建筑、雕塑、雕刻及

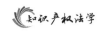

版画；摄影作品以及与摄影术类似的方法创作的作品；实用美术作品；插图、地图；与地理、地形、建筑或科学有关的设计图、草图及造型作品。

（2）演绎作品和汇编作品。翻译作品、改编作品、改编乐曲以及某件文字或艺术作品的其他改变应得到与原著同等的保护，但不得损害原著作者的权利。文字或艺术作品的汇集本，诸如百科全书和选集，由于对其内容的选择和整理而成为智力创作品，应得到与此类作品同等的保护，而不损害作者对这种汇集本内各件作品的权利。

（3）实用艺术作品及工业品外观设计和模型。考虑到《伯尔尼公约》第7条第4款的规定，各成员方得以立法规定涉及实用艺术作品及工业品外观设计和模型的法律的适用范围，并规定此类作品、设计和模型的保护条件。在起源国单独作为设计和模型受到保护的作品，在其他成员方可能只得到该国为设计和模型所提供的专门保护。但如在该国并不给予这类专门保护，则这些作品将作为艺术品得到保护。

2. 作者的权利

受《伯尔尼公约》保护的作者的权利包括经济权利和精神权利。经济权利，即财产权，具体包括以下几项。

（1）翻译权。公约保护的文学艺术作品的作者，在对原著享有权利的整个保护期内，享有翻译和授权翻译其作品的专有权。

（2）复制权。受公约保护的文学艺术作品的作者，享有授权以任何方式和采取任何形式复制其作品的权利。成员方法律有权允许在某些特殊情况下复制上述作品，只要这种复制不致损害作品的正常使用也不致无故危害作者的合法利益。

（3）表演权。戏剧作品、音乐戏剧作品或音乐作品的作者享有下述专有权：许可公开演奏和公演其作品，包括用各种手段和方式的公开演奏和公演；许可用各种手段公开播送其作品的表演和演奏。

（4）广播权。文学和艺术作品的作者享有下述专有权：①授权以无线电广播其作品或以任何其他无线播送符号、声音或图像方法向公众发表其作品；②授权由原广播机构以外的另一机构通过有线广播或无线广播向公众发表作品；③授权通过扩音器或其他任何传送符号、声音或图像的类似工具向公众传送广播作品。

（5）朗诵权。文学作品作者享有下述专有权：许可公开朗诵其作品，包括用各种手段或方式公开朗诵其作品，以及许可用各种手段公开播送其作品的朗诵。文学作品作者在对其原著享有权利的整个期限内，对其作品的翻译也享有上述权利。

（6）改编权。文学和艺术作品的作者享有授权对其作品进行改编、整理和其他改变的专有权。

（7）制片权。文学和艺术作品的作者享有下述专有权：许可把这类作品改编或复制成电影以及发行经改编或复制的作品；许可公开演出演奏以及向公众作有线广播经改编或复制的作品。

根据文学或艺术作品制作的电影作品以任何其他形式进行改编，在不损害其作者批准权的情况下，仍须经原著作者批准。

作者的精神权利不受作者财产权的影响，甚至在上述财产权转让之后，作者仍保有主张对其作品的著作者身份的权利，并享有反对对上述作品进行任何歪曲、篡改或其他有损于作者声誉的一切损害的权利。作者的精神权利，在其死后至少应保留到财产权期满为止，并由向之提出保护要求的国家本国法所授权的人或机构行使。但在批准或加入本条约时其法律未包括保护作者死后保护前款承认之权利的各国，有权规定这些权利中某些权利在作者死后无效。

3. 作品的保护期

公约规定，一般作品的保护期限为作者终生及其死后50年，合作作品从最后死亡的作者死亡之日起算。但对于电影作品，本联盟成员方有权规定，保护期限自作品在作者同意下公映后50年届满，如自作品摄制完成后50年内尚未公映，则自作品摄制完成后50年届满。对于不具名作品和具笔名作品，公约给予的保护期为自其合法向公众发表之日起50年。但如作者采用的笔名不致引起对其身份发生任何怀疑时，不具名作品或具笔名作品的作者在保护期内公开其身份，则适用一般作品的保护期限，即作者终生及其死后50年。

成员方有权以法律规定摄影作品及作为艺术品加以保护的实用美术作品的保护期限；但这一期限不应少于自该作品完成时算起25年。

成员方有权规定比上述期限更长的保护期，但不得低于上述保护期

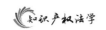

限。在一切情况下，期限由向之提出保护要求的国家法律加以规定；但除该国法律另有规定外，这个期限不得超过作品起源国规定的期限。

4. 公约的追溯力

《伯尔尼公约》适用于在公约开始生效时尚未因保护期满而在其起源国成为公共财产的所有作品。但是，如果作品因原来给予的保护期满而在向之提出保护要求的国家成为公共财产，则该作品不再重新受该国保护。本原则应当遵照成员方之间现在或将来缔结的专门条约的规定实行。在没有这种规定的情况下，各方可在本国范围内自行决定实行本原则的条件。新加入的成员方以及因适用《伯尔尼公约》第 7 条或放弃保留而扩大保护范围时，以上规定也同样适用。

四、《世界版权公约》

《世界版权公约》于 1952 年 9 月 6 日于日内瓦缔结，1955 年 9 月 16 日生效。1971 年 7 月 24 日于巴黎进行修订。经 2022 年 6 月，缔约方共 100 个国家或地区。这是一个保护水平略低于《伯尔尼公约》的多边版权条约，我国于 1992 年加入巴黎文本，从 1992 年 10 月 30 日起成为其正式成员。1997 年 7 月 1 日起，该公约适用于我国香港特别行政区，1999 年 12 月 20 日起适用于我国澳门特别行政区。

（一）基本原则

1. 国民待遇原则

《世界版权公约》第 2 条规定：（1）任何缔约方国民出版的作品及在该国首先出版的作品，在其他各缔约方中，均享有其他缔约方给予其本国国民在本国首先出版之作品的同等保护，以及本公约特许的保护。（2）任何缔约方国民未出版的作品，在其他各缔约方中，享有该其他缔约方给予其国民未出版之作品的同等保护，以及本公约特许的保护。（3）为实施本公约，任何缔约方可依本国法律将定居该国的任何人视为本国国民。这与《伯尔尼公约》的国民待遇原则基本一致。

2. 非自动保护原则

《世界版权公约》第 3 条规定了非自动保护原则，即缔约方应保护其他缔约方国民出版的作品，任何缔约方依其国内法要求履行手续，如缴送样本、注册登记、刊登启事、办理公证文件、偿付费用或在该国国内制作出版等，作为版权保护的条件者，对于根据本公约加以保护并在该国领土以外首次出版而其作者又非本国国民的一切作品，只要经作者或版权所有者授权出版，自首次出版之日起，标有ⓒ的符号，并注明版权所有者之姓名、首次出版年份等，其标注的方式和位置应使人注意到版权的要求，就认为符合在该国关于必须履行手续的要求。这与《伯尔尼公约》的自动保护原则形成鲜明对比。

（二）主要内容

1. 受公约保护的作品

《世界版权公约》保护的作品范围包括：文学、科学、艺术作品，包括文字、音乐、戏剧和电影作品，以及绘画、雕刻和雕塑。

2. 受公约保护的主体

《世界版权公约》保护的主体是成员方国民，这与《伯尔尼公约》相同。不同的是，除了作者，还有其他著作权人，即雇主、委托人等没有参加创作但进行了投资的其他著作权人也可以成为公约保护的主体。

3. 受公约保护的权利

《世界版权公约》没有关于作者精神权利的规定，其第 4 条之二第 1 款只有关于财产权的规定："应包括保证作者经济利益的各种基本权利，其中有准许以任何方式复制、公开表演及广播等专有权利。本条的规定可扩大适用于受本公约保护的各类作品，无论它们是原著形式还是从原著演绎而来的任何形式。"

4. 保护期限

《世界版权公约》第 4 条规定，作品的版权保护期限，应由该作品要求给予版权保护所在地的缔约方的法律来规定。但最低标准是：（1）受本公约保护的作品，其保护期限不得少于作者有生之年及其死后的 25 年。但是，如果任何缔约方在本公约对该国生效之日，已将某些种类作品的保护期限规定为自该作品首次出版以后的某一段时间，则该缔约方有权保持其

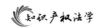

规定，并可将这些规定扩大应用于其他种类的作品。对所有这些种类的作品，其版权保护期限自首次出版之日起，不得少于25年。（2）任何缔约方如在本公约对该国生效之日尚未根据作者有生之年确定保护期限，则有权根据情况，从作品首次出版之日或从出版前的登记之日起计算版权保护期，只要根据情况从作品首次出版之日或出版前的登记之日算起，版权保护期限不少于25年。

五、《保护表演者、唱片制作者和广播组织公约》

《保护表演者、唱片制作者和广播组织公约》于1961年10月26日在罗马缔结，因此又称《罗马公约》，它也是"非开放性的"，只有《伯尔尼公约》或《世界版权公约》的成员才可以加入。至2022年6月，缔约方共96个国家或地区。我国没有加入《罗马公约》。

（一）释　义

《罗马公约》第3条首先对其所使用的术语进行了释义：（1）"表演者"是指演员、歌唱家、音乐家、舞蹈家和表演、歌唱、演说、朗诵、演奏或以别的方式表演文学或艺术作品的其他人员；（2）"唱片"是指任何对表演的声音和其他声音的专门录音；（3）"唱片制作者"是指首次将表演的声音或其他声音录制下来的自然人或法人；（4）"发行"是指向公众提供适当数量的某种唱片的复制品；（5）"复制"是指制作一件或多件某种录音的复版；（6）"广播"是指供公众接收的声音或图像和声音的无线电传播；（7）"转播"是指一个广播组织的广播节目被另一个广播组织同时广播。

（二）主要原则

1. 国民待遇原则

（1）只要符合下列条件之一，各缔约方应当给予表演者以国民待遇：①表演是在另一缔约方进行的；②表演已被录制在受本公约第5条保护的唱片上；③表演未被录制成唱片，但在受本公约第6条保护的广播节目中播放。

（2）只要符合下列条件之一，各缔约方应当给予唱片制作者以国民待遇：①唱片制作者是另一个缔约方的国民（国民标准）；②首次录音是在另一个缔约方制作的（录制标准）；③唱片是在另一个缔约方首次发行的（发行标准）。如果某种唱片是在某一非缔约方首次发行的，但在首次发行后30天内也在某一缔约方发行（同时发行），则该唱片应当认为是在该缔约方首次发行。

（3）只要符合下列两项条件之一，各缔约方就应当给予广播组织以国民待遇：①该广播组织的总部设在另一缔约方；②广播节目是由设在另一缔约方的发射台播放的。任何缔约方，通过向联合国秘书长递交通知书的办法，可以声明它只保护其总部设在另一个缔约方并从设在该国一缔约方的发射台播放的广播组织的广播节目。此种通知书可以在批准、接受或参加本公约的时候递交，或在此后任何时间递交，在后一种情况下，通知书应当于递交6个月之后生效。

2. 非自动保护原则

《罗马公约》对表演者和广播组织的保护不要求履行任何手续，但对于录音制品保护有形式上的要求：如果某缔约方根据其国内法律要求履行手续作为保护唱片制作者或表演者或二者的权利的条件，那么只要已经发行的唱片的所有供销售的复制品上或其包装物上载有包括符号℗和首次发行年份的标记，并且标记的方式足以使人注意到对保护的要求，就应当认为符合手续；如果复制品或其包装物上没有注明制作者或制作者的许可证持有者（载明姓名、商标或其他适当的标志），则标记还应当包括制作者权利所有者的姓名；此外，如果复制品或其包装物上没有注明主要表演者，则标记还应当包括在制作这些录音的国家内拥有此种表演者权利的人的姓名。

（三）保护期限

《罗马公约》对邻接权人的权利保护期限规定的最低标准是至少应当为20年，其计算标准是：（1）对于录音制品和录制在录音制品上的节目，从录制年份的年底开始计算；（2）对于未被录制成录音制品的表演，从表演发生的年份的年底开始计算；（3）对于广播节目，从节目开始广播的年

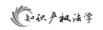

份的年底开始计算。

（四）合理使用

任何缔约方可以依其国内法律与规章，在涉及下列情况时，对公约规定的保护作出例外规定：（1）私人使用；（2）在时事报道中少量引用；（3）某广播组织为了自己的广播节目利用自己的设备暂时录制；（4）仅用于教学和科学研究之目的。

六、《视听表演北京条约》

《视听表演北京条约》（以下简称《北京条约》）于 2012 年 6 月 26 日在北京缔结，2020 年 4 月 28 日生效。我国于 2014 年 4 月 24 日加入该条约时作出以下两点声明：一是中华人民共和国不受该条约第 11 条第 1 款和第 2 款规定的约束；二是在中华人民共和国政府另行通知前，该条约暂不适用于中华人民共和国香港特别行政区。

《北京条约》包括序言和 30 个条款，是首个以我国城市命名的国际条约。它的缔结使表演者获得了完整的知识产权保护，不但丰富和完善了国际知识产权保护体系，而且对于推动世界文化产业繁荣发展具有里程碑式意义。《北京条约》开宗明义阐明其与其他公约和条约的关系是：该条约的任何内容均不得减损缔约方相互之间依照《世界知识产权组织表演和录音制品条约》或《罗马公约》已承担的现有义务，也不得触动或以任何方式影响对文学和艺术作品版权的保护，除《世界知识产权组织表演和录音制品条约》之外，该条约不得与任何其他条约有任何关联，也不得损害任何其他条约所规定的任何权利和义务。除此之外的其他实质性条款主要规定了该条约保护的受益人、国民待遇原则、表演者的权利、权利的转让和限制及例外、权利保护期、技术措施和权利管理信息的保护等。下面就其主要内容作一介绍。

1. 释　　义

《北京条约》对其使用的术语进行了释义："表演者"是指演员、歌唱家、音乐家、舞蹈家以及对文学或艺术作品或民间文学艺术表达进行表演、歌唱、演说、朗诵、演奏、表现或以其他方式进行表演的其他人员；

"视听录制品"是指活动图像的体现物，不论是否伴有声音或声音表现物，从中通过某种装置可感觉、复制或传播该活动图像；"广播"是指以无线方式的传送，使公众能接收声音或图像，或图像和声音，或图像和声音的表现物；通过卫星进行的此种传送亦为"广播"；传送密码信号，只要广播组织或经其同意向公众提供了解码的手段，即为"广播"；"向公众传播"表演是指通过除广播以外的任何媒体向公众传送未录制的表演或以视听录制品录制的表演。在第 11 条中，"向公众传播"包括使公众能听到或看到，或能听到并看到以视听录制品形式录制的表演；"权利管理信息"是指识别表演者、表演者的表演或对表演拥有任何权利的所有人的信息，或有关使用表演的条款和条件的信息，以及代表此种信息的任何数字或代码，各该项信息均附于以视听录制品录制的表演上。

2. 表演者的权利

（1）表演者的精神权利。依据《北京条约》第 5 条规定，表演者的精神权利不依赖于其享有的经济权利，甚至在其经济权利转让之后，表演者仍对于其现场表演或以视听录制品录制的表演享有以下权利：①要求承认其系表演的表演者，除非因使用表演的方式而决定可省略不提其系表演者；②反对任何对其表演进行的将有损其声誉的歪曲、篡改或其他修改，但同时应对视听录制品的特点予以适当考虑。以上授予表演者的权利在其死亡后应继续保留，至少到其经济权利期满为止，并可由被要求提供保护的缔约方立法所授权的个人或机构行使。但批准或加入该条约时其立法尚未规定在表演者死亡后保护上款所述全部权利的国家，则可规定其中部分权利在表演者死亡后不再保留。

（2）表演者对其尚未录制的表演的经济权利。依据《北京条约》第 6 条规定，表演者应享有专有权，对以下表演予以授权：①广播和向公众传播其尚未录制的表演，除非该表演本身已属广播表演；②录制其尚未录制的表演。

（3）复制权。按照《北京条约》第 7 条规定，表演者应享有授权以任何方式或形式对其以视听录制品录制的表演直接或间接地进行复制的专有权。

（4）发行权。依据《北京条约》第 8 条规定，表演者应享有授权通过

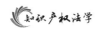

销售或其他所有权转让形式向公众提供其以视听录制品录制的表演的原件或复制品的专有权。对于已录制表演的原件或复制品经表演者授权被首次销售或其他所有权转让之后适用该条第1款中权利的用尽所依据的条件（如有此种条件），该条约的任何内容均不得影响缔约各方确定该条件的自由。

（5）出租权。根据《北京条约》第9条规定，表演者应享有授权按缔约各方国内法中的规定将其以视听录制品录制的表演的原件和复制品向公众进行商业性出租的专有权，即使该原件或复制品已由表演者发行或经表演者授权发行。除非商业性出租已导致此种录制品的广泛复制，从而严重损害表演者的专有复制权，否则缔约方被免除第1款规定的义务。

（6）提供已录制表演的权利。按照《北京条约》第10条规定，表演者应享有专有权，以授权通过有线或无线的方式向公众提供其以视听录制品录制的表演，使该表演可为公众中的成员在其个人选定的地点和时间获得。该项权利在我国《著作权法》中被称为"信息网络传播权"。

（7）广播和向公众传播的权利。按照《北京条约》第11条规定，表演者应享有授权广播和向公众传播其以视听录制品录制的表演的专有权。缔约各方可以在向世界知识产权组织总干事交存的通知书中声明，他们将规定一项对于以视听录制品录制的表演直接或间接地用于广播或向公众传播获得合理报酬的权利，以代替条约第11条第1款规定的授权权利。缔约各方还可以声明，他们将在立法中对行使该项获得合理报酬的权利规定条件。任何缔约方均可声明其将仅对某些使用情形适用第11条第1款或第2款的规定，或声明其将以某种其他方式对其适用加以限制，或声明其将根本不适用第1款和第2款的规定。

3. 权利的转让

按照《北京条约》第12条规定，缔约方可以在其国内法中规定，表演者一旦同意将其表演录制于视听录制品中，那么条约为表演者规定的专有权应归该视听录制品的制作者所有，或应由其行使，或应向其转让，但表演者与视听录制品制作者之间按国内法的规定订立任何相反合同者除外。缔约方可以要求，对于依照其国内法的规定制作的视听录制品，此种同意或合同应采用书面形式，并应由合同当事人双方或由经其正式授权的代表签字。

这一条款虽无强制效力，但其作为示范文本的作用已在德国、法国、意大利、匈牙利、韩国等国家的国内立法中有所体现，在一定条件下将表演者的经济权利转让给视听录制品制作者，避免因过度保护表演者而损害其他权利人的利益，通过设立一定的协调机制以达到二者之间的利益平衡确实很有必要。❶

4. 限制和例外

根据《北京条约》第 13 条规定，缔约各方可以在其国内立法中，对给予表演者的保护规定与其国内立法给予文学和艺术作品的版权保护相同种类的限制或例外。缔约各方应使条约中所规定权利的任何限制或例外仅限于某些不与表演的正常利用相抵触，也不致不合理地损害表演者合法利益的特殊情况。

5. 保护期

依《北京条约》第 14 条规定，给予表演者的保护期，应自表演录制之年年终算起，至少持续到 50 年期满为止。

6. 关于技术措施和权利管理信息的义务

按照《北京条约》第 15 条规定，缔约各方应规定适当的法律保护和有效的法律补救办法，制止规避由表演者为行使该条约所规定的权利而使用并限制对其表演实施未经该有关表演者许可的或法律不允许的行为的有效技术措施。

《北京条约》第 16 条规定，缔约各方应规定适当和有效的法律补救办法，制止任何人明知或就民事补救而言，有合理根据知道其行为会诱使、促成、便利或包庇对该条约所规定的任何权利的侵犯，而故意实施以下活动：（1）未经许可去除或改变任何权利管理的电子信息；（2）未经许可发行、为发行目的进口、广播、向公众传播或提供明知未经许可而被去除或改变权利管理电子信息的表演或以视听录制品录制的表演的复制品。

---

❶ 孙雷.《视听表演北京条约》若干问题探讨［J］. 中国版权，2014（3）.

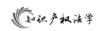

七、《与贸易有关的知识产权协议》

1993 年 12 月 15 日，随着乌拉圭回合谈判的全部结束，知识产权问题也最终形成了协议——《与贸易有关的知识产权协议》（Trade - Related Aspects of Intellectual Property Right，TRIPS 协议），作为世界贸易组织（WTO）框架下的多边协定，凡是 WTO 的成员都必须参加，其影响面大于以往任何一个知识产权国际公约，是知识产权国际保护的一个重要里程碑。我国于 2001 年 12 月 11 日正式加入世界贸易组织。

TRIPS 协议的内容非常丰富，它不仅把涉及贸易的几乎所有知识产权类型，包括专利、商标、外观设计、版权、计算机程序和数据汇编、地理标志、集成电路布图设计、未公开的信息（商业秘密）、不正当竞争行为等都纳入了保护范围，而且在权利的功能及利用、保护的期限及手段、法律实施程序等方面的规定，大大超过了以往任何国际条约。

TRIPS 协议分为七大部分，包括：总则和基本原则；知识产权的效力、范围及使用的标准；知识产权实施；知识产权的取得、维持及当事方之间的相关程序；争端的防止和解决；过渡性安排；机构安排和最后条款。

（一）总则和基本原则

TRIPS 协议的第一部分"总则和基本原则"阐述了成员义务的性质和范围、与主要国际公约的关系、权利穷竭及国民待遇原则和最惠国待遇原则。

1. 国民待遇原则

TRIPS 协议第 3 条规定，在保护知识产权方面，每一成员方给予其他成员方的待遇不得少于它给予自己国民的待遇。

2. 最惠国待遇原则

TRIPS 协议第 4 条规定：除非协议规定的例外条件，在知识产权的保护方面，由一成员方授予任一其他国家国民的任何利益、优惠、特权或豁免，均应立即无条件地给予所有其他成员方的国民。

（二）知识产权的效力、范围及使用的标准

1. 版权与邻接权

（1）与《伯尔尼公约》的关系。TRIPS 协议明确规定：全体成员应遵守 1971 年《伯尔尼公约》第 1—21 条及其附件的规定。但对于《伯尔尼公约》第 6 条之 2 规定的权利或由其引申出的权利，即作者的精神权利，成员方既没有权利也没有义务。根据协议第 9 条第 2 款的规定，对版权的保护及于表达方式而不延及思想、程序、操作方法或数学概念本身等。

（2）计算机程序与数据汇编。计算机程序，无论是以源代码还是目标代码表达，均应根据 1971 年《伯尔尼公约》规定的文字作品而受到保护。数据或其他材料的汇编，不论是机读的还是其他形式的，只要其内容的选择和安排如构成了智力创造即应给予保护。但这种保护不得延及数据或材料本身，不应损害数据或材料本身已有的版权。

（3）出租权。根据 TRIPS 协议第 11 条规定，成员方应承认计算机程序和电影作品的出租权，应给予作者及其权利继承人以授权或禁止将其拥有版权的作品原著或复制品向公众作商业性出租的权利。但是有以下两点限制性规定：第一，此类出租已导致了对该作品的广泛复制，而这种复制严重损害了该成员方给予作者及其权利继承人的独家再版权，否则在电影艺术作品方面一成员方可免除此项义务。第二，在计算机程序方面，当程序本身不是出租的主要对象时，此项义务不适用于出租。

（4）保护期。除摄影作品或实用艺术作品外，如果某作品的保护期并非以自然人有生之年计算，则保护期不得少于经许可而出版之年年终起 50 年，若作品在创作后 50 年内未被授权出版，则保护期应为自创作年年终起算的 50 年。

（5）对表演者、录音制品制作者和广播组织的保护。TRIPS 协议规定：对于表演者的表演及其在录制品上的录制方面，表演者应享有权利以阻止下列未经其许可的行为：录制和翻录其尚未录制的表演，将其现场表演作无线电广播和向公众传播。录音制品制作者应享有授权或禁止直接或间接翻录其录音制品的权利。广播组织应有权禁止下列未经其许可的行为：录制、翻录、以无线广播手段传播，以及向公众传播同一录音制品的

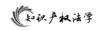

电视广播。

2. 商　　标

（1）可保护的客体。任何能够将一个企业的商品或服务与其他企业的商品或服务区别开来的标记或标记组合，均应能够构成商标。此种标记，尤其是文字（包括人名）、字母、数字、图形要素和色彩的组合以及上述内容的任何组合，均应能够作为商标获得注册。若标记缺乏固有的能够区别有关商品及服务的特征，各成员方可将其通过使用而得到的独特性作为或给予注册的依据。各成员方可要求标记在视觉上是可以感知的，以此作为注册的一项条件。

（2）商标权利内容及保护期限。已注册商标所有者应拥有阻止所有未经其同意的第三方在贸易中使用与已注册商标相同或相似的商品或服务的，其使用有可能招致混淆的相同或相似的标志。在对相同商品或服务使用相同标志的情况下，应推定存在混淆之可能。上述权利不应妨碍任何现行的优先权，也不应影响各成员方以使用为条件获得注册权的可能性。商标首次注册及每次续期注册的期限不得少于 7 年。商标注册允许无限期地续期。

（3）使用要求。如果要将使用作为保持注册的前提，则只有至少 3 年连续不使用，商标所有人又未出示妨碍使用的有效理由，方可撤销其注册。如果因不依赖商标所有人意愿的情况而构成使用商标的障碍，诸如进口限制或政府对该商标所标示的商品或服务的其他要求，则应承认其为"不使用"的有效理由。当商标由其他人的使用是处在该商标所有者的控制之下时，这种使用应按是为保持注册目的之使用而予以承认。

（4）驰名商标。1967 年《巴黎公约》第 6 条之 2 关于驰名商标的规定原则上应适用于服务商标。在确定一个商标是否为驰名商标时，各成员方应考虑到该商标在相关领域的公众中的知名度，包括在该成员地域内因宣传该商标而使公众知晓的程度。

《巴黎公约》1967 年文本原则上适用于与注册商标的商品和服务不相类似的商品或服务，条件是该商标与该商品或服务有关的使用会表明该商品或服务与已注册商标所有者之间的联系，而且已注册商标所有者的利益有可能为此种使用而受损。

3. 地理标志

TRIPS 协议第 22 条规定：该协议所称的地理标志是识别一种原产于一成员方境内或境内某一区域或某一地区的商品的标志，而该商品特定的质量、声誉或其他特性基本上可归因于它的地理来源。

在地理标志方面，各成员方应提供法律措施以使利害关系人阻止下列行为：（1）无论以任何方式，在商品的设计和外观上，以在商品地理标志上误导公众的方式标志或暗示该商品原产于并非其真正原产地的某个地理区域；（2）任何构成 1967 年《巴黎公约》第 10 条之 2 规定的不正当竞争行为的使用。

若某种商品不产自于某个地理标志所指的地域，而其商标又包含了该地理标志或由其组成，如果该商品商标中的该标志具有在商品原产地方面误导公众的性质，则成员方在其法律许可的条件下或应利益方之请求应拒绝或注销该商标的注册。

4. 工业品外观设计

TRIPS 协议规定：成员方应为具有新颖性和原创性的工业品外观设计提供保护。成员方可以对非新颖或非原创作出规定，系指某外观设计与已知的设计或已知的设计要点的组合没有重大区别。成员方可以规定此类保护不应延伸至实质上是由技术或功能上的考虑所要求的设计。每一成员方应保证对纺织品设计保护的规定不得无理损害寻求和获得此类保护的机会，特别是在费用、检查或发表方面。各成员方可自行通过工业品外观设计法或版权法履行该项义务。

受保护的工业品外观设计的所有人应有权阻止未经所有人同意的第三方为商业目的生产、销售或进口含有或体现为是受保护设计的复制品或实为复制品的设计的物品。成员方可以对工业品外观设计的保护规定有限的例外，条件是这种例外没有无理地与对受保护工业品外观设计的正常利用相冲突，且没有无理损害受保护设计所有人的合法利益，同时考虑到第三方的合法利益。工业品外观设计的有效保护期限至少为 10 年。

5. 专　　利

TRIPS 协议从可授予专利的对象范围、条件、权利及其限制等许多方

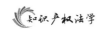

面作了较为详细的规定，并对已有国际公约的相关规定作了重大改进。除依协议规定不授予专利权的情况之外，专利应适用于所有技术领域的发明，不论是产品还是方法，只要它具有新颖性、创造性和工业实用性，均可获得专利。专利权人应享有5项基本专有权：制造权、使用权、销售权、许诺销售权、进口权。TRIPS协议规定，对发明专利的保护期至少为20年，从提交申请之日起计算。协议还针对方法专利的侵权问题要求：被告应证明其获得相同产品的方法，如无相反证据，则未经专利权所有人许可而制造的任何相同产品均应视为通过该专利方法而获得。这样大大加重了侵权者的举证责任，从而更有利于保护专利权人的利益。

6. 集成电路布图设计

各成员方同意按《集成电路知识产权条约》的有关条款规定，对集成电路布图设计提供保护。成员方应视下列未经权利人许可的行为是非法的：为商业目的进口、销售或以其他方式发行受保护的布图设计，为商业目的进口、销售或以其他方式发行含有受保护布图设计的集成电路，或为商业目的进口、销售或以其他方式发行含有上述集成电路的物品（仅以其持续包含非法复制的布图设计为限）。

若从事和提供含有非法复制布图设计的集成电路或含有此种集成电路物品的人，在获取该集成电路或含有此种集成电路的物品时，不知且没有合理的根据应知它含有非法复制的布图设计，则成员方不应认为这种行为是非法的。成员方应规定，该行为人在接到关于复制该布图设计是非法行为的明确通知后，仍可从事与在此之前的存货和订单有关的任何行为，但有责任向权利人支付报酬，支付额应相当于自由谈判签订的有关该布图设计的使用许可证合同应支付的使用费。

（三）知识产权实施

TRIPS协议规定了较详细的知识产权实施措施，包括行政和司法程序，且有民事、刑事之分。同以往有关条约相比，TRIPS协议不仅依赖国内法的实施，而且具有更多的强制性的规定，为各成员方国内知识产权实施体系和实施机制提出了程序上、制度上的标准和要求，进一步缩小各成员方国内法的差异；同时也使以往知识产权各项公约所存在的缺乏有力的实施机制，需要强化实施的有效性等状况和问题，在相当程度上得到解决。

（四） 知识产权的取得、维持及当事方之间的相关程序

TRIPS 协议规定，成员方可要求遵循合理的程序和手续，以此作为获得或维持该协议所规定的知识产权的条件。此类程序及形式应符合 TRIPS 协议的规定。如果某项知识产权须经授权或注册方可获得，则成员方应确保在符合取得知识产权的实质性条件的情况下，有关授予或注册程序将在一合理时间内完成权利的授予或注册，以免保护期限被不适当地缩短。

（五） 争端的防止与解决

TRIPS 协议首次将《关贸总协定》中确立的透明度原则全面引入知识产权领域。要求各成员方所实施的与 TRIPS 协议内容（知识产权的效力、范围、获得、执法及防止滥用）有关的法律、条例，以及普遍适用的终审司法裁决和终局行政裁决，均应以该国文字颁布。若此种实践不可行，则应以该国文字使公众能够获得，以使各成员政府及权利人知悉。一成员方的政府或政府代理机构与任何他方政府或政府代理机构之间生效的与 TRIPS 协议内容有关的各种协议也应予以颁布。成员方应将前项所述及的法律及条例通知"与贸易有关的知识产权理事会"，以协助理事会对 TRIPS 协议的执行情况进行检查。应另一成员方的书面请求，每一成员方应准备提供上述信息。一成员方有理由相信知识产权领域中某个特定的司法裁决、行政裁决或双边协议影响到其由协议所规定的权利时，也可以书面形式要求向其提供或充分详尽地告知该特定的司法裁决、行政裁决或双边协议。

为了协调发达国家与发展中国家、最不发达国家之间的关系，特别是鉴于最不发达国家成员方的特殊需要和要求，协议作了过渡期安排的规定，但最长不得超过 10 年。

在机构安排与最后条款部分，协议就 TRIPS 理事会的主要职责、国际合作、对现有标的事项的保护、审查和修正、保留、保障的例外规定等问题作了规定和说明。

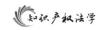

八、《商标国际注册马德里协定》

《商标国际注册马德里协定》（以下简称《马德里协定》），1891 年于马德里缔结。1900 年 11 月 14 日修订于布鲁塞尔，1911 年 6 月 2 日修订于华盛顿，1925 年 11 月 6 日修订于海牙，1934 年 6 月 2 日修订于伦敦，1957 年 6 月 15 日修订于尼斯，1967 年 7 月 14 日修订于斯德哥尔摩。到 2022 年 6 月为止，已经有 55 个成员。只有《巴黎公约》的成员才有资格加入《马德里协定》。我国从 1989 年 10 月 4 日起成为其正式成员。

依据《马德里协定》，商标须先在原属国注册以后才能提出国际注册申请。原属国是指：申请人置有真实有效的工商业营业所的特别同盟国家；如果他在特别同盟国家中没有这种营业所，则为其有住所的特别同盟国家；如果他在特别同盟境内没有住所，但系特别同盟国家的国民，则为他作为其国民的国家。商标原属国的注册当局应证明这种申请中的具体项目与本国注册簿中的具体项目相符合，并说明商标在原属国的申请和注册的日期和号码及申请国际注册的日期。申请人应指明使用要求保护的商标的商品或服务项目，如果可能，也应指明其根据商标注册商品和服务项目国际分类尼斯协定所分的相应类别。如果申请人未指明，国际局应将商品或服务项目分入该分类的适当类别。申请人所作的类别说明须经国际局检查，此项检查由国际局会同本国注册当局进行。如果本国注册当局和国际局意见不一致时，以后者的意见为准。

国际局对提出申请的商标只进行形式审查，合格后即予以注册。如果国际局在向所属国申请国际注册后 2 个月内收到申请时，注册时应注明在原属国申请国际注册的日期，如果在该期限内未收到申请，国际局则按其收到申请的日期进行登记。国际局应不迟延地将这种注册通知有关注册当局。根据注册申请所包括的具体项目，注册商标应在国际局所出的定期刊物上公布。如商标含有图形部分或特殊字体，细则可以决定是否须由申请人提供印版。在国际局的商标注册的有效期为 20 年，并可根据《马德里协定》第 7 条规定的条件予以续展。自国际注册的日期开始 5 年之内，如果该商标在原属国已全部或部分不复享受法律保护时，则国际注册所得到的保护，不论其是否已经转让，也全部或部分不再产生权利。当 5 年期限届满前因引起诉讼而致停止法律保护时，本规定亦同样适用。

九、《专利合作条约》

《专利合作条约》（PCT）于 1970 年 6 月 19 日订于华盛顿，于 1979 年 10 月 2 日和 1984 年 2 月 3 日两次修改。我国于 1993 年加入经修改的文本，1994 年 1 月 1 日起成为其正式成员。该条约只对《巴黎公约》成员开放，到 2022 年 6 月为止，已有 156 个缔约方。

（一）缔约目的

根据《专利合作条约》的序言，其目的为：（1）对科学和技术的进步做出贡献；（2）改善对发明的法律保护使之完备；（3）为要求在几个国家取得保护的发明，简化取得保护的手续并使之更加经济；（4）便利并加速公众获得有关所发明的资料中的技术情报；（5）通过采取旨在提高发展中国家为保护发明而建立的国家和地区法律制度的效率的措施，来促进和加速这些国家和地区的经济发展。其办法是，对适合它们特殊需要的技术资料提供方便易查的线索，以及为汲取数量日益膨胀的现代技术提供便利条件。

（二）主要内容

1. 国际申请

在任一缔约国提出的保护发明的申请都可以按《专利合作条约》规定提出国际申请。申请人可以是缔约国的任何居民或国民，此外大会可以决定允许非《专利合作条约》缔约方的《保护工业产权巴黎公约》任一缔约方的居民或国民提出国际申请。

国际申请应提交的文件包括一份申请书、一份说明书、一项或多项的权项、一幅或多幅的附图（如果需要），以及一份摘要。申请书包括：（1）要求将国际申请按 PCT 办理的请求。（2）指定一个或几个缔约国，希望它们按国际申请给发明以保护（"指定国家"）；如果一项地区专利能适用于某一指定国家，并且申请者希望获得一项地区专利而非国家专利，则应在申请书中言明。如果按照有关地区专利的条约规定，申请人不得将其申请限

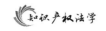

制在该条约的某些缔约国，则指定这些国家中的一国和说明希望获得地区专利应被当作指定该条约的所有缔约国；如果按照被指定的国家的国内法，对该国的指定具有地区专利申请的效力，则对上述该国的指定应被当作说明希望获得地区专利。（3）申请人和代理人（如果有代理人的话）的姓名及其他规定的有关材料。（4）发明的名称。（5）发明人的姓名及其他规定的有关材料。说明书应足够清楚和完备地揭示出该项发明。权项应表明其寻求保护的事物。权项应清楚简明，并用说明书给予充分解释。摘要仅用作为技术情报，不能作任何其他目的之用，特别是不能作为解释所要求的保护范围。

2. **国际检索**

所有的国际申请都应经过国际检索，国际检索报告应在规定的时间期限内按规定的形式撰写。国际检索应由大会委任的国际检索单位进行。该单位可以是一个国家专利局，或是一个政府间组织，如国际专利研究所（International Patent Institute）。其任务包括完成对申请主题所指发明的在先已有技术的文献调查报告。国际检索应在权项的基础上进行，并适当考虑到说明书和附图（如果有附图的话）。如果缔约方的国内法允许，则向该国或代表该国的国家专利局提出国家申请的申请人，可按该国内法规定的条件，要求对申请进行一次与国际检索相似的检索（"国际式检索"）。

3. **国际公布**

国际局应在国际申请日（或优先权日）起满18个月之内，将申请连同国际检索报告一起向国际公布。如果国际申请在其公布的技术准备完成前撤回或被视为撤回，则不应在国际上公布。如果国际申请含有据国际局认为违反道德或公共秩序的词句或附图，或者国际局认为国际申请含有附属规则中所指的毁谤性陈述，则国际局可在公布时删去这些词句、附图和陈述；同时指出删去文字或附图的地方和字数或号数，并在遇有请求时提供删去部分的个别抄本。

国际公布的效力是：就保护申请人在指定国中的权利来说，除按条约29条第（2）—(4）款的规定外，应与指定国的国内法为未经审查的国家申请在国内强制公布所规定的效力一样。

4. 国际初步审查

国际初步审查不是国际申请的必经程序，是依据申请人要求而进行的。对国际初步审查的要求应与国际申请分别提出，并在规定的时间期限内交付规定的费用。

国际初步审查的目的是由国际初步审查单位对申请专利的发明是否具有新颖性，是否涉及创造性步骤（不是显而易见的）和是否在工业上适用进行初步审查，并出具初步审查报告，转交给申请人和国际局，但审查报告对指定国并不具有法律约束力，仅供其参考。从国际初步审查的目的来说，一项申请专利的发明如果按附属规则的定义，还未有在先的技术，则应认为它是新颖的；一项申请专利的发明如果已考虑到附属规则关于已有技术的定义，而且在规定的有关日期并未为精通这种技艺的人所知，则应认为它涉及创造性步骤；一项申请专利的发明如果按其性质可以在一种工业中制造或（从技术意义来说）使用，应认为它可在工业上应用。对"工业"一词应作最广义的理解，应以《保护工业产权巴黎公约》中的解释为准。上述标准只适用于国际初步审查的目的。任何缔约国为决定在该国是否对该项申请专利的发明给予专利权，均可采用附加的或不同的标准。

完成上述国际阶段的程序后即转入国内阶段，由指定局按照本国专利法进行审查，决定是否授予专利权。

第二编

著作权法

中华人民共和国成立后，我国各类法律制定被提上日程。1979 年 1 月，邓小平率中国代表团访美，国家科委主任方毅和美国能源部长施瓦辛格签订《中美高能物理协议》，协议中提到互相保护版权的问题。❶ 1979 年 3 月中美商谈贸易协定，美国再次提出版权保护问题，并要求我国出台《著作权法》之前，双方按照《世界版权公约》规定保护对方的版权。❷ 当时国内对于知识产权还比较陌生，对著作权立法进行保护还存在一定的分歧，对著作权作为私人权利保护还不适应。但是，由于当时我国没有《著作权法》，对内、对外著作权关系出现了一些问题，因著作权问题而影响我国与外国科学文化交流、合作的事情时有发生，因此制定《著作权法》成为一件迫在眉睫的事情。❸ 为了鼓励公民积极从事有益于社会主义精神文明和物质文明建设的教育、科学、技术、文学、艺术等创造性的活动，促进优秀作品的创作与传播，提高全民族的科学文化水平，保护文学、艺术、科学作品的作者和其他著作权人的合法权益，国家版权局草拟了《中华人民共和国著作权法（草案）》。❹ 我国《著作权法》由第七届全国人民代表大会常务委员会第十五次会议于 1990 年 9 月 7 日通过，自 1991 年 6 月 1 日起施行，全文共 56 条，包括"总则""著作权""著作权许可使用合同""出版、表演、录音录像、播放""法律责任""附则"六章。

自 1991 年《著作权法》实施后，我国《著作权法》对保护著作权人的合法权益，激发其创作积极性，促进经济、科技的发展和文化、艺术的繁荣，发挥了积极的作用。同时，经济、科技、文化的发展和改革的深化，对著作权保护制度也提出了一些新问题、新要求。❺ 而且，恰逢我国加入世界贸易组织之际，对《著作权法》在内的知识产权法进行修改，也是适应我国加入世界贸易组织的需要。根据 2001 年 10 月 27 日第九届全国人民代表大会常务委员会第二十四次会议《关于修改〈中华人民共和国著

❶ 沈仁干，钟颖科. 著作权法概论［M］. 沈阳：辽宁教育出版社，1995：19.
❷ 沈仁干，钟颖科. 著作权法概论［M］. 沈阳：辽宁教育出版社，1995：19.
❸ 国家版权局. 关于《中华人民共和国著作权法（草案）》的说明［Z］. 1989－12－20.
❹ 国务院关于提请审议《中华人民共和国著作权法（草案）》的议案（国函〔1989〕80号）。
❺ 关于《中华人民共和国著作权法修正案（草案）》的说明——2000 年 12 月 22 日在第九届全国人民代表大会常务委员会第十九次会议上，国家新闻出版署署长、国家版权局局长石宗源。

作权法〉的决定》，我国《著作权法》进行了第一次修改，并于 2001 年 10 月 27 日起实施。本次修改使得我国《著作权法》与 TRIPS 协议接轨。

在此之后，我国《著作权法》平稳发挥其积极价值，有益促进了我国经济文化的发展。2008 年，国务院发布《国家知识产权战略纲要》，对知识产权的保护有了更进一步的指引，对著作权的创作、运用、保护、管理也有了全方位的认识。此外，对于《著作权法》第 4 条规定的内容，❶ 我国已经有有关作品出版、传播的监督管理立法相继出台，著作权法保护环境发生了变化，因而对之予以修改成为必要。❷ 根据 2010 年 2 月 26 日第十一届全国人民代表大会常务委员会第十三次会议《关于修改〈中华人民共和国著作权法〉的决定》，对《著作权法》进行第二次修正，修正后的《著作权法》自 2010 年 4 月 1 日起实施。

随着科技的进步，作品的创作环境和传播方式发生了翻天覆地的变化，新型智力表达方式层出不穷，为《著作权法》的实践带来诸多挑战，《著作权法》第三次修改顺应时代需求启动。因为《著作权法》第三次修改面临的利益调和需求较大，法条变动牵涉的主体较多，新型问题的冲击与传统法理的矛盾愈加尖锐，《著作权法》第三次修改幅度成为关键。从 2011 年《著作权法》第三次修改启动，到《著作权法》第三次修改在 2020 年尘埃落定，历经十年之久，在其中有无数专家学者、立法者、司法人员、执法人员、著作权主管部门、著作权集体管理组织、著作权权利人、相关企业等方面的代表等社会力量对《著作权法》的修改积极献计献策。最终为了平衡各方利益，践行党中央、国务院对知识产权保护的重要精神，作出了修改，主要解决了三个方面的重要问题：第一，适应网络化、数字化等新技术发展环境；第二，解决维权成本高、侵权成本低的问题，使得著作权侵权得到有效的遏制；第三，有利于与《民法典》及我国

---

❶ 2010 年《著作权法》修改，《著作权法》第 4 条由原来的"依法禁止出版、传播的作品，不受本法保护。著作权人行使著作权，不得违反宪法和法律，不得损害公共利益"修改为"著作权人行使著作权，不得违反宪法和法律，不得损害公共利益。国家对作品的出版、传播依法进行监督管理"。

❷ 关于《中华人民共和国著作权法修正案（草案）》的说明——2010 年 2 月 24 日在第十一届全国人民代表大会常务委员会第十三次会议上，国家版权局局长柳斌杰。

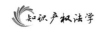

新加入的国际条约形成衔接。❶ 根据 2020 年 11 月 11 日第十三届全国人民代表大会常务委员会第二十三次会议《关于修改〈中华人民共和国著作权法〉的决定》第三次修正，修正后的《著作权法》共 67 条，由"总则""著作权""著作权许可使用和转让合同""与著作权有关的权利""著作权和与著作权有关的权利的保护""附则"六章构成。

由于著作权法涵盖内容丰富，涉及的主体众多，对科技、文化、艺术的发展具有重要的作用，因此，本编分章节对之展开详细阐述，从前至后遵循著作权权利客体、权利主体、权利内容、权利限制、权利保护的顺序展开。

---

❶ 关于《中华人民共和国著作权法修正案（草案）》的说明——2020 年 4 月 26 日在第十三届全国人民代表大会常务委员会第十七次会议上，司法部党组书记、副部长袁曙宏。

第四章　著作权的客体

　　著作权亦称版权，我国《著作权法》第 62 条对之予以确认，"本法所称的著作权即版权"。著作权的客体是著作权有关权利与义务所指向的对象，即作品。作品是作者创作的智力表达成果，是著作权展开的基础。

第一节　作品的内涵

　　作品指文学、艺术和科学领域内具有独创性并能以一定形式表现的智力成果。作品的构成直接解决实践中纳入著作权法保护的作品范围。尤其是在法律规定明确列举的作品类型中无法找到直接的依据时，是否构成著作权法意义上的作品，就有待于通过"作品"的解释及构成来判断是否属于著作权法意义上的作品，并进而受到著作权法的保护。举例而言，音乐喷泉是否可以作为作品来保护呢？北京中科水景科技有限公司与北京中科恒业中自技术有限公司、杭州西湖风景名胜区湖滨管理处侵害著作权纠纷案就彰显出作品界定的重要性。❶

　　受著作权法保护的作品为文学、艺术、科学领域内的智力成果。将作品限定于文学、艺术、科学领域内具有相应的价值。比如，体育领域内的体操是否可以作为作品，就曾经引起争议。在中国体育报业总社与北京图书大厦有限责任公司、广东音像出版社有限公司、广东豪盛文化传播有限公司著作权权属、侵权纠纷案中，法院经审理认为，第九套广播体操的动

---

　　❶　北京市海淀区人民法院（2016）京 0108 民初 15322 号民事判决书，北京知识产权法院（2017）京 73 民终 1404 号民事判决书。

作不是文学、艺术和科学领域内的智力成果，且本质上属于思想而非表达，故不属于著作权法意义上的作品，不受著作权法保护。❶

作品是思想或情感的表达。思想与表达二分法下，著作权法只保护表达而不保护思想，是人们耳熟能详的说法，这也是 TRIPS 协议中明确的内容。TRIPS 协议第 9 条第 2 款规定："版权的保护应及于表达，而不及于构思、程序、操作方法或者数学概念本身。"作品是思想或情感的表达，著作权法保护的是这种表达。但是对于何为思想、何为表达，实践中往往没有明确的界限。对此，有学者认为，思想与表达二分法是蕴含价值判断的内容，而思想与表达的界分是事实判断的内容。❷ 思想与表达二分法无法提供统一普适的裁判标准，其依赖于法官在个案中基于具体情形自由裁量。❸ 缺乏思想或情感表达，则不构成著作权法意义上的作品，也不受著作权法保护。如前述提及的中国体育报业总社与北京图书大厦有限责任公司、广东音像出版社有限公司、广东豪盛文化传播有限公司著作权权属、侵权纠纷案中第九套广播体操是否构成作品，法院认为："广播体操是一种具有健身功能的体育运动，由曲伸、举振、转体、平衡、跳跃等一系列简单肢体动作组成，但与同样包含肢体动作的舞蹈作品不同，其并非通过动作表达思想感情，而是以肢体动作促进循环系统、呼吸系统和精神传导系统功能的改善。"❹ 但是，这里的表达并非仅仅指代表达形式，在苏州蜗牛数字科技股份有限公司诉成都天象互动科技有限公司、北京爱奇艺科技有限公司侵害著作权纠纷案中，法院即认为，"表达"也包括具有独创性的"表达内容"，《花千骨》游戏实施了对《太极熊猫》游戏的"换皮"抄袭，《花千骨》游戏实质上利用了《太极熊猫》游戏中玩法规则的特定表达内容，构成著作权侵权。❺

作品受到著作权法的保护的前提是必须具有独创性。严格来说，独创

---

❶ 北京市西城区人民法院（2012）西民初字第 14070 号民事判决书。
❷ 卢海君. 论思想表达两分法的法律地位［J］. 知识产权，2017（9）：20－26.
❸ 熊文聪. 被误读的"思想/表达二分法"——以法律修辞学为视角的考察［J］. 现代法学，2012，34（6）：168－179.
❹ 北京市西城区人民法院（2012）西民初字第 14070 号民事判决书。
❺ 江苏省高级人民法院（2018）苏民终 1054 号民事判决书。

性并不是作品的构成要件，而是作品受保护的要件。❶ 独创性是作品的核心构成，必须是独立完成的作品，是基于创作而完成的作品，独创性排除不受保护的公共领域元素和内容。❷ 独创性通常被分解为"独"和"创"。"独"意味着作者对作品是独立创作完成的，根据《最高人民法院关于审理著作权民事纠纷案件适用法律若干问题的解释》（2020修正）第15条的规定："由不同作者就同一题材创作的作品，作品的表达系独立完成并且有创作性的，应当认定作者各自享有独立著作权。"实践中，独创性判断中具有一定的弹性。❸ 没有独创性不构成作品，例如单纯点校因为缺乏独创性难构成作品。❹ 在周某某与江苏凤凰出版社有限公司等侵害著作权纠纷案中，上海市高级人民法院认为，古籍点校的目的在于复原古籍原意，每个点校者都是根据自己对古籍含义的理解，在极为有限的点校表达方式中进行选择，但始终会忠于点校者自己所理解的古籍原意，因此这种情况下不会产生新的表达，点校成果也就不具有著作权法意义上的独创性，不构成作品。❺ 作品构成中的"独创性"，存在"独创性"是有无独创性还是独创性高低的争议。在实践中独创性的内容可能与公共领域的内容相交叉存在于同一个作品中，如何厘清受保护的独创性部分成为必要。苏州仙峰网络科技股份有限公司与浙江盛和网络科技有限公司、上海恺英网络科技有限公司侵害著作权及不正当竞争纠纷案就涉及如何区分再创作游戏中的独创性表达与公有领域素材的问题。法院经审理认为，该案涉案网络游戏的设计对于创作元素及其属性与数值的取舍、安排形成了特定对应关系，各系统之间组合而成的特定玩法规则和情节达到区别于其他游戏的创作性高度，并能够通过操作界面内直白的文字形式或连续动态画面方式对外呈现，这些具体表达属于受著作权法保护的客体。将这些独创性部分作

❶ 李雨峰. 中国著作权法：原理与材料［M］. 武汉：华中科技大学出版社，2014：39.

❷ 冯晓青. 我国著作权客体制度之重塑：作品内涵、分类及立法创新［J］. 苏州大学学报（法学版），2022，9（1）：80-96.

❸ 王雪梅. 论作品独创性判断的相对性原则［J］. 重庆科技学院学报（社会科学版），2017（6）：17-19，24.

❹ 彭学龙，马得原. 古籍点校版权保护争点透析与进路探论［J］. 电子知识产权，2020（11）：30-42.

❺ 上海市高级人民法院（2014）沪高民三（知）终字第10号民事判决书。

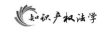

为整体作品进行保护，有利于遏制"换皮抄袭"行为，使游戏开发者所付出的创造性劳动获得充分保护。❶

作品须以一定形式表现。2020年《著作权法》第三次修改前，依据《著作权法实施条例》（2013修订）第2条规定："著作权法所称作品，是指文学、艺术和科学领域内具有独创性并能以某种有形形式复制的智力成果。"其中"有形形式复制"简称"可复制性"，其指向固定性、复制权中的复制、能够重复产生同样的智力成果抑或能够被客观感知的外在表达，在实践中颇受争议。❷ 第三次修改后的《著作权法》第3条规定"以一定形式表现"，以回应现实中不能固定在有形载体上等现实法律适用的难题。❸

第二节　作品的类型

根据我国《著作权法》第3条规定，我国著作权法所称的作品包括文字作品，口述作品，音乐、戏剧、曲艺、舞蹈、杂技艺术作品，美术、建筑作品，摄影作品，视听作品，工程设计图、产品设计图、地图、示意图等图形作品和模型作品，计算机软件，符合作品特征的其他智力成果。

1. 文字作品

文字作品，是指小说、诗词、散文、论文等以文字形式表现的作品。文字表达量对其是否构成作品具有一定的影响，但是这并不意味着短的文字表达就不构成作品。短的文字表达只要符合作品的构成要件仍然构成著作权法意义上的作品。标题作为文字作品受著作权保护系很多国家的明确规定，但是如果标题不具有独创性则不构成文字作品。❹ 广告语一般较短，

❶　浙江省高级人民法院（2019）浙民终709号民事判决书。

❷　金松. 论作品的"可复制性"要件——兼论作品概念条款与作品类型条款的关系［J］. 知识产权，2019（1）：59-68.

❸　周丽娜.《著作权法》作品定义"能以一定形式表现"之分析［J］. 中国出版，2022（3）：41-45.

❹　卢海君. 版权客体论［M］. 北京：知识产权出版社，2011：456.

也经常出现著作权保护的纠纷。在艺星医疗美容有限公司诉常德艺星医学美容诊所侵害商标权及著作权侵权纠纷案中，"来艺星，你就是明星"广告语被法院认为是艺星公司独立创造，构思精巧，语言凝练，具有独创性，能以某种形式复制，达到了一定水准的智力成果，应得到保护。● 但是，如果广告语的口语化特别明显，缺乏独创性，则不构成作品。在陈某某等与上海月星控股集团有限公司等著作权侵权纠纷案案中，原告认为其为"月星家居，我心中的家"广告语的唯一著作权人，被告使用的"月星，心中的家"广告语及代言词，其内容全部是原告创作的"月星家居，我心中的家"作品中的重要且主要部分，构成侵权。法院经过审理认为，系争的广告语"月星家居，我心中的家"从内容和形式来看，以传递"美好家居给予温暖如家感受"思想观念为核心，字数极少、口语化特征明显的表达方式，在日常生活中被广泛使用，以一般大众的认知标准，不符合作品"独创性"的要求，故不构成著作权法上所称的作品。❷

2. 口述作品

口述作品，是指即兴的演说、授课、法庭辩论等以口头语言形式表现的作品。口述作品包含口述者的思想观念和情感，口述者即为口述作品的作者。❸ 口述作品的特点就在于其产生之初往往是基于现场即兴发挥，但一旦被载体（如速录、录音等）记录下来，就会形成书面文件或录音，但无论是文字形态还是录音形态，承载的仍然是口述作品本身，并不会因此就变为文字作品或录音制品。❹ 在梁某某诉鲁某某等侵犯著作权纠纷案中，北京市第一中级人民法院即认为，《朝话》是梁漱溟的学生根据他每天在朝会上的讲话整理记录而成的，即在梁漱溟先生讲话时形成的是口述作品。❺

---

❶ 湖南省常德市中级人民法院（2014）常民三初字第 2 号民事判决书。

❷ 上海市普陀区人民法院（2011）普民三（知）初字第 1 号民事判决书，上海市第二中级人民法院（2012）沪二中民五（知）终字第 11 号民事判决书。

❸ 薛玉洁，陈艳，段小平，等．口述历史作品著作权主体关系探究［J］．档案，2019（9）：14－18.

❹ 袁博．"口述作品"如何进行版权保护？［N］．中国知识产权报，2018－11－14.

❺ 北京市中级人民法院（1994）中经知初字第 691 号民事判决书。

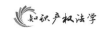

3. 音乐、戏剧、曲艺、舞蹈、杂技艺术作品

音乐作品，是指歌曲、交响乐等能够演唱或者演奏的带词或者不带词的作品。音乐的基本要素是指构成音乐的各种元素，包括音的高低、音的长短、音的强弱和音色，由这些基本要素相互结合，形成音乐常用的"形式要素"，如节奏、曲调、和声，以及力度、速度、调式、曲式等，这种音乐的形式要素即音乐的表现手段。❶ 音乐作品的侵权判断中，要注意原告主张的音乐作品受保护的范围。在北京众得文化传播有限公司与万达影视传媒有限公司等侵害作品改编权纠纷再审案中，天津市高级人民法院即认为，众得公司从词作者乔羽处获得相应授权，而《五环之歌》未使用《牡丹之歌》的歌词部分，而是创作了新的内容，不构成对《牡丹之歌》歌词部分著作权的侵害。将《五环之歌》歌词内容与《牡丹之歌》歌词内容进行比对可以发现，两者既不相同也不相似，《五环之歌》的歌词内容未使用《牡丹之歌》歌词部分具有独创性的基本表达，同时《五环之歌》表达的思想主题、表达方式与《牡丹之歌》亦不相同，故万达公司、新丽公司、金狐公司、岳某某并未侵害众得公司享有的著作权。❷

戏剧作品，是指话剧、歌剧、地方戏等供舞台演出的作品。有观点认为，依据戏剧艺术理论，戏剧作品不应当是剧本，而应当是一台戏的现场演出。❸ 也有观点认为，从我国著作权法出台的历史背景、立法沿袭、英汉互译内容、词义解释与部分立法例看，将"戏剧作品"理解为"戏剧剧本"较为合理。❹ 结合著作权法的规定及实践中对戏剧作品的保护经验，可以认为，"戏剧作品"指戏剧剧本更为妥当，著作权法意义上的戏剧作品一般都需要通过对白、旁白、配词等元素构成的剧本加以体现，即通常情况下应当是指被上演的作品本身，无论谁来表演戏剧，戏剧作品均较为

---

❶ 崔立红. 音乐作品抄袭的版权侵权认定标准及其抗辩［J］. 山东大学学报（哲学社会科学版），2012（1）：103 – 108.

❷ 天津市高级人民法院（2020）津民申 351 号民事裁定书.

❸ 张革新. 论戏剧作品的权利归属与行使［J］. 甘肃政法学院学报，2012（3）：71 – 77.

❹ 穆伯祥. "戏剧作品"的知识产权法涵义辨析及其司法适用［J］. 黑龙江教育（理论与实践），2015（5）：21 – 22.

固定。❶ 有些戏剧作品会融入一些公共领域的内容，如传奇故事、民间传说等，因此在戏剧作品保护时应当界定清楚其受保护的独创性部分。在陈某某、朱某某诉中国国际电视总公司侵犯著作权纠纷案中，法院经过审理认为，原告创作的这 8 个小品，具有戏剧作品的性质，是著作权法规定的作品形式之一，它包含有原告对小品剧本的创作，也包含了原告在舞台上通过形体和语言对剧本进行演绎化的表演创作，这两种创造性的劳动都应受到法律保护。❷

曲艺作品，是指相声、快书、大鼓、评书等以说唱为主要形式表演的作品。曲艺作品以说唱为主要形式，曲艺作品同戏剧作品一样，著作权保护的是曲目的说唱脚本而不是曲艺的表演。❸

舞蹈作品，是指通过连续的动作、姿势、表情等表现思想情感的作品。舞蹈作品的原创性指的是整个舞蹈编排设计的原创性而不是单个动作的原创性。❹ 单个舞蹈动作哪怕从外观上看起来再新颖，技术难度再高，也绝不可能从公有领域控制范围内逃逸出来而获得著作权保护。❺

杂技艺术作品，是指杂技、魔术、马戏等通过形体动作和技巧表现的作品。"俏花旦"杂技艺术作品侵害著作权纠纷案中，北京知识产权法院经审理认为，杂技艺术作品以动作为基本元素，技巧也通过具体动作展现，但并不保护技巧本身，通常也不保护特定的单个动作，而是保护具备一定艺术性的连贯动作的编排设计，如果仅仅是公有领域常规杂技动作的简单组合、重复，则独创性不足，不应受到著作权法的保护。当前许多杂技节目吸收舞蹈元素进行动作设计和编排，包括杂技动作及其衔接之间引入舞蹈动作等，此种情形下，以杂技动作设计为主要内容，又融入一定舞蹈动作设计的作品，仍可按杂技艺术作品予以保护，并无必要将连贯动作

---

❶　佟姝. 戏剧作品著作权法律保护问题研究 ［J］. 知识产权，2014（12）：28 – 32；冯晓青. 著作权法通论 ［M］. 长沙：中南工业大学出版社，1993：83.

❷　北京市第一中级人民法院（1999）一中知初字第 108 号民事判决书。

❸　管荣齐. 中国知识产权法律制度 ［M］. 北京：知识产权出版社，2016：55.

❹　张云. 舞蹈作品的版权保护 ［J］. 知识产权，2007（3）：83 – 87.

❺　何敏，吴梓茗. 舞蹈作品侵权认定的误区与匡正——兼评我国首例"静态手段侵犯舞蹈作品版权"案 ［J］. 贵州师范大学学报（社会科学版），2022（2）：123 – 137.

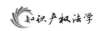

强行分割为支离破碎的舞蹈动作与杂技动作分别进行保护。❶

4. 美术作品

美术作品，是指绘画、书法、雕塑等以线条、色彩或者其他方式构成的有审美意义的平面或者立体的造型艺术作品。美术作品的类型较多，除了上述列举的绘画、书法、雕塑之外，还有其他形式。例如，在北京中科水景科技有限公司与北京中科恒业中自技术有限公司、杭州西湖风景名胜区湖滨管理处侵害著作权纠纷案中，法院就认为，虽音乐喷泉是由灯光、色彩、音乐、水型等多种要素共同构成的动态立体造型表达，其美轮美奂的喷射效果呈现具有审美意义，符合美术作品的构成要件。❷ 未经许可使用他人的美术作品构成著作权侵权。在上海美术电影制片厂诉珠海天行者文化传播有限公司等侵犯著作财产权纠纷案中，法院就认为，动画影片中的角色形象也是一种美术作品，被告在网站上使用孙悟空人物形象属于侵犯信息网络传播权的行为，在制造、销售的童鞋及包装盒上使用孙悟空人物形象，属于侵犯复制和发行权的行为。❸ 在"吹牛 App"侵害著作权纠纷案中，法院认为，涉案微信表情在圆形黄色面部造型基础上，通过眼部、嘴部、手势等神态的变化来反映人物的不同情绪，生动、形象、富有趣味，在线条、色彩运用等方面体现出一定的个性化选择和独创性表达，具有审美意义，构成美术作品。❹美术作品的表现形式多种多样，在实践中诸如花艺师通过一定的艺术手法使其创作的花艺作品具有审美意义时亦属于美术作品范畴。❺

5. 建筑作品

建筑作品，是指以建筑物或者构筑物形式表现的有审美意义的作品。建筑作品与美术作品一样，强调审美意义。在国家体育场与熊猫烟花集团、浏阳市熊猫烟花有限公司、北京市熊猫烟花有限公司侵犯著作权纠纷

---

❶ 吴桥县桑园镇张硕杂技团与中国杂技团有限公司等著作权权属、侵权纠纷案，北京知识产权法院（2019）京 73 民终 2823 号民事判决书。

❷ 北京知识产权法院（2017）京 73 民终 1404 号民事判决书。

❸ 上海市高级人民法院（2012）沪高民三（知）终字第 67 号民事判决书。

❹ 北京互联网法院（2019）京 0491 民初 16794 号民事判决书。

❺ 张俊发. 论花艺作品的可版权性［J］. 金陵法律评论，2021：260 – 270.

案中，法院就认为，建筑物或者构筑物能够作为作品受到保护，是因为它们具有独立于其实用功能的艺术美感，反映了建筑设计师独特的建筑美学观点与创造力，缺乏独创性或者没有任何艺术美感的建筑物或者构筑物并不是建筑作品，国家体育场鸟巢采用的钢桁架交织围绕碗状建筑外观形象，空间结构科学简洁，建筑和结构完整统一，设计新颖，结构独特，具备独立于该建筑物实用功能之外的艺术美感，体现出相当水准的独创性，因此认定国家体育场属于建筑作品。❶

6. 摄影作品

摄影作品，是指借助器械在感光材料或者其他介质上记录客观物体形象的艺术作品。摄影作品体现了作者对照片的创作，一般而言，没有创作的如翻拍照片、文件、书刊等纯复制性的照片不是摄影作品，❷ 但对能够体现拍摄者的创造性表达的仍可赋予其可著作权性。❸ 对于摄影作品，也有观点指出，应当将艺术审美作为摄影作品的要件，提高摄影作品的独创性认定标准，增设照片邻接权来解决摄影作品保护实践中的难题。❹

7. 视听作品

视听作品是 2020 年我国《著作权法》第三次修改时调整的内容，原来为"电影作品和以类似摄制电影的方法创作的作品"。随着短视频、微电影等新型视听类作品的出现，"电影作品和以类似摄制电影的方法创作的作品"已经无法满足实践的需要，用"视听作品"取代"电影作品和以类似摄制电影的方法创作的作品"成为当然。视听作品范围涵盖原来的"电影作品和以类似摄制电影的方法创作的作品"及其他视听作品。但视听作品的具体所指有待《著作权法实施条例》进一步明确。电影作品和以类似摄制电影的方法创作的作品指摄制在一定介质上，由一系列有伴音或者无伴音的画面组成，并且借助适当装置放映或者以其他方式传播的作品。诸如具备独创性的延迟摄影、微电影、短视频等将通过视听作品获得著作权法的

❶　北京市第一中级人民法院（2009）一中民初字第 4476 号民事判决书。
❷　胡康生. 著作权法释义［M］. 北京：北京师范学院出版社，1990：12.
❸　马一德. 再现型摄影作品之著作权认定［J］. 法学研究，2016，38（4）：137－151.
❹　孙昊亮. 全媒体时代摄影作品的著作权保护［J］. 法律科学（西北政法大学学报），2021，39（3）：109－119.

保护。另外，如没有摄制在一定介质上的网络游戏直播画面即可通过视听作品获得保护。❶ 此外，从产业发展来看，短视频等具有独创性的视听作品，在著作权法明确规定"视听作品"后将获得充分的保护。

8. 工程设计图、产品设计图、地图、示意图等图形作品和模型作品

图形作品，是指为施工、生产绘制的工程设计图、产品设计图，以及反映地理现象、说明事物原理或者结构的地图、示意图等作品。在陈某与富顺县万普印务有限公司侵犯著作权纠纷案中，陈某认为涉案三个主观分答题卡属于图形作品。法院经过审理认为，涉案答题卡不属于著作权法上的图形作品，理由在于：三个主观分答题卡是为适应目前考试分数统计形式而在原先的答题卡基础上增加三个主观分分数框的答题卡形式，其上图形主要包括若干题号和代表选项的字母 A、B、C、D 或数字 0—9，以及少量考试信息相关的文字，如姓名、准考证号、科目等，这种图形和文字是针对考题的选项设置和统计信息需要而设的，且图形排布受制于光标阅读机所识别的行列间距等参数，因而答题卡自身并不能表达某种思想和设计。配合上述软件使用的答题卡必须按照软件要求配置，但在符合一定配置标准的前提下，每次运行时用户也可以自定义一些信息卡格式文件，例如不同的题量、选项内容、横竖排列、文字内容、子方框内容（如考号选项、主观分选项）等，自定义完成之后，就对应形成该光标阅读机此次运行所识别的答题卡样式。因此，对光标阅读机软件进行不同的参数设置可以得到不同的答题卡样式，但并不能说每个用户进行自定义生成的答题卡样式的过程就是一种图形作品的创作过程，因为用户自定义的动作是软件设计的一部分，在软件给定的框架下，自定义动作实质上只是为考试统计需要进行的机械选择过程，而不像产品设计过程那样表达某种思想或设计。❷

模型作品，是指为展示、试验或者观测等用途，根据物体的形状和结构，按照一定比例制成的立体作品。在北京中航智成科技有限公司与深圳市飞鹏达精品制造有限公司侵害著作权纠纷案中，法院经过审理认为，模

---

❶ 冯晓青. 我国著作权客体制度之重塑：作品内涵、分类及立法创新［J］. 苏州大学学报（法学版），2022，9（1）：80-96.

❷ 四川省高级人民法院（2010）川民终字第 334 号民事判决书。

型与原物的近似程度越高或者越满足实际需要，其独创性越高，"歼十"模型是"歼十"造型的等比例缩小，该模型的独创性恰恰体现于此，其已构成模型作品，应当受到保护。❶

9. 计算机软件

《计算机软件保护条例》（2013 修订）对计算机软件有关的内容予以了详细的规定。依据其第 2 条的规定，计算机软件指的是计算机程序及其有关文档。依据其第 3 条的规定，计算机程序，是指为了得到某种结果而可以由计算机等具有信息处理能力的装置执行的代码化指令序列，或者可以被自动转换成代码化指令序列的符号化指令序列或者符号化语句序列。同一计算机程序的源程序和目标程序为同一作品。文档，是指用来描述程序的内容、组成、设计、功能规格、开发情况、测试结果及使用方法的文字资料和图表等，如程序设计说明书、流程图、用户手册等。依据其第 6 条的规定，对软件著作权的保护不延及开发软件所用的思想、处理过程、操作方法或者数学概念等。

10. 符合作品特征的其他智力成果

"符合作品特征的其他智力成果"是对作品类型的兜底规定。2020 年《著作权法》第三次修改将原规定"法律、行政法规规定的其他作品"修改为"符合作品特征的其他智力成果"。虽然"法律、行政法规规定的其他作品"看似为开放性规定，但是"其他法律、行政法规"一般不会对智力成果可以纳入受著作权法保护的作品范畴作出规定，❷ 因而本规定对作品类型的兜底能力非常有限，一般也无法通过该规定对作品进行开放式的认定。"符合作品特征的其他智力成果"则有助于解决该问题。然而在实践中，如何防止在著作权司法实践中法官滥用自由裁量权，随意扩大解释涉案受著作权保护的客体，以致在著作权客体认定问题上造成严重的混乱，值得关注。❸

---

❶　北京市高级人民法院（2014）高民（知）终字第 3451 号民事判决书。

❷　杨利华. 我国著作权制度的最新进展及其司法适用与完善［J］. 中州学刊，2021（7）：56 - 66.

❸　冯晓青. 我国著作权客体制度之重塑：作品内涵、分类及立法创新［J］. 苏州大学学报（法学版），2022，9（1）：80 - 96.

民间文学艺术作品指由特定的民族、族群或者社群内不特定成员集体创作和世代传承，并体现其传统观念和文化价值的文学艺术的表达。我国《著作权法》第6条规定："民间文学艺术作品的著作权保护办法由国务院另行规定。"

此外，对于实用艺术作品，实践中一般以美术作品对之予以保护。如张某某与韩某某侵害著作权案中，济南市中级人民法院经过审理认为，涉案花束在视觉上具备相应的美感，具备独创性，且能够以有形形式予以复制，具有实用性，能够作为美术作品中的实用艺术品受到著作权法保护。❶但是，实用艺术作品与美术作品不同，具有独立性，其本身的艺术性与实用性的双重定性，决定对其予以独立保护的必要性。❷《实施国际著作权条约的规定》（2020修订）第6条明确规定："对外国实用艺术作品的保护期，为自该作品完成起二十五年。"实用艺术作品的保护亟待得到我国《著作权法》的回应，否则容易形成区别对待国外实用艺术作品保护与我国实用艺术作品保护的现象。

第三节　不受著作权法保护的对象

我国《著作权法》第5条规定："本法不适用于：（一）法律、法规，国家机关的决议、决定、命令和其他具有立法、行政、司法性质的文件，及其官方正式译文；（二）单纯事实消息；（三）历法、通用数表、通用表格和公式。"

法律、法规，国家机关的决议、决定、命令和其他具有立法、行政、司法性质的文件，及其官方正式译文，是国家向社会传达国家意志的最重要方式，其中蕴含重要的政治价值和社会价值，其要发挥其应有的价值便不宜受著作权法保护。

单纯事实消息不受著作权法保护。2020年《著作权法》第三次修改之

---

❶ 山东省济南市中级人民法院（2017）鲁01民终998号民事判决书。
❷ 冯晓青，付继存. 实用艺术作品在著作权法上之独立性［J］. 法学研究，2018，40（2）：136-154.

前，本项规定为"时事新闻"，《著作权法实施条例》第 5 条规定："时事新闻，是指通过报纸、期刊、广播电台、电视台等媒体报道的单纯事实消息。"因时事新闻包括单纯的事实消息和非单纯的事实消息，❶ 时事新闻在实践中不受保护明显挑战了相关利益平衡，❷ 单纯事实消息不受保护才应当是本规定的本质目的，为了适应时代的发展将之修改为"单纯事实消息"成为必要。虽然这一修改能弥补对时事新闻而非单纯事实消息的保护，但是也有观点进一步指出，单纯事实消息也有被保护的必要。❸ 对于不受著作权法保护的单纯事实消息，仍可以通过其他法律路径获得相应利益的保护。

历法、通用数表、通用表格和公式不受著作权法保护。历法、通用数表、通用表格和公式为思想与表达密不可分的情形，此时考虑到表达有限则对之不予著作权法上的保护。且历法、通用数表、通用表格和公式与人们的日常学习、生活等密不可分，具有较强的公共属性，对其不予著作权法保护也是对公共领域予以保留、对公共利益予以关注的表现。

---

❶ 袁博. 论《著作权法（修改草案）》对"时事新闻"的新定义 [J]. 中国出版，2015（8）：49-52；翟真. 版权法中"时事新闻"概念探疑 [J]. 国际新闻界，2013，35（4）：25-31.

❷ 王昊鹏. 时事类短视频是否属于时事新闻——以央视国际诉暴风影音为视角 [J]. 新闻世界，2020（1）：72-76.《最高人民法院关于审理著作权民事纠纷案件适用法律若干问题的解释》（2020 修正）第 16 条规定："通过大众传播媒介传播的单纯事实消息属于著作权法第五条第（二）项规定的时事新闻。传播报道他人采编的时事新闻，应当注明出处。"

❸ 黄城. 单纯事实消息新闻的法律保护困境及其突破 [J]. 理论界，2021（5）：7，79-84.

第五章　著作权的主体及著作权的归属

第一节　作　　者

著作权人包括作者及其他依照著作权法享有著作权的自然人、法人或者非法人组织。

依据我国《著作权法》第11条第2—3款规定，创作作品的自然人是作者。由法人或者非法人组织主持，代表法人或者非法人组织意志创作，并由法人或者非法人组织承担责任的作品，法人或者非法人组织视为作者。《著作权法实施条例》（2013修订）第3条规定，所谓的创作作品指的是直接产生文学、艺术和科学作品的智力活动，而为他人创作进行组织工作，提供咨询意见、物质条件，或者进行其他辅助工作，均不视为创作。

人工智能技术的推进及其创作作品的出现，对著作权主体制度带来挑战，人工智能能否作为著作权法上的作者及著作权人引发争议。在北京菲林律师事务所诉北京百度网讯科技有限公司侵害署名权、保护作品完整权、信息网络传播权纠纷案中，对作者是否必须为自然人，法院就以威科先行的机器行为生成的报告虽具有独创性，但其本身非自然人创作，因而否决了其作品的属性。[1] 美国版权局也在斯蒂芬·泰勒（Stephen Thaler）

---

[1] 北京互联网法院（2018）京0491民初239号民事判决书。

申请登记一件作品的版权案中肯定了人类作者是支持版权主张的必要条件。❶

第二节　著作权的归属

1. 一般原则：署名推定

除非著作权法另有规定，著作权属于作者。根据我国《著作权法》第12条第1款规定，在作品上署名的自然人、法人或者非法人组织为作者，且该作品上存在相应权利，但有相反证明的除外。

在作品、表演、录音制品上以通常方式署名的自然人、法人和非法人组织，应当推定为该作品、表演、录音制品的著作权人或者与著作权有关的权利的权利人，但有相反证据足以推翻的除外。对于署名的争议，应当结合作品、表演、录音制品的性质、类型、表现形式以及行业习惯、公众认知习惯等因素，作出综合判断。权利人完成初步举证的，人民法院应当推定当事人主张的著作权或者与著作权有关的权利成立，但是有相反证据足以推翻的除外。❷

适用署名推定规则确定著作权或者与著作权有关的权利归属且被告未提交相反证据的，原告可以不再另行提交权利转让协议或其他书面证据。在诉讼程序中，被告主张其不承担侵权责任的，应当提供证据证明已经取得权利人的许可，或者具有著作权法规定的不经权利人许可而可以使用的情形。❸

2. 职务作品著作权归属

职务作品即自然人为完成法人或者非法人组织工作任务所创作的作品或主要是利用法人或非法人组织的物质技术条件创作的作品等。"工作任务"，是指公民在该法人或者该组织中应当履行的职责。"物质技术条件"，

---

❶ 美国版权局不予登记人工智能生成的作品［EB/OL］.（2022-02-26）［2022-06-30］.https：//www. patent51. com/news/industry/11751. html.

❷ 《最高人民法院关于加强著作权和与著作权有关的权利保护的意见》第3条。

❸ 《最高人民法院关于加强著作权和与著作权有关的权利保护的意见》第4条。

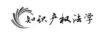

是指该法人或者该组织为公民完成创作专门提供的资金、设备或者资料。❶

职务作品的规定主要体现于我国《著作权法》第 18 条，其对职务作品的著作权归属作了明确的规定。一般情况下，职务作品著作权由作者享有，但法人或者非法人组织有权在其业务范围内优先使用。作品完成两年内，未经单位同意，作者不得许可第三人以与单位使用的相同方式使用该作品。特殊职务作品情形下，作者享有署名权，著作权的其他权利由法人或者非法人组织享有，法人或者非法人组织可以给予作者奖励，包括：（1）主要是利用法人或者非法人组织的物质技术条件创作，并由法人或者非法人组织承担责任的工程设计图、产品设计图、地图、示意图、计算机软件等职务作品；（2）报社、期刊社、通讯社、广播电台、电视台的工作人员创作的职务作品；（3）法律、行政法规规定或者合同约定著作权由法人或者非法人组织享有的职务作品。

3. 合作作品及委托作品的著作权归属

根据《著作权法》第 14 条的规定，合作作品的著作权归属遵循以下原则。（1）共同创作，共同享有著作权：两人以上合作创作的作品，著作权由合作作者共同享有。没有参加创作的人，不能成为合作作者。（2）协商原则：合作作品的著作权由合作作者通过协商一致行使；不能协商一致，又无正当理由的，任何一方不得阻止他方行使除转让、许可他人专有使用、出质以外的其他权利，但是所得收益应当合理分配给所有合作作者。（3）可分割使用的遵循最有利于作品使用的原则：合作作品可以分割使用的，作者对各自创作的部分可以单独享有著作权，但行使著作权时不得侵犯合作作品整体的著作权。《著作权法实施条例》（2013 修订）第 14 条进一步规定，合作作者之一死亡后，其对合作作品享有的发表权及著作财产权无人继承又无人受遗赠的，由其他合作作者享有。

委托作品的著作权归属遵循"合同优先"原则。依据《著作权法》第 19 条的规定，受委托创作的作品，著作权的归属由委托人和受托人通过合同约定。但是如果合同未作明确约定或者没有订立合同的，著作权属于受托人。

---

❶ 《著作权法实施条例》（2013 修订）第 11 条。

4. 作品登记制度

在我国，著作权自作品创作完成之日起即产生。我国采取作品自愿登记制度，即作者等著作权人可以向国家著作权主管部门认定的登记机构办理作品登记。《作品自愿登记试行办法》第 2 条规定，作品不论是否登记，作者或其他著作权人依法取得的著作权不受影响。第 3 条规定，各省、自治区、直辖市版权局负责本辖区的作者或其他著作权人的作品登记工作，国家版权局负责外国以及我国台湾、香港和澳门地区的作者和其他著作权人的作品登记工作。随着著作权保护意识的提升，著作权登记也受到了广泛的欢迎。2020 年全国著作权登记总量达 5 039 543 件，但是作品登记也呈现出作品类型的差异化，登记量最多的是摄影作品、美术作品、文字作品、影视作品，分别占登记总量的 45.56%、39.06%、6.42%、5.77%，这四种类型的作品著作权登记量占登记总量的 96.81%。❶ 2021 年全国著作权登记总量达 6 264 378 件，同比增长 24.30%，2021 年全国共完成作品著作权登记 3 983 943 件，同比增长 20.13%，登记量最多的是美术作品、摄影作品、文字作品、影视作品，分别占登记总量的 41.92%、38.99%、7.42%、6.14%，以上类型的作品著作权登记量占登记总量的 94.47%。❷

作品著作权登记效力仅限于初步证据的作用。❸ 需要注意的是，我国作品登记制度存在诸多需要解决的问题，如作品登记缺乏坚实可靠的法律支撑、作品登记缺乏统一标准、作品登记效力及审查制度、❹ 作品登记互联性差等，有待得到进一步的规范。

5. 其他著作权归属

根据《著作权法》第 17 条的规定，视听作品中的电影作品、电视剧

---

❶ 《国家版权局关于 2020 年全国著作权登记情况的通报》2021 年 3 月 16 日。

❷ 《国家版权局关于 2021 年全国著作权登记情况的通报》2022 年 3 月 23 日。

❸ 我国《作品自愿登记试行办法》第 1 条规定："为维护作者或其他著作权人和作品使用者的合法权益，有助于解决因著作权归属造成的著作权纠纷，并为解决著作权纠纷提供初步证据，特制定本办法。"《最高人民法院关于审理著作权民事纠纷案件适用法律若干问题的解释》（2020 修正）第 7 条规定："当事人提供的涉及著作权的底稿、原件、合法出版物、著作权登记证书、认证机构出具的证明、取得权利的合同等，可以作为证据。"

❹ 袁学术，宋良，郑思萱. 我国作品登记工作的成效与问题研究［J］. 南京理工大学学报（社会科学版），2017，30（5）：12 - 15，51.

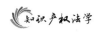

作品的著作权由制作者享有，但编剧、导演、摄影、作词、作曲等作者享有署名权，并有权按照与制作者签订的合同获得报酬。除此之外，其他视听作品的著作权归属由当事人约定；没有约定或者约定不明确的，由制作者享有，但作者享有署名权和获得报酬的权利。视听作品中的剧本、音乐等可以单独使用的作品的作者有权单独行使其著作权。

根据《著作权法》第13条的规定，改编、翻译、注释、整理已有作品而产生的作品，其著作权由改编、翻译、注释、整理人享有，但行使著作权时不得侵犯原作品的著作权。

根据《著作权法》第15条的规定，汇编若干作品、作品的片段或者不构成作品的数据或者其他材料，对其内容的选择或者编排体现独创性的作品，为汇编作品，其著作权由汇编人享有，但行使著作权时，不得侵犯原作品的著作权。汇编作品享有著作权，侵犯他人汇编作品著作权的构成著作权侵权。例如，在外语教学与研究出版社有限责任公司（以下简称"外研社"）诉王某、中国青年出版社、四川凯迪文化有限公司著作权侵权纠纷案中，外研社与麦克米伦出版（中国）有限公司合作，策划出版了《新标准英语学生用书必修1》（供高中一年级上学期使用）（统称"涉案教材"）等系列教材；王某主编、中国青年出版社出版发行了《高中英语解读1》一书，四川凯迪文化有限公司对该书进行销售。《高中英语解读1》中有13篇短文与涉案教材中的13篇短文内容相同、编排结构一致。外研社经麦克米伦出版（中国）有限公司授权，以王某、中国青年出版社、四川凯迪文化有限公司未经其许可编辑、出版并在全国销售《高中英语解读1》一书的行为，侵犯其对涉案教材享有的著作权为由诉至法院。法院经审理认为，外研社是涉案教材的合法著作权人，即使涉案教材中编入的英文短文确有部分来自其他作者创作的作品，但涉案教材对上述短文在题材、所含词汇、语法内容、阅读难度、文化背景等方面配合各模块中相关内容的教学功能进行了有针对性的创作或选择，具有独创性，应受我国著作权法的保护。《高中英语解读1》一书完整、依次使用了涉案教材所收录的相应短文，侵犯了外研社就涉案教材享有的复制权。❶ 在美国教育考试

----

❶ 2012年四川知识产权司法保护十大典型案例。

服务中心（ETS）与新东方关于试题有关的汇编作品著作权侵权案中，法院认为，新东方学校在未经 ETS 许可的情况下，擅自复制 ETS 享有著作权的 TOEFL 考试试题，并将试题以出版物的形式通过互联网等渠道公开销售，其行为侵害了 ETS 的著作权。❶ 在仁爱研究所与武汉出版社著作权侵权纠纷案中，法院则认为，被诉教辅书使用了仁爱教材的编排顺序和体例，但仅此使用不构成对教材汇编作品著作权的侵害，教辅书与教材的内容并不相同，在被诉教辅书与上诉人教材的编排顺序和体例相同但内容基本不相同的情况下，不会构成教材汇编作品著作权的侵害。❷

著作权原件的转移一般情况下不改变著作权的归属，但是诸如美术作品、摄影作品原件，是作品价值发挥的最重要承载体，因而其展览权跟随原件"走"，谁占有美术、摄影作品的原件，谁就享有其展览权。故此，对于作者将未发表的美术、摄影作品的原件所有权转让给他人的情形，受让人展览该原件不构成对作者发表权的侵犯。❸ 而且，作者将未发表的美术、摄影作品的原件所有权转让给他人，受让人展览该原件不构成对作者发表权的侵犯。❹

"孤儿作品"（Orphan Works）是指经过尽力查找，仍无法找到著作权人的作品。❺ 孤儿作品的著作权归属在实践中具有重要的意义。依据《著作权法实施条例》（2013 修订）第 13 条的规定，作者身份不明的作品，由作品原件的所有人行使除署名权以外的著作权。作者身份确定后，由作者或者其继承人行使著作权。但是这一规定在应对实践中的问题时，是远远不足的，无法解决我国孤儿作品大量存在的现象。❻ 我国《著作权法》第

---

❶　北京市高级人民法院（2003）高民终字第 1393 号民事判决书。
❷　北京知识产权法院（2015）京知民终第 1195 号民事判决书。
❸　《著作权法》第 20 条第 1 款。
❹　《著作权法》第 20 条第 2 款。
❺　王迁."孤儿作品"制度设计简论［J］. 中国版权，2013（1）：30 – 33.
❻　王迁."孤儿作品"制度设计简论［J］. 中国版权，2013（1）：30 – 33.

三次修改过程中曾明确了孤儿作品，❶ 但是最终并未纳入，有待于未来对孤儿作品制度予以更加完善的规范。

《著作权法》第 21 条规定，著作权属于自然人的，自然人死亡后，其发表权及著作财产权在保护期内依法转移。著作权属于法人或者非法人组织的，法人或者非法人组织变更、终止后，其发表权及著作财产权在保护期内，由承受其权利义务的法人或者非法人组织享有，没有承受其权利义务的法人或者非法人组织的，由国家享有。

实践中还存在诸多其他的著作权归属问题，例如"猴子自拍照"的著作权纠纷即引发人们对作品著作权归属的思考。2011 年，摄影师大卫·斯莱特（David Slater）到印度尼西亚去拍摄黑猴，其使用三脚架固定相机，并故意离开遥控快门，让黑猴能接近相机。一只母黑猴按下了遥控快门，拍摄了数张照片，这些照片中少数有黑猴的清晰身影，形成涉案"猴子自拍照"。斯莱特认为，涉案照片的著作权应当归属自己。但是动物保护团体善待动物组织则控告斯莱特，认为他侵害了猴子的著作权。2014 年 12 月，美国版权局声明非人类所创作的作品不是美国著作权的主体。2016 年，美国联邦法院决定猴子无法自行持有这些图像的著作权。2018 年，第九巡回上诉法庭维持原判。❷

---

❶ 2012 年 10 月国家版权局《著作权法》修改草案第三稿第 26 条规定：

著作权保护期未届满的已发表作品，使用者尽力查找其权利人无果，符合下列条件之一的，可以在向国务院著作权行政管理部门指定的机构申请并提存使用费后以数字化形式使用：

（一）作者以及作品原件所有人均身份不明的；

（二）作者身份不明，作品原件所有人身份确定但无法联系的；

（三）作者身份确定但无法联系的。

前款具体实施办法，由国务院著作权行政管理部门另行规定。

2014 年 6 月国务院法制办《著作权法（修订草案送审稿）》第 51 条规定：

著作权保护期未届满的已发表作品，使用者尽力查找其权利人无果，符合下列条件之一的，可以在向国务院著作权行政管理部门指定的机构申请并提存使用费后以数字化形式使用：

（一）著作权人身份不明的；

（二）著作权人身份确定但无法联系的。

前款具体实施办法，由国务院著作权行政管理部门另行规定。

❷ Naruto v. Slater，888 F. 3d 418（2018）.

第六章　著作权及与著作权有关的权利内容

第一节　著作权内容的分类

著作权又称"版权"，我国《著作权法》第 62 条明确规定"本法所称的著作权即版权"，不同的国家对著作权的内容有不同的制度规定。我国《著作权法》对著作权内容的规定，随着时代发展也给予了一定的调整。例如，我国 1990 年《著作权法》规定为："著作权包括下列人身权和财产权：（一）发表权……（二）署名权……（三）修改权……（四）保护作品完整权……（五）使用权和获得报酬权……"❶ 2001 年《著作权法》修改将之调整为四项著作人身权、十二项著作财产权及一项兜底规定"应当由著作权人享有的其他权利"。❷ 基本可以将著作权分为著作人身权和著作财产权。根据我国现行《著作权法》第 10 条第 1 款的规定，著作权包括 4 项人身权（发表权、署名权、修改权、保护作品完整权）、12 项著作财产权（复制权、发行权、出租权、展览权、表演权、放映权、广播权、信息网络传播权、摄制权、改编权、翻译权、汇编权）及一项兜底规定（应当由著作权人享有的其他权利）。依据《著作权法》第 10 条第 2 款的规定，著作权人可以许可他人行使著作财产权和应当由著作权人享有的其他权

---

❶ 《著作权法》（1990）第 10 条，其中"使用权和获得报酬权，即以复制、表演、播放、展览、发行、摄制电影、电视、录像或者改编、翻译、注释、编辑等方式使用作品的权利；以及许可他人以上述方式使用作品，并由此获得报酬的权利"。

❷ 《著作权法》（2001）第 10 条。

利，并依照约定或者著作权法有关规定获得报酬。依据《著作权法》第10条第3款的规定，著作权人可以全部或部分转让发表权、著作财产权及应当由著作权人享有的其他权利，并依照约定或者著作权法有关规定获得报酬。

第二节　著作人身权

著作人身权也称精神权利，是指与作者精神人格密不可分的权利。在人格权理论下，著作人身权得到了非常周全的论证与解释。根据《著作权法》的规定，著作人身权可以分为发表权、署名权、修改权、保护作品完整权，以下分别予以阐述。

1. 发表权

发表权，即决定作品是否公之于众的权利。"公之于众"并不以公众实际知晓为构成要件，其指向的是著作权人自行或者经著作权人许可将作品向不特定的人公开。❶ 发表权一次用尽，因而也被称为一次性权利。"发表权通过保障作者的意志自由塑造一个以作者自身为目的的独立自主的人格形象，进而解放作者的理性与创造天性，实现作者的自主表达和创作自由，激励其生产性努力。"❷

一个作品是否公之于众以及以何种方式公之于众，为发表权的核心内容。发表权的行使是作品面世的重要起点，也是作品获得传播的重要前提。通常发表权的行使伴随着其他权利的行使，因而其独立性也遭受质疑。❸ 作品发表权的行使也可能会与其他权利产生冲突，例如，发表权与展览权可能归属不同的主体，在此情形下或将产生发表权行使与展览权行

---

❶ 《最高人民法院关于审理著作权民事纠纷案件适用法律若干问题的解释》（2020 修正）第9条。

❷ 李雨峰，陈伟. 为何"一次性"的发表权需要期限限制？——基于发表权的理论逻辑与权利框架的反思［J］. 电子知识产权，2019（9）：4-14.

❸ 曹伟，赵宝华.《著作权法》修改中有关发表权存废的思考［J］. 知识产权，2015（9）：3-9.

使的冲突。在杨某某与中贸圣佳国际拍卖有限公司等侵害著作权纠纷案中，法院就认为，杨某某作为著作权人或著作权人的继承人，享有涉案书信作品的发表权，如果他人未经许可非法发表涉案书信手稿，将导致对申请人杨某某的发表权造成难以弥补的损害。❶

发表权一次用尽，公之于"众"在于不特定的人。在张某某与于某某侵害著作权纠纷案中，法院就认为，张某某是在司法考试培训教室内首次公开的涉案作品，该培训针对的学生人数虽然是确定的，但在案证据不能证明该培训对于报名学生的人数有具体限制，且张某某在授课前也未对培训学校提出学生人数方面的具体要求，即并未作出限制听课学生人数的意思表示。同时，该培训所针对的听课学生来自各行各业，采取报名交费的方式接受较短期限的培训，相互之间不一定熟识，也不存在较为紧密的个人联系。因此，张某某在司法考试培训教室内向听课学生公开涉案作品的行为，已构成向不特定公众公开该作品，属于对涉案作品的发表。❷

2. 署名权

署名权，即表明作者身份，在作品上署名的权利。署名权意味着作者可以选择署名或不署名，也可以选择在作品上署真名、艺名、笔名等，作者有权利拒绝别人在自己作品上署名。没有参加创作，为谋取个人名利，在他人作品上署名的，可能涉嫌著作权侵权。对于因作品署名顺序发生的纠纷，有约定的按约定确定署名顺序；没有约定的，可以按照创作作品付出的劳动、作品排列、作者姓氏笔画等确定署名顺序。❸ 此外，署名权与署名行为有差异，署名行为广泛存在，并非所有的署名行为都为著作权法意义上的署名权所控制，署名权的核心价值是利用作品传播作者身份。❹ 实践中的署名权异化的外在表现主要体现为有意借名、拱手让名、随意挂名、他人代笔、故意冒名、恶意署名等。❺ 因此，在实践中需要界定"署

---

❶ 北京市第二中级人民法院（2013）二中保字第 9727 号民事裁定书。
❷ 北京市高级人民法院（2012）高民终字第 3452 号民事判决书。
❸ 《最高人民法院关于审理著作权民事纠纷案件适用法律若干问题的解释》（2020 修正）第 11 条。
❹ 徐晓颖，李翔. 署名权与署名行为辨析［J］. 中国版权，2016（2）：23 – 26.
❺ 邹跃. 署名权异化的法律规制研究［D］. 武汉：武汉大学，2014.

名权"这一对著作权保护非常重要的内容，其核心在于理解署名权为"表明作者身份"的权利，即其为作者的权利。

被别人在不是自己创作的作品上署名，又称"假冒署名"，指的是作品的作者或出版发行者为达到使其创作的作品易于发表或使其出版发行的作品、复制品增加发行量等目的，未经他人许可故意在其作品或作品复制品上署上他人之名，即盗用他人名义发表作品。❶ 假冒他人署名被假冒的"他人"往往为名人或权威人物。实践中对假冒署名是侵犯姓名权还是署名权有争议。在吴冠中诉上海朵云轩、香港永成古玩拍卖有限公司著作权纠纷案中，被告拍卖作品《毛泽东肖像》上的落款"吴冠中画于工艺美院一九六二年"，原告认为此系假冒其署名的伪作。最终法院认定，该案讼争的《毛泽东肖像》，落款非原告吴冠中署名，是一幅假冒吴冠中署名的美术作品。两被告在获知原告对该画提出异议，且无确凿证据证明该作品系原告所作，落款非原告本人署名的情况下，仍将该画投入竞拍出售，获取利益，属于出售假冒他人署名美术作品的侵犯著作权行为。❷ 但也有观点认为，在作品上假冒他人之名的行为并非侵犯他人署名权的行为。❸ 进一步而言，还有观点认为，假冒他人署名实质上并未侵犯他人的署名权，而属于侵犯他人"姓名权"的行为。❹

3. 修改权与保护作品完整权

修改权，即修改或者授权他人修改作品的权利。修改权的规范目的在于保障作者的修改自由，修改权既不是保护作品完整权的重复，也不是为了禁止程度轻于"篡改"的"小改"。❺ 对作品进行修改，可能改变作品的思想或情感的表达，因而作品的修改权应当由作者控制较为合适。对作品的非内容性的修改，不应当指向此处的修改权，也正因为如此我国著作权法在

---

❶ 朱雪忠. 假冒他人署名的性质初探 [J]. 知识产权, 1998 (1)：43 - 44.

❷ 上海市第二中级人民法院（1994）沪中民（知）初字第 109 号民事判决书，上海市高级人民法院（1995）沪高民终（知）字第 48 号民事判决书。

❸ 王迁. "署名"三辨——兼评"安顺地戏案"等近期案例 [J]. 法学家, 2012 (1)：133 - 144, 179.

❹ 刘鹏. 著作权法上的"署名"与"冒名"之辨 [J]. 中国海洋大学学报（社会科学版），2013 (3)：90 - 94.

❺ 李琛. 论修改权 [J]. 知识产权, 2019 (10)：37 - 44.

报刊社、图书出版者对作品修改时，对内容与非内容的修改作了区分。❶

　　保护作品完整权，即保护作品不受歪曲、篡改的权利。保护作品完整权重在保护作品不受歪曲、篡改，但是至于何为歪曲篡改则缺乏统一的标准。原因在于，与《伯尔尼公约》相比，我国《著作权法》对保护作品完整权的定义省略了"有损作者声誉"的表述，这致使实践中判断是否侵犯了著作权人的保护作品完整权时难以确定作品是否被"歪曲、篡改"。❷ 与此同时也有观点认为，作者声誉不属于著作权保护的精神利益，应回归人格权保护范畴，侵权判断的基点应由作者声誉回归作品本体。❸

第三节　著作财产权

　　著作财产权亦可以分为复制权、传播权、演绎权，其中传播权包括发行权、表演权、放映权、广播权、信息网络传播权、展览权、出租权，演绎权包括翻译权、改编权、摄制权等。❹

　　1. **复制权**

　　复制权，即以印刷、复印、拓印、录音、录像、翻录、翻拍、数字化等方式将作品制作一份或者多份的权利。复制权包含的复制方式，随着技术的发展而有所变化，为了应对科技发展为复制权实践带来的诸多挑战，❺《著作权法》第三次修改增加了"数字化"的复制方式列举。关于"数字化"复制方式，国家版权局1999年的《关于制作数字化制品的著作权规定》第1条规定："数字化制品，是指将受著作权法保护的作品以数字代码形式固定的有形载体，包括激光唱盘（CD）、激光视盘（LD）、数码激光视盘（VCD）、高密度光盘（DVD）、软磁盘（FD）、只读光盘（CD—

---

❶　《著作权法》第36条规定：

图书出版者经作者许可，可以对作品修改、删节。

报社、期刊社可以对作品作文字性修改、删节。对内容的修改，应当经作者许可。

❷　管育鹰. 保护作品完整权之歪曲篡改的理解与判定［J］. 知识产权，2019（10）：25-36.

❸　张玲. 保护作品完整权的司法考察及立法建议［J］. 知识产权，2019（2）：28-43.

❹　郑成思. 版权法（上）［M］. 北京：中国人民大学出版社，2009：172-235.

❺　彭学龙. "复制"版权之反思与重构［J］. 知识产权，2005（2）：23-29.

ROM）、交互式光盘（CD—I）、照片光盘（Photo—CD）、高密度只读光盘（DVD—ROM）、集成电路卡（ICCard）等"；《最高人民法院关于审理涉及计算机网络著作权纠纷案件适用法律若干问题的解释》中也明确受著作权法保护的作品包括著作权法规定的各类作品的数字化形式。为了适应时代的发展，《著作权法》第三次修改将之纳入复制权的明确列举范围。以复制的形式为标准，可以将复制分为从平面到平面的复制、从立体到立体的复制、从平面到立体的复制、从立体到平面的复制，其中后两者又可以称为"异体复制"。从平面到平面的情形下，可以是同等的复制，也可能是无新表达的复制，这也是界定复制与其他类似概念的关键。临摹是否属于对复制权的侵犯时常引发争议。一般认为，对临摹是否为复制不应当"一刀切"，❶临摹作品具有独创性的应当认为其对新的表达享有著作权。❷从立体到立体的复制也可能构成著作权侵权。例如，在国家体育场与熊猫烟花集团、浏阳市熊猫烟花有限公司、北京市熊猫烟花有限公司侵犯著作权纠纷案中，鸟巢烟花即构成对国家体育场鸟巢建筑作品的立体到立体的复制，构成著作权侵权。❸异体复制也可构成对他人复制权的侵犯，但是应当针对原作品进行清楚的界定。例如，在具体保护的对象上应当有区分，对"形象"进行从平面到立体的再现构成对美术作品的复制，对"图形"进行从平面到立体的再现并不构成对美术作品的复制。❹另如，对未经他人许可以他人享有著作权的美术作品动画形象以公仔毛绒玩具进行立体再现，即为异形复制形式侵犯他人复制权的体现。❺

2. 发行权

发行权，即以出售或者赠与方式向公众提供作品的原件或者复制件的

---

❶ 郑成思. 临摹、独创性与版权保护［J］. 法学研究，1996（2）：77 – 82；袁博. 略论视觉艺术作品间的"挪用"——以"从摄影到油画"的高精度临摹为视角［J］. 中国版权，2016（5）：35 – 38.

❷ 邱治淼. 论临摹作品的规制模式及立法设计［J］. 知识产权，2015（3）：41 – 47.

❸ 北京市第一中级人民法院（2009）一中民初字第4476号民事判决书。

❹ 王迁. 论平面美术作品著作权的保护范围——从"形象"与"图形"的区分视角［J］. 法学，2020（4）：154 – 165.

❺ 高乐玩具股份有限公司与深圳市盟世奇商贸有限公司等侵害著作权纠纷案，广东省深圳市福田区人民法院（2015）深福法知民初字第68号民事判决书，广东省深圳市中级人民法院（2015）深中法知民终字第1486号民事判决书。

权利。发行权是著作权人获得经济回报的最重要方式，因为其是向公众提供作品的基础。发行权的要点在于：第一，发行权为一次用尽的权利。所谓的一次用尽，即经著作权人许可发行了作品的复制件后，著作权人对该批作品复制件的出售权便一次用尽，不能再行使了，若他人购买了著作权人许可发行的作品复制件后再次出售的，无须经著作权人同意。第二，发行的方式既可以是出售，也可以是赠与。例如，未经著作权人许可，以出售方式向公众提供图书的复制件，即侵犯著作权人的发行权。❶第三，发行权行使的本质是向公众提供作品。第四，发行权行使结果可以是提供原件也可以是提供复制件，因此发行权往往与复制权一起行使。

3. 出租权

出租权，即有偿许可他人临时使用视听作品、计算机软件的原件或者复制件的权利，计算机软件不是出租的主要标的的除外。著作权法上的出租权与人们日常生活中的"出租"有差异性的指向，出租权所适用的对象仅限于视听作品、计算机软件，其他例如图书出租等日常生活环境下的出租并不适用著作权法上的出租权。出租权为有偿许可他人临时使用作品的行为，因而其区别于视听作品、计算机软件的著作权转让，而且这种许可是许可他人临时使用作品。出租权行使时可以出租视听作品、计算机软件的原件，也可以出租其复制件，均为出租权的行使。

4. 展览权

展览权，即公开陈列美术作品、摄影作品的原件或者复制件的权利。美术作品、摄影作品的艺术价值发挥及其作品传播主要依赖于展览，因此公开陈列美术作品、摄影作品的权利是此类作品著作权人的关键权利。展览权不限于美术作品、摄影作品的原件，其复制件也有重要的展览价值，也属于对美术作品、摄影作品的传播。因为展览权跟着原件走，即"美术、摄影作品原件的展览权由原件所有人享有"，因而展览权的行使往往容易与隐私权等其他权利相冲突。在杨某某与中贸圣佳国际拍卖有限公司等侵害著作权纠纷案中，杨某某明确表示不同意将其享有权利的涉案作品

---

❶ 中信出版集团股份有限公司、济宁宇轩图书有限公司等侵害作品发行权纠纷案，山东省嘉祥县人民法院（2022）鲁0829民初744号民事判决书。

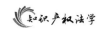

公之于众的情况下，中贸圣佳公司即将公开预展、公开拍卖涉案书信手稿，及为拍卖而正在或即将通过报刊、光盘、宣传册、计算机网络等方式复制发行涉案书信手稿的行为构成对申请人杨某某发行权的侵犯。❶ 因而，在实践中展览权的行使也可能受到一定的限制。

5. 表演权

表演权，即公开表演作品以及用各种手段公开播送作品的表演的权利。换言之，这里的表演权既包括演员对作品的活表演，又包括机械表演——通过技术手段公开播送作品的表演。❷ 表演可以有多种形式，表演的作品类型也基于"表演"的特殊性而有限制，并非适用于所有类型的作品。在李某诉深圳市腾讯计算机系统有限公司、霍尔果斯哇唧唧哇娱乐文化有限公司、腾讯音乐娱乐科技（深圳）有限公司、上海腾讯企鹅影视文化传播有限公司著作权侵权纠纷案中，《天空之城》是国内知名民谣歌手李某创作的歌曲，在未经李某同意的情况下，歌手邱某某在一期《明日之子》综艺节目中演唱了该歌曲，腾讯视频提供了该期节目的点播服务，该期节目片尾出品方的署名为"腾讯视频""哇唧唧哇 WA"和"腾讯音乐娱乐"三个标识。被告未经原告许可在其制作的综艺节目中组织歌手邱某某公开表演音乐作品《天空之城》侵害了原告对《天空之城》享有的表演权。❸ 罗某（艺名：刀郎）为《西海情歌》《手心里的温柔》两首歌曲的著作权人，罗某将该涉案两首歌曲的著作权授权给啊呀啦嗦音乐文化公司管理。演唱者及演唱会主办方在相关演唱会未经许可演唱了上述两歌曲。法院经过审理认为，演唱者不得在公开场合使用作品《西海情歌》《手心里的温柔》进行表演，除非未向公众收取费用，也未收取报酬的免费表演。❹ 在江阴市侨隆餐饮娱乐有限公司、深圳市瑞丰盈投资有限公司著作权权属、侵权纠纷民事纠纷案中，侨隆公司系 KTV 经营者，在其营业场所内以消费者支付费用作为提供点唱服务的对价，消费者只需通过包房内的操控平台，在预置点唱软件的电脑中自行操作即可播放其选定歌曲，侨隆

---

❶ 北京市第二中级人民法院（2013）二中保字第 9727 号民事裁定书。
❷ 沈仁干，钟颖科. 著作权法概论［M］. 沈阳：辽宁教育出版社，1995：69.
❸ 深圳市南山区人民法院（2018）粤 0305 民初 15249 号民事判决书。
❹ 四川天府新区成都片区人民法院（2019）川 0192 民初 4700 号民事判决书。

公司提供的服务内容显然已经超出了对歌曲的合理使用范围。换言之，侨隆公司在其经营的 KTV 中提供涉案作品的点唱服务系借助技术设备再现音乐作品，应当认定为是对音乐作品的机械表演，应依法承担相应的侵权责任。❶

6. 放映权

放映权，即通过放映机、幻灯机等技术设备公开再现美术、摄影、视听作品等的权利。放映权是公开再现作品的一种权利，其依赖于一定的技术设备，如放映机、幻灯片等。因为放映权具有技术设备依赖性，因而使用的作品范围也有限，主要是美术作品、摄影作品、视听作品等。对于这些作品而言，放映权是其基本的经济利用方式，因而是这些作品著作权人的最主要权利之一。例如，未经音乐电视视听作品著作权人的许可，在 KTV 包房内以电视屏幕方式放映他人的音乐电视视听作品，侵犯他人视听作品的放映权。❷

7. 广播权

广播权，即以有线或者无线方式公开传播或者转播作品，以及通过扩音器或者其他传送符号、声音、图像的类似工具向公众传播广播的作品的权利，但不包括信息网络传播权规定的权利内容。广播权的本质是向公众播放作品，方式包括传播、转播，具体而言又可以分为以有线方式或者无线方式，传播、广播的内容可以是符号、声音、图像，这既包含声音广播又包含广播电视。❸未经著作权人许可对他人作品进行实时转播的，可能

---

❶ 江苏省无锡市中级人民法院（2022）苏 02 民终 1362 号民事判决书。
❷ 福州中久华飞文化传播有限公司与被告播州区万金芒果娱乐城侵害作品放映权纠纷案，贵州省遵义市中级人民法院（2019）黔 03 民初 751 号民事判决书。
❸《伯尔尼公约》第 11 条之二也对广播权作了规定：
1. 文学艺术作品的作者享有下列专有权利：（1）授权广播其作品或以任何其他无线传送符号、声音或图像的方法向公众传播其作品；（2）授权由原广播机构以外的另一机构通过有线传播或转播的方式向公众传播广播的作品；（3）授权通过扩音器或其他任何传送符号、声音或图像的类似工具向公众传播广播的作品。2. 行使以上第一款所指的权利的条件由本同盟成员国的法律规定，但这些条件的效力严格限于对此作出规定的国家。在任何情况下，这些条件均不应有损于作者的精神权利，也不应有损于作者获得合理报酬的权利，该报酬在没有协议情况下应由主管当局规定。3. 除另有规定外，根据本条第一款的授权，不意味着授权利用录音或录像设备录制广播的作品。但本同盟成员国法律得确定一广播机构使用自己的设备并为自己播送之用而进行临时录制的规章。本同盟成员国法律也可以由于这些录制品具有特殊文献性质而批准由国家档案馆保存。

构成对他人广播权的侵害。在央视国际与百度公司等侵害作品广播权纠纷案中，央视国际发现在百度应用平台上可以看到"2012 年央视春节联欢晚会直播""来自搜狐视频"，点击"立刻播放"按键，可以在线播放《春晚》。央视国际公司认为百度公司未经许可擅自在其网站上向用户提供《春晚》的网络实时转播，侵犯了其"应当由著作权人享有的其他权利"。二审法院经审理后认定，当网络实时转播的"初始传播"方式为无线方式时，可受我国广播权控制，该案中，百度公司的"初始传播"来源于央视的"无线广播"，故百度公司提供《春晚》的网络实时转播行为侵犯了央视国际的广播权。❶ 在中国音乐著作权协会、湖南广播电视台广播传媒中心著作权权属、侵权纠纷案中，广电传媒系通过其主办的芒果广播网在"乐田 1069"音频节目中播放了涉案歌曲，该网站没有提供点播和回放服务。二审法院认为，芒果广播网只是传统广播的延伸和补充，而非独立的网络电台，这种传统广播的网络化直播，只是电台实际播出节目的网上同步传输，芒果广播网"直播"栏目只是将"乐田 1069"电台的节目进行网络同步转播，实质上是广电传媒未经著作权人许可、通过电台播放涉案歌曲的行为，构成对他人广播权的侵犯。❷

8. 信息网络传播权

信息网络传播权，即以有线或者无线方式向公众提供，使公众可以在其选定的时间和地点获得作品的权利。互联网时代，作品在网络上传播可以说是作品最重要的传播方式，也是著作权人获得经济回报的最重要来源。信息网络传播权的典型要点在于其交互性，即公众可以在其选定的时间、选定的地点获得作品，所谓"获得"包括下载、浏览等方式，因而定时播放虽然也是在网络上的作品传播，但是因为其不具有交互性故而不属于信息网络传播权的内容。信息网络传播权的另外一个要点在于以有线或者无线的方式向公众提供作品。信息网络，包括以计算机、电视机、固定电话机、移动电话机等电子设备为终端的计算机互联网、广播电视网、固

---

❶ 北京市第一中级人民法院（2013）一中民终字第 3142 号民事判决书。

❷ 湖南省高级人民法院（2019）湘知民终 122 号民事判决书，最高人民法院（2019）最高法民申 6175 号民事裁定书。

定通信网、移动通信网等信息网络，以及向公众开放的局域网络。❶ 向公众提供作品的结果是将作品置于信息网络中，其采取的方式包括上传到网络服务器、设置共享文件或者利用文件分享软件等。❷ 网络服务提供者以提供网页快照、缩略图等方式实质替代其他网络服务提供者向公众提供相关作品的，也构成"向公众提供"。❸

9. 摄制权

摄制权，即以摄制视听作品的方法将作品固定在载体上的权利。摄制权的行使往往也伴随着改编权的行使，在《著作权法》第三次修改相关送审稿中曾将摄制权并入改编权，❹ 但是因为摄制权有其独立的价值最终仍将摄制权与改编权分别规定。在影视剧创作中，一般由原作品作者授予改编权，编剧授予剧本摄制权，在编剧原创剧本拍摄而成的电影中，直接由编剧授予摄制权，因而其属于两个独立的权利，在实践中也存在独立的必要性。❺ 摄制权的行使要点在于，其需要依赖于摄制视听作品的方法，最终的结果是将作品固定在载体上。改编权控制的是改变作品创作出新作品的行为，如果改编人将未经许可改编的作品以摄制方式予以利用，或者即使改编人经原作品著作权人许可进行改编，但对于改编作品的后续利用，比如摄制，未取得原作品著作权人的许可，均构成对摄制权的侵害，简言之，摄制未经许可改编的新作品，构成对原作品权利人摄制权的侵害。❻

---

❶ 《最高人民法院关于审理侵害信息网络传播权民事纠纷案件适用法律若干问题的规定》（2020 修正）第 2 条。

❷ 《最高人民法院关于审理侵害信息网络传播权民事纠纷案件适用法律若干问题的规定》（2020 修正）第 3 条第 2 款。

❸ 《最高人民法院关于审理侵害信息网络传播权民事纠纷案件适用法律若干问题的规定》（2020 修正）第 5 条第 1 款。

❹ 2014 年 6 月国务院法制办《著作权法（修订草案送审稿）》第 13 条规定："……改编权，即将作品改变成其他体裁和种类的新作品，或者将文字、音乐、戏剧等作品制作成视听作品，以及对计算机程序进行增补、删节，改变指令、语句顺序或者其他变动的权利。……"

❺ 刘华，姚舜禹. 论摄制权的存废——对《著作权法》修订草案送审稿取消摄制权的讨论 [J]. 知识产权，2019（12）：53 – 60.

❻ 陈某（琼某）诉余某（于某）等侵害著作权纠纷案，北京市高级人民法院（2015）高民（知）终字第 1039 号民事判决书。

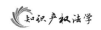

10. 改编权

改编权，即改变作品，创作出具有独创性的新作品的权利。改编权规范的是未经著作权人授权的派生创作及其产生的派生利益。行使改编权的核心在于通过对原作品的改编，形成新的具有独创性的作品，因此其与复制权的行使有实质性的区别。换言之，作品改编权的行使为对作品有新的表达，实质上是有新的独创性。在谢某诉深圳市懒人在线公司、杭州创策公司、杭州思变公司、北京朝花夕拾公司侵害作品信息网络传播权纠纷案中，法院认为，对于文字作品而言，文字表述是其作品的表达所在，改编文字作品应以文字内容发生改变为前提。将文字作品制成有声读物需要经过三个步骤：朗读、录音、后期制作。三个步骤均只改变了作品的形式或载体，无一改变文字作品的表达或内容，因而不涉及对文字作品的改编，有声读物只是以录音制品形式存在的复制件。❶改编权的行使方式根据不同的作品有不同的体现，其随着产业的发展诉求而有所变化，既反映出作品派生市场和新产业的成长发展轨迹，又是著作权超越复制转向规范类型化的作品利用方式的体系化进程。❷改编权在行使的过程中还可能与保护作品完整权相冲突。❸

11. 翻译权

翻译权，即将作品从一种语言文字转换成另一种语言文字的权利。因为人类使用语言文字的差异，对作品翻译进而以另一种语言文字表达是作品获得更大范围传播的重要途径。作者的作品以一种文字传播与以另一种文字传播，均为对原作品的表达的传播，其不仅承载着原作品的精神利益，还蕴含作者应当获得的财产利益。因此，基于著作权人对作品可控性及合理财产利益的获得，把作品从一种语言文字转换成另一种语言文字成为著作权人的重要财产权之一。翻译作者作品一定要得到原作者的授权，才能翻译其作品并出版发行。例如，在樊某某诉日本东方书店株式会社著

---

❶ 2018 年杭州互联网法院著作权典型案例及评析之一：谢某诉深圳市懒人在线公司、杭州创策公司、杭州思变公司、北京朝花夕拾公司侵害作品信息网络传播权纠纷案。

❷ 李杨. 作品改编权保护的历史之维 [J]. 知识产权，2018 (6)：32 – 37.

❸ 孙山. 改编权与保护作品完整权之间的冲突及其化解 [J]. 科技与出版，2020 (2)：86 – 90.

作权侵权案中，上海市第二中级人民法院经过审理认为，樊某某是《上海人在东京》小说的著作权人，东方书店株式会社未经樊某某的许可，将樊某某的小说译成日文后出版发行，其行为侵犯了樊某某依法享有的著作权。

12. 汇编权

汇编权，即将作品或者作品的片段通过选择或者编排，汇集成新作品的权利。有观点认为，我国汇编权的规定是对《伯尔尼公约》的错误理解，世界上多数国家和地区的立法并未单独规定汇编权，且汇编权在使用范围上与复制权有重复，未给著作权人带来新的利益，应当将汇编权改为在公众集会上的讲话者许可他人汇集其讲话的权利。❶ 但是也需要认识到，汇编权的行使并非简单的复制，而是包含了相当的选择、编排等独创性劳动，往往形成新的作品。

13. 应当由著作权人享有的其他权利

"应当由著作权人享有的其他权利"这一兜底条款主要指的是以上明确列举的权利无法涵盖，但又应当由著作权人享有的权利，这是对著作权权能无法全部列举的事项所进行的技术性处理。在实践中，"应当由著作权人享有的其他权利"主要体现为 KTV 点唱行为、商品化权益、网络转播行为、其他行为、适用不清、获得报酬权等。❷ 这种兜底性规定虽然看似给实践留足了权利扩展的空间，实则存在立法与司法权力配置的问题，也存在必要性和合理性的问题，导致著作权法适用的混乱和法律的不确定性。❸ 需要明确的是，法官不得在应当适用明确列举的著作权时适用"应当由著作权人享有的其他权利"，"应当"用语对某种未明确的著作权具有保护紧迫性之场合。❹

---

❶ 王迁. 论我国《著作权法》中"汇编权"的重构 [J]. 法学论坛，2008（6）：37–42.

❷ 王一璠. 著作权利"兜底"条款的解释适用：基于 398 份裁判文书的类型化 [J]. 中国出版，2019（23）：55–59.

❸ 刘银良. 著作权兜底条款的是非与选择 [J]. 法学，2019（11）：118–135.

❹ 赵杰宏.《著作权法》中"其他权利"的理解与适用 [J]. 南京大学法律评论，2018（2）：299–311.

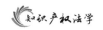

第四节 著作权的许可和转让

著作权行使的方式可以自己行使，也可以经过许可授权他人使用，亦可以将著作财产权转让给他人。著作权许可与著作权转让最大的区别在于，著作权转让情形下著作权权属发生转移，而著作权许可仅仅授权被许可人对作品的使用权，著作权仍归著作权人，著作权权属未发生转移。许可使用合同和转让合同中著作权人未明确许可、转让的权利，未经著作权人同意，另一方当事人不得行使。

著作权许可可以分为独占许可、排他许可、普通许可。在著作权独占许可情形下，著作权人和第三人均不能以同样的方式在相同的区域和时间行使著作权。著作权排他许可情形下，著作权人和被许可人可以使用作品，但排除第三人再以同样的方式使用作品。著作权普通许可情形下，著作权人、被许可人和第三人均可以以同样的方式使用作品。除非著作权法规定使用他人作品可以不经著作权人许可，否则使用他人作品应当经过著作权人许可。使用他人作品应当同著作权人订立许可使用合同，许可使用合同包括下列主要内容：（1）许可使用的权利种类；（2）许可使用的权利是专有使用权或者非专有使用权；（3）许可使用的地域范围、期间；（4）付酬标准和办法；（5）违约责任；（6）双方认为需要约定的其他内容。使用他人作品应当同著作权人订立许可使用合同，许可使用的权利是专有使用权的，应当采取书面形式，但是报社、期刊社刊登作品除外。❶ 专有使用权的内容由合同约定，合同没有约定或者约定不明的，视为被许可人有权排除包括著作权人在内的任何人以同样的方式使用作品；除合同另有约定外，被许可人许可第三人行使同一权利，必须取得著作权人的许可。❷

使用作品的付酬标准可以由当事人约定，也可以按照国家著作权主管部门会同有关部门制定的付酬标准支付报酬。当事人约定不明确的，按照国家著作权主管部门会同有关部门制定的付酬标准支付报酬。出版者、表

---

❶ 《著作权法实施条例》（2013 修订）第 23 条。
❷ 《著作权法实施条例》（2013 修订）第 24 条。

演者、录音录像制作者、广播电台、电视台等依照著作权法有关规定使用他人作品的，不得侵犯作者的署名权、修改权、保护作品完整权和获得报酬的权利。

除了署名权、保护作品完整权、修改权外，发表权及其他著作财产权可以转让。转让著作权的应当订立书面合同，转让合同包括下列主要内容：（1）作品的名称；（2）转让的权利种类、地域范围；（3）转让价金；（4）交付转让价金的日期和方式；（5）违约责任；（6）双方认为需要约定的其他内容。

与著作权人订立专有许可使用合同、转让合同的，可以向著作权行政管理部门备案。此外，以著作权中的财产权出质的，由出质人和质权人依法办理出质登记。

第五节　著作权集体管理

1. 著作权集体管理简述

著作权集体管理，是指著作权集体管理组织经权利人授权，集中行使权利人的有关权利并以自己的名义与使用者订立著作权或者与著作权有关的权利许可使用合同、向使用者收取使用费、向权利人转付使用费，以及进行涉及著作权或者与著作权有关的权利的诉讼、仲裁等。依据《著作权法》第7条的规定，国家著作权主管部门负责全国的著作权管理工作，县级以上地方主管著作权的部门负责本行政区域的著作权管理工作。

权利人可以与著作权集体管理组织以书面形式订立著作权集体管理合同，授权该组织对其依法享有的著作权或者与著作权有关的权利进行管理。权利人符合章程规定加入条件的，著作权集体管理组织应当与其订立著作权集体管理合同，不得拒绝。权利人与著作权集体管理组织订立著作权集体管理合同并按照章程规定履行相应手续后，即成为该著作权集体管理组织的会员。❶ 权利人可以依照章程规定的程序，退出著作权集体管理

---

❶ 《著作权集体管理条例》（2013 修订）第 19 条。

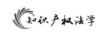

组织，终止著作权集体管理合同。但是，著作权集体管理组织已经与他人订立许可使用合同的，该合同在期限届满前继续有效；该合同有效期内，权利人有权获得相应的使用费并可以查阅有关业务材料。❶

著作权作为私权，著作权集体管理遵从意思自治原则。依据《著作权法》第 8 条第 1 款的规定，著作权人和与著作权有关的权利人可以按照其意愿授权著作权集体管理组织行使著作权或者与著作权有关的权利。著作权集体管理组织被授权后可以以自己的名义为著作权人和与著作权有关的权利人主张权利，并可以作为当事人进行涉及著作权或者与著作权有关的权利的诉讼、仲裁、调解活动。著作权集体管理组织许可他人使用其管理的作品、录音录像制品等，应当与使用者以书面形式订立许可使用合同。著作权集体管理组织不得与使用者订立专有许可使用合同。使用者以合理的条件要求与著作权集体管理组织订立许可使用合同，著作权集体管理组织不得拒绝。许可使用合同的期限不得超过 2 年；合同期限届满可以续订。❷

著作权集体管理组织根据授权向使用者收取使用费。使用费的收取标准由著作权集体管理组织和使用者代表协商确定，协商不成的，可以向国家著作权主管部门申请裁决，对裁决不服的，可以向人民法院提起诉讼；当事人也可以直接向人民法院提起诉讼。❸

著作权集体管理组织应当将使用费的收取和转付、管理费的提取和使用、使用费的未分配部分等总体情况定期向社会公布，并应当建立权利信息查询系统，供权利人和使用者查询。国家著作权主管部门应当依法对著作权集体管理组织进行监督、管理。❹

2. 我国著作权集体管理的情况

在我国著作权集体管理组织的行政色彩较浓已经成为一种人们评价著作权集体管理制度的基础。我国著作权集体管理中存在的信任基础不牢、

---

❶《著作权集体管理条例》（2013 修订）第 21 条。
❷《著作权集体管理条例》（2013 修订）第 23 条。
❸《著作权法》第 8 条第 2 款。
❹《著作权法》第 8 条第 3 款。

组织公信力不够、信任关系缺失造成信任困局,❶ 有的集体管理组织存在授权范围不明确、公开信息不及时、社会认可度不高等,❷ 此外还存在组织结构不合理引起的决策脱离实际等问题导致使用者与著作权人均不满意的现象,❸ 这制约着我国著作权集体管理的健康发展。

(1) 著作权集体管理组织的垄断性。

著作权集体管理组织,是指为权利人的利益依法设立,根据权利人授权、对权利人的著作权或者与著作权有关的权利进行集体管理而依法设立的非营利法人。著作权集体管理组织应当依照有关规定进行登记并开展活动。在我国,著作权集体管理组织的设立方式、权利义务、使用费的收取和分配,以及对其监督和管理等由国务院另行规定。❹ 目前我国著作权集体管理组织一共有 5 家,分别为 1992 年成立的中国音乐著作权协会、2008 年成立的中国音像著作权集体管理协会、2008 年成立的中国文字著作权协会、2008 年成立的中国摄影著作权协会、2009 年成立的中国电影著作权协会。

有观点认为,我国集体管理组织仅仅获得了制度上的垄断地位,由于私人授权与作品资源问题,我国著作权集体管理组织尚未拥有事实上的市场垄断地位。❺ 司法实践中,著作权集体管理组织是否为反垄断法上的经营者及是否构成垄断,往往产生相应的争议。在惠州市欢唱壹佰娱乐有限公司(以下简称"欢唱壹佰公司")与中国音像著作权集体管理协会(以下简称"音集协")垄断纠纷案中,欢唱壹佰公司曾三次向音集协发送《签订著作权〈许可使用合同〉要求书》,要求就音集协管理的相关曲目,直接与其签订使用合同。音集协复函均未同意,并要求其与案外人广州天合文化发展有限公司(以下简称"天合公司")沟通相关事宜。欢唱壹佰

---

❶ 张祥志. 破解信任困局:我国著作权集体管理"信任机制"的法治关注 [J]. 新闻与传播研究,2019,26 (3):51 – 74,127 – 128.

❷ 全国人大常委会执法检查组关于检查《中华人民共和国著作权法》实施情况的报告 [R]. 2017 – 08 – 28.

❸ 张维胜. 推进著作权集体管理应当发挥"两个积极性" [J]. 编辑之友,2019 (12):84 – 87.

❹ 《著作权法》第 8 条第 4 款。

❺ 向波. 著作权集体管理组织:市场功能、角色安排与定价问题 [J]. 知识产权,2018 (7):68 – 76.

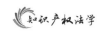

公司遂向北京知识产权法院起诉。法院经过审理认为，该案中"相关市场"应界定为中国大陆地区类电影作品或音像制品在 KTV 经营中的许可使用服务市场，音集协目前是该相关市场中唯一的集体管理组织，其获得授权管理的类电影作品或音像制品具有明显的数量和规模优势，从而在 KTV 经营中具有很强的代表性，故应当认定其在相关市场具有支配地位。但根据现有证据，音集协与天合公司之间系委托代理关系，天合公司并非《反垄断法》第 17 条第 1 款第 4 项所规定的音集协所指定的第三方经营者，尚不足以证明音集协实施了《反垄断法》第 17 条第 1 款第（4）项、第（5）项规制的限定交易、附加不合理的交易条件等垄断行为，遂判决驳回了欢唱壹佰公司的诉讼请求。❶ 在北斗卫星数字新媒体（北京）有限公司诉中国音像著作权集体管理协会滥用市场支配地位纠纷案中，法院认为，《许可协议》中关于原告"应提示 KTV 经营者向被告支付著作权使用费"等约定的目的在于协助被告收取著作权使用费，亦没有产生阻碍或限制竞争的效果。❷ 在广州市南沙区南沙加洲红酒吧与中国音像著作权集体管理协会滥用市场支配地位纠纷案中，最高人民法院也确认了中国音像著作权集体管理协会涉案行为未构成滥用市场支配地位的垄断。❸

（2）著作权延伸集体管理的问题。

著作权延伸集体管理指的是，在法定条件下将特定集体管理组织的作品许可规则扩大适用于非会员权利人，以此扩大使用者获取作品的范围和降低分散许可交易成本的制度。❹ 关于延伸集体管理的性质，有观点认为其属于对著作权的限制，❺ 也有观点认为其更多的是特定国家特定环境下的产物，具有很强的工具性特征。❻ 在《著作权法》第三次修改过程中，针对是否引入"著作权延伸集体管理制度"曾引发热议。有观点认为，我

---

❶ 北京知识产权法院（2018）京 73 民初 780 号民事判决书

❷ 北京知识产权法院（2018）京 73 民初 1527 号民事判决书。

❸ 最高人民法院（2020）最高法知民终 1452 号民事判决书。

❹ 熊琦. 著作权延伸性集体管理制度何为 [J]. 知识产权，2015（6）：18 - 24，30.

❺ 胡开忠. 论著作权延伸集体管理的适用范围 [J]. 华东政法大学学报，2015，18（2）：6 - 12；胡开忠. 构建我国著作权延伸性集体管理制度的思考 [J]. 法商研究，2013，30（6）：18 - 25.

❻ 丁丽瑛，韩伟. 延伸性著作权集体管理的理论基础探析 [J]. 中国版权，2014（1）：25 - 29.

国应当引入著作权延伸集体管理，理由在于延伸集体管理能够解决整体权利代表性的问题，也有助于海量使用作品领域的作品授权效率与著作权人利益的保护。❶ 也有观点认为，我国目前缺乏适用延伸集体管理制度的社会基础，且存在价值定位偏差，容易助长集体管理组织的市场支配力，不利于作品效用的提升，因此不宜引入延伸集体管理制度。❷ 基于在《著作权法》第三次修改过程中，反对延伸集体管理制度的声音较大，我国《著作权法》第三次修改未引入该制度，但是对之引发的讨论仍在进行。

第六节　与著作权有关的权利

一、"与著作权有关的权利"内涵

"与著作权有关的权利"又称"邻接权"，指的是作品传播者因对作品传播的付出而享有的权利。邻接权属于作品传播者权，其保护的客体是作品的传播成果，❸ 换言之，"与著作权有关的权利"保护的客体（版式设计、表演、录音、录像和广播）与著作权保护的客体（作品）是各自不同的劳动成果，与著作权有关的权利与著作权并不重合，各项与著作权有关的权利之间也是平行存在的。❹ 关于与著作权有关的权利的客体有不同的观点。有观点认为，与著作权有关的权利根源在于与著作权有关的权利与他人权利尤其是著作权相关，且与著作权有关的权利的权利人并未创作出全新的作品，其客体存在独立价值，不应当将独创性高低作为其与著作权区分的标准。❺ 根据我国著作权法体系的安排，以下分别予以展开阐述。

---

❶ 刘平. 我国建立著作权延伸集体管理制度的必要性分析 [J]. 知识产权，2016（1）：104 – 111.

❷ 熊琦. 著作权延伸性集体管理制度何为 [J]. 知识产权，2015（6）：18 – 24，30.

❸ 李青文. 规则、理论与实践：邻接权视野下出版者权客体的应然回归——兼评新《著作权法》第 37 条第 1 款之规定 [J]. 编辑之友，2021（8）：72 – 80.

❹ 张伟君. 论邻接权与著作权的关系：兼谈《著作权法》第 47 条（广播组织权）的解释论问题 [J]. 苏州大学学报（法学版），2021，8（3）：87 – 99.

❺ 卢海君. 论我国邻接权制度的改进：以"体育赛事节目"的著作权法保护切入 [J]. 知识产权，2020（11）：50 – 58.

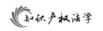

二、图书、报刊的出版

1. 图书出版者的权利与义务

合同是图书出版权利义务的最重要依据之一。我国《著作权法》第32条规定："图书出版者出版图书应当和著作权人订立出版合同，并支付报酬。"依据出版合同的规定，著作权人应当按照合同约定期限交付作品，与此同时，图书出版者经作者许可，可以对作品修改、删节，图书出版者应当按照合同约定的出版质量、期限出版图书。此外，图书出版者重印、再版作品的，应当通知著作权人，并支付报酬。图书脱销后，图书出版者拒绝重印、再版的，著作权人有权终止合同。

图书出版者依据合同的约定，可以享有专有出版权，其本质是著作权人通过合同将其复制、发行权授予出版者而产生的出版者专有复制、发行作品的权利。❶ 图书出版者按照合同规定享有专有出版权的，他人不得出版该作品。

2. 报刊社的权利义务

依据我国《著作权法》第35条规定，除非著作权人与报刊社另有约定，否则著作权人向报社、期刊社投稿的，自稿件发出之日起15日内未收到报社通知决定刊登的，或者自稿件发出之日起30日内未收到期刊社通知决定刊登的，可以将同一作品向其他报社、期刊社投稿。

报社、期刊社可以对作品作文字性修改、删节。对内容的修改，应当经作者许可。

作品刊登后，除著作权人声明不得转载、摘编的外，其他报刊可以转载或者作为文摘、资料刊登，但应当按照规定向著作权人支付报酬。

3. 版式设计

对于出版者的图书、期刊的版式设计是否应当受到著作权法的保护是有争议的。有观点认为，版式设计的保护并无国际公约依据，仅有的几个国家关于版式设计的立法亦殊为不同，现行技术背景下纯文本版式设计包

---

❶ 李自柱. 专有出版权的权利性质和效力范围［J］. 科技与出版，2020（8）：95–98.

含的劳动投入小、市场价值不大、无须单独保护，且专有出版权、汇编作品著作权、反不正当竞争法等可以有效规制对版本的原样盗印，另具有独创性的图文版式设计可以作为美术作品受到著作权保护，因此对版式设计无须单独予以保护。❶ 也有观点认为，出版物版式设计是一种无独创性的劳动成果而非创造成果，立法赋予其对世权是为了帮助出版者控制其出版物的有序流通。❷ 更有观点认为版式设计保护的不仅是劳动投入，更是智力投入，因此我国版式设计保护的客体应当包含版式布局呈现和具有独创性的版式设计模板两类。❸ 另有观点认为，根据我国《著作权法》规定，出版者权的客体为版式设计，实际上将出版者权的保护对象限定于智力劳动，即把出版者为传播作品付出的资金、组织等劳动排除在外，不符合出版者权的保护实践，出版者权保护的客体应为出版者为传播作品所付出的劳动的最终呈现形式，即出版物制品。❹

《著作权法》第 37 条规定，出版者有权许可或者禁止他人使用其出版的图书、期刊的版式设计，版式设计权的保护期为 10 年，截止于使用该版式设计的图书、期刊首次出版后第 10 年的 12 月 31 日。

三、表演者权

表演者权系表演者对其表演所享有的权利。表演者对其表演享有以下权利。（1）表演者享有的人身权：①表明表演者身份；②保护表演形象不受歪曲。（2）表演者享有的财产权：①许可他人从现场直播和公开传送其现场表演，并获得报酬；②许可他人录音录像，并获得报酬；③许可他人复制、发行、出租录有其表演的录音录像制品，并获得报酬；④许可他人通过信息网络向公众传播其表演，并获得报酬。被许可人以上述财产权的方式使用作品，还应当取得著作权人许可，并支付报酬。保护期限方面，上述表演者人身权的保护期不受限制，表演者的财产权保护期为 50 年，截

---

❶ 包红光. 版式设计权存废辨 [J]. 枣庄学院学报，2021，38（6）：48 – 55.

❷ 杨绪东，曹新明. 现实、理论与规则：出版物版式设计界定探讨 [J]. 编辑之友，2021（12）：74 – 80，88.

❸ 来小鹏，贺文奕. 版式设计权保护客体探析 [J]. 中国出版，2021（15）：48 – 52.

❹ 李青文. 规则、理论与实践：邻接权视野下出版者权客体的应然回归：兼评新《著作权法》第 37 条第 1 款之规定 [J]. 编辑之友，2021（8）：72 – 80.

止于该表演发生后第 50 年的 12 月 31 日。表演者的权利归属方面，演员为完成本演出单位的演出任务进行的表演为职务表演，演员享有表明身份和保护表演形象不受歪曲的权利，其他权利归属由当事人约定，当事人没有约定或者约定不明确的，职务表演的权利由演出单位享有。职务表演的权利由演员享有的，演出单位可以在其业务范围内免费使用该表演。

表演者使用他人作品演出，表演者应当取得著作权人许可，并支付报酬。演出组织者组织演出，由该组织者取得著作权人许可，并支付报酬。

四、录音录像制作者权

录音录像制作者权即录音录像制作者对录音录像制品享有的权利。录音录像制作者对其制作的录音录像制品，享有许可他人复制、发行、出租、通过信息网络向公众传播并获得报酬的权利。录音录像制作者的权利保护期为 50 年，截止于该制品首次制作完成后第 50 年的 12 月 31 日。

录音录像制作者制作录音录像制品，应当同表演者订立合同，并支付报酬。录音录像制作者使用他人作品制作录音录像制品，应当取得著作权人许可，并支付报酬。录音制作者使用他人已经合法录制为录音制品的音乐作品制作录音制品，可以不经著作权人许可，但应当按照规定支付报酬；著作权人声明不许使用的不得使用。

录音录像制品的被许可人复制、发行、通过信息网络向公众传播录音录像制品，应当同时取得著作权人、表演者许可，并支付报酬；被许可人出租录音录像制品，还应当取得表演者许可，并支付报酬。将录音制品用于有线或者无线公开传播，或者通过传送声音的技术设备向公众公开播送的，应当向录音制作者支付报酬。

五、广播组织权

广播组织权指的是广播电台、电视台对其广播、电视享有的权利。广播电台、电视台有权禁止他人未经其许可：（1）将其播放的广播、电视以有线或者无线方式转播；（2）将其播放的广播、电视录制以及复制；（3）将其播放的广播、电视通过信息网络向公众传播。以上广播组织者权利的保护期为 50 年，截止于该广播、电视首次播放后第 50 年的 12 月 31 日。广播电台、电视台行使以上权利时不得影响、限制或者侵害他人行使著作权或者与著作权有关的权利。

　　广播组织权的义务：（1）广播电台、电视台播放他人未发表的作品，应当取得著作权人许可，并支付报酬。（2）广播电台、电视台播放他人已发表的作品，可以不经著作权人许可，但应当按照规定支付报酬。（3）电视台播放他人的视听作品、录像制品，应当取得视听作品著作权人或者录像制作者许可，并支付报酬；播放他人的录像制品，还应当取得著作权人许可，并支付报酬。

第七章　著作权的限制

著作权作为私权，对之予以限制主要是为了平衡私人利益与公共利益，激励作品获得更广泛的传播和利用。著作权限制可以分为两种：第一种，限制适用于所有类型作品，不因目的而有所变化。例如期限限制，只要达到法律规定的保护期限限制，那么作品就进入公共领域。第二种，限制基于一定的特殊条件，且一般针对特殊情形，范围比较有限。例如著作权合理使用及法定许可即如此，法律对之分别规定了具体的情形。因为第二种情形下，作品还处于保护期限内，甚至为尚未发表的作品，因此情形限制一般基于公共利益的目的或者特殊弱势群体的保护，而且一般均设有较为严格的条件。

第一节　著作权的期限限制

著作权的期限限制❶仅限于发表权和著作财产权，作者的署名权、修改权、保护作品完整权的保护期不受限制。国际上不同国家对著作权保护期限的规定亦有差异，如作者死后 50 年或 70 年的保护期等。根据我国《著作权法》的规定：

自然人的作品，其发表权及著作财产权保护期为作者终生及其死亡后50 年，截止于作者死亡后第 50 年的 12 月 31 日；如果是合作作品，截止于最后死亡的作者死亡后第 50 年的 12 月 31 日。

---

❶《著作权法》第 22—23 条。

法人或者非法人组织的作品、著作权（署名权除外）由法人或者非法人组织享有的职务作品，其发表权的保护期为 50 年，截止于作品创作完成后第 50 年的 12 月 31 日；发表权及著作财产权的保护期为 50 年，截止于作品首次发表后第 50 年的 12 月 31 日，但作品自创作完成后 50 年内未发表的，不再受《著作权法》保护。

视听作品，其发表权的保护期为 50 年，截止于作品创作完成后第 50 年的 12 月 31 日；发表权及著作财产权的保护期为 50 年，截止于作品首次发表后第 50 年的 12 月 31 日，但作品自创作完成后 50 年内未发表的，不再受《著作权法》保护。

第二节　著作权合理使用

著作权合理使用指的是，根据法律的规定，使用他人作品既不需要经过著作权人的许可，也不需要向著作权人支付报酬的行为。合理使用能够降低交易成本、避免市场失败，避免过度增加后续创作的成本，避免损害言论自由或市场竞争等其他重要的法律价值，且也是对某些权利人默示许可的具体化，具有相当的正当性。[1] 关于合理使用的性质，有"权利限制说""侵权阻却说""使用者权利说"[2] 的认识分歧，著作权合理使用的关键要点包括：第一，使用他人作品不需要经过他人许可；第二，使用他人作品不需要向著作权人支付报酬；第三，合理使用情形为法律明文规定的情形；第四，使用他人作品时应当指明作者姓名或者名称、作品名称；第五，合理使用不得影响作品的正常使用，也不得不合理地损害著作权人的合法权益。

我国《著作权法》对合理使用的规定采取"一般规定 + 列举 + 兜底条款"的规定。在著作权法明确列举的合理使用情况下使用作品，可以不经著作权人许可，不向其支付报酬，但应当指明作者姓名或者名称、作品名称，并且不得影响该作品的正常使用，也不得不合理地损害著作权人的合

---

[1] 崔国斌. 著作权法：原理与案例［M］. 北京：北京大学出版社，2014：578－579.
[2] 李雨峰. 中国著作权法：原理与材料［M］. 武汉：华中科技大学出版社，2014：128.

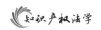

法权益。根据《著作权法》第 24 条的规定，著作权合理使用情形主要包括言论自由与表达性合理使用、促进知识进步的合理使用、保护公共利益的合理使用、促进创作的合理使用即促进少数弱势族群文化发展的合理使用，❶ 具体包括以下情形。

（1）为个人学习、研究或者欣赏，使用他人已经发表的作品。该情形俗称"个人合理使用"，其要点在于：第一，合理使用的目的是"学习、研究或者欣赏"，超出的其他目的的"个人使用"不构成著作权法意义上的个人合理使用。第二，合理使用范围限于个人使用。"个人"的理解应当以个人、朋友、家庭成员为限，成员范围相对固定的作"个人"范围理解，例如范围相对有限和固定的微信群。❷ 第三，使用的作品限于他人已经发表的作品，他人未发表的作品不适用此种合理使用情形。第四，使用方式多元化，不限于狭隘的复制。

（2）为介绍、评论某一作品或者说明某一问题，在作品中适当引用他人已经发表的作品。此种合理使用情形的要点在于：第一，使用目的为"介绍、评论某一作品或者说明某一问题"。第二，使用的对象为"他人已经发表的作品"，他人未发表的作品不适用此种合理使用。第三，使用的量的限制为"适当"引用，这里的"适当"既包括对原有作品而言的"适当"，也包括对在后作品而言的"适当"，既要考虑引用的量，又要关注引用的质。第四，使用的方式为"引用"。比如，在写论文时，为了论证说明某一问题而使用他人已经发表的作品。另如，滑稽模仿的情形下对他人已经发表的作品的引用。在"一个馒头引发的血案"中，胡某将电影《无极》和《中国法治报道》剪辑重组成新的网络短片，内容情节与《无极》有较大的差别，这种戏谑、夸张的重新演绎方式已经超越了原电影作品《无极》，构成一个新的作品，其对《无极》《中国法治报道》的引用产生了一种讽刺或者其他的效果，其不可能在市场上替代原作品，因而一般此种形式构成作品的合理使用，而不构成著作权侵权。网络时代，对作品的二次创作成为创作的新类型，其不仅丰富了作品的表达，也增强了原

❶ 梁志文. 著作权合理使用的类型化［J］. 华东政法大学学报，2012（3）：34 – 45.
❷ 周贺微. 微信平台上的著作权合理使用问题研究［J］. 武汉科技大学学报（社会科学版），2018，20（3）：311 – 318.

作品的传播。在"谷阿莫看电影"案中，谷阿莫以简短的时间完成对原影视作品的介绍，穿插个人的诙谐解说，形成独具一格的讲解电影方式。但是这种引用原来作品核心主要部分，以至于达到替代原作品的程度，这种情形是否依然适用适当引用的合理使用，存在一定的争议。

（3）为报道新闻，在报纸、期刊、广播电台、电视台等媒体中不可避免地再现或者引用已经发表的作品。此种合理使用情形适用的要点在于：第一，目的为"报道新闻"；第二，使用的场合为"报纸、期刊、广播电台、电视台等媒体中"使用；第三，使用的方式为"再现或者引用"；第四，使用的对象为"已经发表的作品"；第五，使用的前提是达到了"不可避免"需要使用的程度。如在韩某某因与被告扬子晚报、江苏新华报业传媒集团有限公司侵犯著作权纠纷案中，法院就认为，被告使用原告拍摄的且在网络上已发表的涉案照片系"为了报道时事新闻不可避免地引用已经发表的作品"，与该网络作品的正常利用不相冲突，且没有不合理地损害权利人的合法权益，属于著作权法规定的合理使用。❶

（4）报纸、期刊、广播电台、电视台等媒体刊登或者播放其他报纸、期刊、广播电台、电视台等媒体已经发表的关于政治、经济、宗教问题的时事性文章，但著作权人声明不许刊登、播放的除外。此种合理使用情形适用的要点在于：第一，使用的主体为"报纸、期刊、广播电台、电视台等媒体"。第二，使用的作品为"其他报纸、期刊、广播电台、电视台等媒体已经发表的关于政治、经济、宗教问题的时事性文章"。第三，使用的方式为"刊登或者播放"。第四，如果"著作权人声明不许刊登、播放的"，则不适用此合理使用规则。

（5）报纸、期刊、广播电台、电视台等媒体刊登或者播放在公众集会上发表的讲话，但作者声明不许刊登、播放的除外。此种合理使用情形适用的要点在于：第一，使用作品的主体为"报纸、期刊、广播电台、电视台等媒体"。第二，使用作品的方式为"刊登或者播放"。第三，使用的作品对象为"在公众集会上发表的讲话"。第四，如若"作者声明不许刊登、播放的"，则不适用该合理使用规则。

---

❶　江苏省高级人民法院（2012）苏知民终字第 0243 号民事判决书。

（6）为学校课堂教学或者科学研究，翻译、改编、汇编、播放或者少量复制已经发表的作品，供教学或者科研人员使用，但不得出版发行。此种合理使用情形适用的要点在于：第一，使用的目的是"学校课堂教学或者科学研究"。第二，使用的方式为"翻译、改编、汇编、播放或者少量复制"且"不得出版发行"。第三，使用的对象为他人"已经发表的作品"。第四，使用主体限制为"供教学或者科研人员使用"。这一方面考虑到促进教育及科学研究对作品的接近便宜，另一方面又平衡了作品权利人的利益，因而使用主体和使用方式均有相应的严格限制。

（7）国家机关为执行公务在合理范围内使用已经发表的作品。此种合理使用情形适用的要点在于：第一，使用的主体为"国家机关"，国家机关的范围包括立法机关、行政机关、审判机关、法律监督机关和军事机关，❶ 其他公共事业单位只有直接接受法律或行政机关授权履行公共管理职能时，才被视为执行公务的国家机关。❷ 第二，使用的目的限于"执行公务"。诸如非为执行公务目的的在网络上转载他人作品的行为，因为使用目的不符合要求因而不构成合理使用。❸ 第三，适用对象为他人"已经发表的作品"。第四，使用的限制为"在合理范围内"使用。合理范围的界定，需要根据是否达到为执行公务而必须使用该作品为标准。例如，某边防检查站未经王某许可，将王某享有著作权的音乐作品用于制作《把灿烂的笑容献给你——边检之歌》的音乐视频，没有注明王某的作者身份亦没有支付相应报酬，该行为的目的是宣传其边检工作，并非依照法律、法规和有关规定履行相应职责，即不属于执行公务的范畴，不符合合理使用中国家机关为执行公务情形。❹

（8）图书馆、档案馆、纪念馆、博物馆、美术馆、文化馆等为陈列或者保存版本的需要，复制本馆收藏的作品。此种合理使用情形适用的要点

❶ 胡康生. 著作权法释义［M］. 北京：北京师范学院出版社，1990：56.
❷ 崔国斌. 著作权法：原理与案例［M］. 北京：北京大学出版社，2014：615.
❸ 天则. 以国家的名义合理并不常在：我国著作权法中合理使用制度：国家公务使用探微［J］. 科技与出版，2008（1）：37－39.
❹ 王某诉某边防检查站侵害作品署名权、信息网络传播权、表演权和摄制权纠纷案，广州互联网法院（2018）粤0192民初1804号民事判决书，广州互联网法院2019年网络著作权纠纷十大典型案例。

在于：第一，使用的主体为"图书馆、档案馆、纪念馆、博物馆、美术馆、文化馆等"。"等"的理解应当结合使用目的来确定。第二，使用的目的是"为陈列或者保存版本的需要"，超过此目的的使用作品不构成合理使用。第三，使用的方式为"复制"，复制包括以印刷、复印、拓印、录音、录像、翻录、翻拍、数字化等方式将作品制作一份或者多份的行为。第四，使用的对象为"本馆收藏的作品"。这是结合使用目的而形成的使用作品的范围，既保障了图书馆等公共服务机构的使用便利，又作"本馆收藏的作品"限制，避免合理使用的无限扩张影响到作品权利人的正当利益。

（9）免费表演已经发表的作品，该表演未向公众收取费用，也未向表演者支付报酬，且不以营利为目的。此种合理使用情形适用的要点在于：第一，使用的形式为"表演"，既包括现场表演，即直接演唱歌曲、演奏乐曲、上演剧本或朗诵诗词等形式的现场公开表演，也包括机械表演，即借助技术设备公开播送、放映录音或音像制品等形式的公开表演。第二，使用的对象为他人"已经发表的作品"。第三，表演应当为"免费表演"——该表演未向公众收取费用，也未向表演者支付报酬，且不以营利为目的。有些表演虽然名曰"义演"，但是其向公众收费，不符合"未向公众收取费用"的要求，因而不构成合理使用。"不以营利为目的"的规定，是为了防止虽然未向公众收取费用，也未向表演者支付报酬，但以免费表演为名通过收取广告费等方式变相达到营利目的的行为。

（10）对设置或者陈列在公共场所的艺术作品进行临摹、绘画、摄影、录像。此种合理使用情形适用的要点在于：第一，使用的对象为"设置或者陈列在公共场所的艺术作品"。室外公共场所的艺术作品，是指设置或者陈列在室外社会公众活动处所的雕塑、绘画、书法等艺术作品。[1] 第二，使用的方式限于"临摹、绘画、摄影、录像"，其他方式的使用不构成合理使用。对设置或者陈列在公共场所的艺术作品的临摹、绘画、摄影、录像人，可以对其成果以合理的方式和范围再行使用，不构成侵权。

（11）将中国公民、法人或者非法人组织已经发表的以国家通用语言

---

[1]　《最高人民法院关于审理著作权民事纠纷案件适用法律若干问题的解释》（2020 修正）第18 条第 1 款。

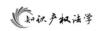

文字创作的作品翻译成少数民族语言文字作品在国内出版发行。此种合理使用情形适用的要点在于：第一，使用的对象为"中国公民、法人或者非法人组织已经发表的以国家通用语言文字创作的作品"。依据《国家通用语言文字法》第 2 条规定，所谓的"国家通用语言文字"指的是"普通话和规范汉字"。国家通用语言文字是我国各族人民共同创造的文化成果，是中华民族共同体意识的重要载体。❶ 该合理使用情形指向的是中国公民、法人或者非法人组织的作品，外国主体的作品不适用此情形。此外，使用的作品必须是他人已经发表的作品。第二，使用的方式为将上述作品"翻译成少数民族语言文字作品在国内出版发行"。即将以国家通用语言文字创作的作品翻译成少数民族语言文字，翻译后在我国国内出版发行。超出少数民族语言文字的翻译，不构成本合理使用情形。翻译后的作品只能在我国国内出版发行方构成合理使用。

（12）以阅读障碍者能够感知的无障碍方式向其提供已经发表的作品。本规定情形在于保护阅读障碍者的作品接近利益，《著作权法》第三次修改前，该种合理使用规定为"将已经发表的作品改成盲文出版"，但是该规定并未注意到大量的阅读障碍者为未达到盲人程度的人。《著作权法》第三次修改，将盲人的合理使用扩大到阅读障碍者，这样既确保了阅读障碍者的作品接近利益实现，又与《关于为盲人、视力障碍者或其他印刷品阅读障碍者获得已出版作品提供便利的马拉喀什条约》（以下简称《马拉喀什条约》）❷ 相契合。此种合理使用情形适用的要点在于：第一，使用的对象为他人"已经发表的作品"。第二，使用的形式为"以阅读障碍者能够感知的无障碍方式向其提供"。根据《马拉喀什条约》第 3 条的规定，阅读障碍者包括：盲人；有视觉缺陷、知觉障碍或阅读障碍的人，无法改善到基本达到无此类缺陷或障碍者的视觉功能，因而无法以与无缺陷或无障碍者基本相同的程度阅读印刷作品；在其他方面因身体残疾而不能持书

---

❶ 王理万. 国家通用语言文字制度的宪法逻辑：以铸牢中华民族共同体意识为视角［J］. 中南民族大学学报（人文社会科学版），2022，42（3）：49-58，183.

❷ 2013 年 6 月 27 日，《关于为盲人、视力障碍者或其他印刷品阅读障碍者获得已出版作品提供便利的马拉喀什条约》通过，由世界知识产权组织管理，该条约于 2016 年 9 月 30 日生效。全国人民代表大会常务委员会于 2021 年 10 月 23 日通过关于批准《关于为盲人、视力障碍者或其他印刷品阅读障碍者获得已出版作品提供便利的马拉喀什条约》的决定。

或翻书，或者不能集中目光或移动目光进行正常阅读的人。根据《马拉喀什条约》第 2 条规定，"无障碍格式版"是指采用替代方式或形式，让受益人能够使用作品，包括让受益人能够与无视力障碍或其他印刷品阅读障碍者一样切实可行、舒适地使用作品的作品版本。无障碍格式版为受益人专用，必须尊重原作的完整性，但要适当考虑将作品制成替代性无障碍格式所需要的修改和受益人的无障碍需求。但是为了该条款适用的有序性，在未来应当对我国著作权法中的规定所指与《马拉喀什条约》的衔接予以相应的规范。❶

（13）兜底条款。《著作权法》第 24 条列举相关合理使用情形之后，规定了兜底条款——"法律、行政法规规定的其他情形"。这意味着，并非明确列举之外的情形绝对不构成著作权合理使用，法律、行政法规可以对符合著作权合理使用特征的其他情形进行规定。因为著作权合理使用实际上达到了对著作权限制的效果，为了更好地平衡保护著作权与公共利益，拟适度扩大法定的不经著作权人许可且不向其支付报酬而合理使用有关作品的范围，因此开放性的合理使用制度并不宜弹性过度，故此利用"法律、行政法规规定的其他情形"作以限制。

需要说明的是，以上合理使用制度也适用于对与著作权有关的权利的限制。另外，相关具体情形中的"已经发表的作品"指著作权人自行或者许可他人公之于众的作品。

第三节　著作权法定许可

著作权法定许可指的是，依据法律规定，使用他人作品可以不经著作权人许可，但是应当支付报酬。著作权法定许可制度意在平衡权利保护与作品使用效率，法定许可能够促进作品的利用与传播。❷

---

❶　杨利华.《马拉喀什条约》与我国著作权限制制度之完善［J］. 中国出版，2021（23）：10 – 15.

❷　刘铁光，向静洁. 基于创作目的实现的法定许可制度调适：兼评 2020 年《著作权法》相关制度调整［J］. 江西社会科学，2021，41（7）：136 – 144，255 – 256.

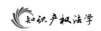

（1）编写出版教科书的法定许可。我国《著作权法》第 25 条第 1 款规定："为实施义务教育和国家教育规划而编写出版教科书，可以不经著作权人许可，在教科书中汇编已经发表的作品片段或者短小的文字作品、音乐作品或者单幅的美术作品、摄影作品、图形作品，但应当按照规定向著作权人支付报酬，指明作者姓名或者名称、作品名称，并且不得侵犯著作权人依照本法享有的其他权利。"第 2 款规定："前款规定适用于对与著作权有关的权利的限制。"根据《教科书法定许可使用作品支付报酬办法》的规定，"九年制义务教育教科书和国家教育规划教科书"是指为实施义务教育、高中阶段教育、职业教育、高等教育、民族教育、特殊教育，保证基本的教学标准，或者为达到国家对某一领域、某一方面教育教学的要求，根据国务院教育行政部门或者省级人民政府教育行政部门制定的课程方案、专业教学指导方案而编写出版的教科书，"教科书"不包括教学参考书和教学辅导材料。

（2）报刊转载的法定许可。《著作权法》第 35 条第 2 款规定："作品刊登后，除著作权人声明不得转载、摘编的外，其他报刊可以转载或者作为文摘、资料刊登，但应当按照规定向著作权人支付报酬。"此法定许可只限于"报刊"间的转载或者作为文摘、资料刊登，不适用于其他类型的转载，意在保障报刊传播作品的效率，促进作品的及时传播。

（3）制作录音制品的法定许可。《著作权法》第 42 条第 2 款规定："录音制作者使用他人已经合法录制为录音制品的音乐作品制作录音制品，可以不经著作权人许可，但应当按照规定支付报酬；著作权人声明不许使用的不得使用。"该法定许可情形起源于 20 世纪初避免对音乐作品垄断的做法，可以增加音乐文化的多样性。❶ 该规定在促进音乐作品传播、提高音乐作品利用效率以及平衡著作权人和社会公众利益中发挥着不可替代的作用，而且该条款还有利于网络环境下数字音乐的利用与传播，具有重要的存在价值。❷

（4）广播电台、电视台播放作品的法定许可。《著作权法》第 46 条第 2 款规定："广播电台、电视台播放他人已发表的作品，可以不经著作权人

---

❶ 王迁. 知识产权法教程［M］. 7 版. 北京：中国人民大学出版社，2021：313.

❷ 杜娟. 我国录音制品法定许可规则完善研究［J］. 电子知识产权，2020（8）：89-99.

许可，但应当按照规定支付报酬。"广播电台、电视台播放作品的法定许可，有利于实现广电媒体社会公共价值、降低其与权利人之间的交易成本，避免一方优势地位影响作品的使用和传播，具有独立存在的价值。❶

（5）远程教育制作和提供课件的法定许可。根据《信息网络传播权保护条例》（2013修订）第8条的规定，为通过信息网络实施九年制义务教育或者国家教育规划，可以不经著作权人许可，使用其已经发表作品的片断或者短小的文字作品、音乐作品或者单幅的美术作品、摄影作品制作课件，由制作课件或者依法取得课件的远程教育机构通过信息网络向注册学生提供，但应当向著作权人支付报酬。

（6）扶助贫困的法定许可。根据《信息网络传播权保护条例》（2013修订）第9条的规定，为扶助贫困，通过信息网络向农村地区的公众免费提供中国公民、法人或者其他组织已经发表的种植养殖、防病治病、防灾减灾等与扶助贫困有关的作品和适应基本文化需求的作品，网络服务提供者应当在提供前公告拟提供的作品及其作者、拟支付报酬的标准。自公告之日起30日内，著作权人不同意提供的，网络服务提供者不得提供其作品；自公告之日起满30日，著作权人没有异议的，网络服务提供者可以提供其作品，并按照公告的标准向著作权人支付报酬。网络服务提供者提供著作权人的作品后，著作权人不同意提供的，网络服务提供者应当立即删除著作权人的作品，并按照公告的标准向著作权人支付提供作品期间的报酬。该法定许可情形下提供作品，不得直接或者间接获得经济利益。扶助贫困的法定许可存在诸多实践困境，例如其无法直接适用于数字图书馆建设，无法充分实现法定许可制度的扶助贫困之目的。❷

---

❶ 彭桂兵，朱雯婕. 论广播电台电视台播放作品法定许可的存与废：基于立法价值的视角[J]. 西南政法大学学报，2019，21（5）：88－95.

❷ 何蓉. 数字图书馆扶助贫困法定许可制度研究[J]. 图书馆建设，2021（1）：66－73.

第八章　著作权和与著作权有关的权利的保护

第一节　技术措施与权利管理电子信息

技术措施，是指用于防止、限制未经权利人许可浏览、欣赏作品、表演、录音录像制品的或者通过信息网络向公众提供作品、表演、录音录像制品的有效技术、装置或者部件。[1]《著作权法》第49条规定，为保护著作权和与著作权有关的权利，权利人可以采取技术措施。未经权利人许可，任何组织或者个人不得故意避开或者破坏技术措施，不得以避开或者破坏技术措施为目的的制造、进口或者向公众提供有关装置或者部件，不得故意为他人避开或者破坏技术措施提供技术服务。但是，法律、行政法规规定可以避开的情形除外。

权利管理电子信息，是指说明作品及其作者、表演及其表演者、录音录像制品及其制作者的信息，作品、表演、录音录像制品权利人的信息和使用条件的信息，以及表示上述信息的数字或者代码。[2]《著作权法》第51条规定，未经权利人的许可，不得故意删除或者改变作品、版式设计、表演、录音录像制品或者广播、电视上的权利管理信息，但由于技术上的原因无法避免的除外。未经权利人许可，也不得在知道或者应当知道作品、版式设计、表演、录音录像制品或者广播、电视上的权利管理信息未

---

[1] 《信息网络传播权保护条例》（2013修订）第26条。
[2] 《信息网络传播权保护条例》（2013修订）第26条。

经许可被删除或者改变情况下，仍然向公众提供。

《著作权法》第50条规定，为了某些公共利益及技术的进步，在有限的情形下可以避开技术措施，即便如此也不得向他人提供避开技术措施的技术、装置或者部件，也不得侵犯权利人依法享有的其他权利。这些情形包括：（1）为学校课堂教学或者科学研究，提供少量已经发表的作品，供教学或者科研人员使用，而该作品无法通过正常途径获取；（2）不以营利为目的，以阅读障碍者能够感知的无障碍方式向其提供已经发表的作品，而该作品无法通过正常途径获取；（3）国家机关依照行政、监察、司法程序执行公务；（4）对计算机及其系统或者网络的安全性能进行测试；（5）进行加密研究或者计算机软件反向工程研究。

第二节　民事侵权及民事责任承担

一、著作权侵权的认定

著作权侵权即未经著作权人许可使用他人作品的行为，法律另有规定的除外。与商标法及专利法中的侵权判定主体予以明确不同，在著作权法中判定主体相当模糊。有学者提出，为了规范著作权侵权的判定主体，应当向商标法及专利法借鉴，使用相关公众作为判断主体。❶ 也有观点认为，应当采用"普通读者"作为判断主体，因为普通读者的选择决定着作者的实际市场价值，普通读者认为侵权作品构成市场替代才说明在先作品的市场价值受到在后侵权作品的威胁。❷

1. 著作权侵权判定原则

"实质性相似＋接触"是著作权侵权判定的重要标准，该规则是对侵权行为认定之法律适用的理论概括和司法经验总结，并非采取法定主义原则由立法直接规定。❸ 简单而言，所谓的接触指的是，被控侵权人实际或

---

❶ 杨红军. 论著作权侵权判断主体的界定 [J]. 东岳论丛, 2020, 41 (1): 172 – 180.

❷ 崔国斌. 著作权法：原理与案例 [M]. 北京：北京大学出版社, 2014: 668.

❸ 吴汉东. 试论"实质性相似＋接触"的侵权认定规则 [J]. 法学, 2015 (8): 63 – 72.

可能接触作品。比如，由不同作者就同一题材创作的作品，作品的表达系独立完成并且有创作性的，应当认定作者各自享有独立著作权。❶ 所谓实质性相似指的是，被诉侵权作品与原告的作品构成实质性相似，这种实质性相似体现在表达上而非思想上。

接触是指被诉侵权人有机会接触到、了解到或者感受到权利人享有著作权的作品。❷ 接触要件在判断著作权侵权中具有独立的地位，其不是实质性相似要件的附庸，只有接触成立才有可能进一步判断著作权实质性相似进而构成著作权侵权。❸ 接触的判断要点在于，接触包括有证据证明的被诉侵权人实际接触了作品的事实接触及没有证据予以证明但可以推定接触两种情形。权利人的作品通过刊登、展览、广播、表演、放映等方式公开，可以视为将作品公之于众进行了发表，被诉侵权人依据社会通常情况具有获知权利人作品的机会和可能，可以被推定为接触。在周某某与余某等侵害作品摄制权纠纷案中，法院经过审理认为，《邪恶催眠师》2013 年4 月在全国公开发行，湖南经视公司曾于 2014 年 4 月与周某某商谈购买该作品的影视改编权未果，周某亦承认看过小说并留下深刻印象，而六被告对于被诉作品系分工合作关系，在湖南经视公司、东阳欢娱公司、海宁新创公司、于正工作室拒不提交合作拍摄协议的情形下，法院推定六被告均接触了周某某作品。❹

实质性相似的判断要点在于以下方面。第一，比对对象为原告的作品与被诉侵权作品，换言之，要保护的著作权人的对象为其在先作品的独创性部分，因此要在比对中过滤掉思想而比较独创性的表达。在实践中为了合理界定著作权受保护的范围，通常用整体观感法及抽象测试法，以区分表达与思想，并结合作品的整体情况，以合理地对保护对象进行界定。在苏州仙峰网络科技股份有限公司与浙江盛和网络科技有限公司、

---

❶ 《最高人民法院关于审理著作权民事纠纷案件适用法律若干问题的解释》（2020 修正）第15 条。

❷ 陈某（琼某）诉余某（于某）等侵害著作权纠纷案，北京市高级人民法院（2015）高民（知）终字第 1039 号民事判决书。

❸ 刘琳. 我国版权侵权"接触"要件的检讨与重构［J］. 知识产权，2021（11）：71 - 90.

❹ 江苏省扬州市中级人民法院（2015）扬知民初字第 00015 号民事判决书，江苏省高级人民法院（2017）苏民终 236 号民事判决书。

上海恺英网络科技有限公司侵害著作权及不正当竞争纠纷案中，关于《烈焰武尊》与《蓝月传奇》是否构成相同或相似，法院即认为，核心是看《烈焰武尊》是否实质性利用了《蓝月传奇》的独创性表达。首先应判断两者子系统的特定呈现方式是否相同或相似，再看整体游戏架构中对于子系统的选择、安排、组合是否相同或相似。《烈焰武尊》与《蓝月传奇》均由三大系统五层架构组成，两者在角色养成系统的 17 个子系统、消费奖励系统的 10 个子系统、场景（副本）段落的 6 个子系统的设置上存在对应关系。相应的，呈现以上内容的操作界面和动态画面视觉效果也存在部分相似性。以上与《蓝月传奇》相同或相似的内容覆盖了《烈焰武尊》游戏的绝大部分子系统，数量和程度上已经明显超出合理借鉴的范围，从整体游戏架构来看，《烈焰武尊》对于子系统的选择、安排、组合方式与《蓝月传奇》构成实质性相似。尽管《烈焰武尊》进行了美术、动画、音乐等内容的再创作，但其在玩法规则的特定呈现方式上利用了《蓝月传奇》的独创性表达，对于普通游戏玩家而言，其所感知到的游戏整体情节相似度极高，故两者整体上构成实质性相似。❶ 在上海美术电影制片厂诉珠海天行者文化传播有限公司等侵犯著作财产权纠纷案中，法院认为，被控侵权的孙悟空人物形象与《大闹天宫》动画影片中孙悟空人物形象美术作品在主要特征方面构成实质性相似，其未经权利人许可，擅自在互联网络、童鞋产品及其包装上使用上海美术电影制片厂涉案作品的行为，已构成对该作品著作财产权的侵害。❷ 第二，实质性相似并非仅仅看数量，还要看使用的内容占比。在上海玄霆娱乐信息科技有限公司与成都吉乾科技有限公司、四三九九网络股份有限公司侵害著作权纠纷案中，法院在判定电子游戏是否与小说构成实质性相似时就认为，不能仅以游戏使用小说文字数量的比重进行判断，应综合判断其是否使用了小说中独创性表达的人物、人物关系、

---

❶　浙江省高级人民法院（2019）浙民终 709 号民事判决书。
❷　上海市高级人民法院（2012）沪高民三（知）终字第 67 号民事判决书。

技能、故事情节等元素，并考虑小说中独创性的内容在游戏中所占比重。❶第三，既要看实质性相似部分在原作品中的比例，还要看其在被诉侵权作品中所占的比例。在北京九歌泰来影视文化有限公司与总政治部话剧团等侵害摄制权纠纷上诉案中，法院就认为，被诉的《激情燃烧的岁月》使用原告的《我是太阳》有关内容不构成基本内容，虽然《激情燃烧的岁月》的部分情节、细节及对白抄袭自《我是太阳》，但只占很小部分，不构成实质性相同。❷在陈某（琼某）诉余某（于某）等侵害著作权纠纷案中，法院认为，文学作品中，情节的前后衔接、逻辑顺序将全部情节紧密贯穿为完整的个性化表达，这种足够具体的人物设置、情节结构、内在逻辑关系的有机结合体可以成为著作权法保护的表达。如果被诉侵权作品中包含足够具体的表达，且这种紧密贯穿的情节设置在被诉侵权作品中达到一定数量、比例，可以认定为构成实质性相似；或者被诉侵权作品中包含的紧密贯穿的情节设置已经占到权利作品足够的比例，即使其在被诉侵权作品中所占比例不大，也足以使受众感知到来源于特定作品时，可以认定为构成实质性相似。❸在周某某与余某等侵害作品摄制权纠纷案中，法院也认为，应当将在先作品中的独创性表达整体与在后作品中的相应部分进行比对，同时考量在先作品独创性表达部分在在先作品中的比重是否构成在先作品的核心部分或者基本内容，并能够给予受众独特的欣赏体验。❹

2. 著作权侵权情形

著作权侵权情形可以体现为多种形式，侵犯的著作权权项也不相同，应当根据具体个案予以具体判断。根据我国《著作权法》的列举，以下情形构成著作权侵权："（一）未经著作权人许可，发表其作品的；（二）未

---

❶ 江苏省高级人民法院（2018）苏民终 1164 号民事判决书。法院在判决书中进一步认为，在判断游戏所使用文字的比重时，可以对游戏资源库文件反编译，以辅助确定游戏是否使用了文字作品中具有独创性的内容。吉乾公司开发的游戏大量使用了《斗罗大陆》小说中人物和魂兽名称、人物关系、技能和故事情节等元素，与涉案《斗罗大陆》小说构成实质性相似。

❷ 北京市第一中级人民法院（2002）一中民初字第 8534 号民事判决书，北京市高级人民法院（2004）高民终字第 221 号民事判决书。

❸ 陈某（琼某）诉余某（于某）等侵害著作权纠纷案，北京市高级人民法院（2015）高民（知）终字第 1039 号民事判决书。

❹ 江苏省扬州市中级人民法院（2015）扬知民初字第 00015 号民事判决书，江苏省高级人民法院（2017）苏民终 236 号民事判决书。

经合作作者许可，将与他人合作创作的作品当作自己单独创作的作品发表的；（三）没有参加创作，为谋取个人名利，在他人作品上署名的；（四）歪曲、篡改他人作品的；（五）剽窃他人作品的；（六）未经著作权人许可，以展览、摄制视听作品的方法使用作品，或者以改编、翻译、注释等方式使用作品的，本法另有规定的除外；（七）使用他人作品，应当支付报酬而未支付的；（八）未经视听作品、计算机软件、录音录像制品的著作权人、表演者或者录音录像制作者许可，出租其作品或者录音录像制品的原件或者复制件的，本法另有规定的除外；（九）未经出版者许可，使用其出版的图书、期刊的版式设计的；（十）未经表演者许可，从现场直播或者公开传送其现场表演，或者录制其表演的。"❶ 不在明确列举范围的其他侵犯著作权以及与著作权有关的权利的行为，也受著作权法的约束。

根据《著作权法》的规定，下列情形构成侵权，承担相应的民事责任，在侵权的同时损害公共利益的，可能还应当承担相应的行政责任，构成犯罪的要承担相应的刑事责任："（一）未经著作权人许可，复制、发行、表演、放映、广播、汇编、通过信息网络向公众传播其作品的，本法另有规定的除外；（二）出版他人享有专有出版权的图书的；（三）未经表演者许可，复制、发行录有其表演的录音录像制品，或者通过信息网络向公众传播其表演的，本法另有规定的除外；（四）未经录音录像制作者许可，复制、发行、通过信息网络向公众传播其制作的录音录像制品的，本法另有规定的除外；（五）未经许可，播放、复制或者通过信息网络向公众传播广播、电视的，本法另有规定的除外；（六）未经著作权人或者与著作权有关的权利人许可，故意避开或者破坏技术措施的，故意制造、进口或者向他人提供主要用于避开、破坏技术措施的装置或者部件的，或者故意为他人避开或者破坏技术措施提供技术服务的，法律、行政法规另有规定的除外；（七）未经著作权人或者与著作权有关的权利人许可，故意删除或者改变作品、版式设计、表演、录音录像制品或者广播、电视上的权利管理信息的，知道或者应当知道作品、版式设计、表演、录音录像制品或者广播、电视上的权利管理信息未经许可被删除或者改变，仍然向公

---

❶ 《著作权法》第52条。

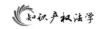

众提供的，法律、行政法规另有规定的除外；（八）制作、出售假冒他人署名的作品的。"❶

二、著作权侵权民事侵权责任

构成著作权侵权的，要承担停止侵害、消除影响、赔礼道歉、赔偿损失等民事责任。

1. 停止侵害

停止侵害是著作权侵权责任的基础构成，在被确认侵犯他人著作权后，一般应当立即停止侵权。但是，如果适用停止侵害的法律责任会导致公共利益受损，对权利人的救济可以通过提高赔偿额的方式替代停止侵害责任。❷ 最高人民法院印发的《关于当前经济形势下知识产权审判服务大局若干问题的意见》中也对不停止侵权予以了认可，"如果停止有关行为会造成当事人之间的重大利益失衡，或者有悖社会公共利益，或者实际上无法执行，可以根据案件具体情况进行利益衡量，不判决停止行为，而采取更充分的赔偿或者经济补偿等替代性措施了断纠纷。权利人长期放任侵权、怠于维权，在其请求停止侵害时，倘若责令停止有关行为会在当事人之间造成较大的利益不平衡，可以审慎地考虑不再责令停止行为，但不影响依法给予合理的赔偿"。实践中，例如在建筑作品侵权案中，已经建成的建筑被认定为侵犯他人建筑作品的著作权，那么判决停止侵权将会带来较大的不经济性，则不宜停止侵权。❸ 在杭州大头儿子文化发展有限公司与央视动画有限公司著作权侵权纠纷案中，就适用了侵权但不停止侵权，原因在于，在侵权成立的前提下，如果适用停止侵害的法律责任会导致公共利益严重受损的，可以在个案中通过提高赔偿数额的方式替代停止侵害责任，以突出公共利益的优先性，这符合知识产权法律制度作为公共政策

---

❶ 《著作权法》第 53 条。
❷ 秦娟. 著作权侵权不停止的利益平衡 [J]. 人民司法，2021（20）：89 – 92.
❸ 王果. 建筑作品著作权纠纷中不停止侵权的适用：以私人利益衡量为视角 [J]. 中国版权，2015（5）：17 – 20.

产物的本质属性。❶

2. 著作权侵权的赔礼道歉与精神损害赔偿

所谓赔礼道歉是指，侵权人对其侵害他人人身权的不法行为主动向被害人承认错误，致以歉意，请求受害人予以宽恕。民事侵权责任中的赔礼道歉具有其他责任方式不可替代的作用，其主要作用在于教育而非制裁，❷一般用于有损人格的侵权情形下。赔礼道歉能够平复原告的愤恨、修补原告的精神创伤，且可使侵权人内心获得平静，修复受损的道德评价。❸我国 1990 年《著作权法》立法用语是"公开赔礼道歉"，❹2001 年《著作权法》修改时删除了"公开"❺，此后一直使用"赔礼道歉"。赔礼道歉的强制力主要源于良心、内疚等情感及其形成的心理负担。❻一般认为，赔礼道歉在著作权侵权中仅适用于著作人身权受侵害的场合。但是在实践中，著作权侵权的赔礼道歉比较棘手，因为侵权人往往考虑到其在行业内的声誉宁愿付出更多的经济赔偿也不愿意道歉。❼在陈某（琼某）诉余某（于某）等侵害著作权纠纷案中，二审法院即认为，虽然陈某主张的是改编权、摄制权，即著作财产权，但原审法院判令余某承担赔礼道歉、消除影响的责任并无不当，原因在于：首先，通常而言著作人身权受到侵害时适用赔礼道歉、消除影响的民事责任，赔礼道歉是消除影响的手段，消除影响是赔礼道歉的后果。但是在改编权、摄制权受到侵害时，并不排除赔礼道歉、消除影响责任和赔偿损失责任的并行适用。其次，尽管陈某在该案中主张的是改编权、摄制权，但对于侵犯改编权的行为而言，在剧本《宫

---

❶ 一审：（2014）杭滨知初字第 634 号、第 635 号、第 636 号；二审：（2015）浙杭知终字第 356 号、第 357 号、第 358 号；再审：（2016）浙民申 3072、3073、3074 号。

❷ 魏振瀛. 侵权责任方式与归责事由、归责原则的关系［J］. 中国法学，2011（2）：27 - 37.

❸ 黄忠. 认真对待"赔礼道歉"［J］. 法律科学（西北政法大学学报），2008（5）：73 - 80.

❹ 《著作权法》（1990）第 45—46 条。

❺ 《著作权法》（1990）第 46—47 条。

❻ 黄忠. 赔礼道歉的法律化：何以可能及如何实践［J］. 法制与社会发展，2009，15（2）：118 - 128.

❼ 袁博. 浅析版权案件中"赔礼道歉"民事责任［N］. 中国知识产权报，2016 - 12 - 16（10）.

锁连城》与涉案作品构成实质性相似的情况下，实质上暗含了对于涉案作品著作人身权的侵害，比如署名权，同时结合权利人明确提出了要求赔礼道歉、消除影响的诉讼主张，判令余某承担上述责任并未违反同质救济的原则。❶ 赔礼道歉具有强制性，但是赔礼道歉的强制性也受到一定的挑战，实际上法院判决赔礼道歉本身就具有一定的意义。❷《北京市高级人民法院侵害著作权案件审理指南》也规定："侵害著作人身权或者表演者人身权的，可以判令被告承担赔礼道歉的民事责任。确定赔礼道歉方式、范围，应当考虑著作人身权受侵害的方式、程度等因素，并应当与侵权行为造成损害的影响范围相适应。侵权行为情节轻微的，可以判令被告书面道歉；被告在诉讼中已主动道歉并记录在案的，可以不再判令其赔礼道歉。"❸

　　著作人身权受到侵害时，著作权人还可以请求精神损害赔偿。《北京市高级人民法院侵害著作权案件审理指南》规定："侵害著作人身权或者表演者人身权，造成严重精神损害，且适用停止侵害、消除影响、赔礼道歉仍不足以抚慰的，可以判令被告支付精神损害抚慰金。"❹ 如果赔礼道歉等方式已能够达到抚慰原告精神伤害的目的，原告主张的精神损害赔偿的请求可能不被支持。❺ 如在"九层妖塔"侵害保护作品完整权纠纷案中，二审法院认为，涉案电影将主要人物胡八一及 shirley 杨分别设定为羿王子后裔及具有异能的鬼族后人，并将涉案小说从普通人类摸金校尉利用风水玄学探险的故事，改为具有超能力的英雄后人与鬼族人和怪兽战斗的故事，上述改动是对涉案小说主要人物设定、故事背景等核心表达要素的大幅度改动，对作者在原作品中表达的观点和情感做了本质上的改变，超出了必要限度，导致作者在原作品中要表达的思想情感被曲解，因而构成对原作品的歪曲、篡改，据此判决中影公司、梦想者公司及乐视公司停止发行、播放涉案电影，向张某某公开赔礼道歉、消除影响，并连带赔偿精神

---

❶　北京市高级人民法院（2015）高民（知）终字第 1039 号民事判决书。

❷　葛云松. 民法上的赔礼道歉责任及其强制执行［J］. 法学研究，2011，33（2）：113 - 129.

❸　《北京市高级人民法院侵害著作权案件审理指南》第 8.15 条。

❹　《北京市高级人民法院侵害著作权案件审理指南》第 8.16 条。

❺　周某某诉北京华网汇通技术服务有限公司著作权侵权纠纷案，北京市朝阳区人民法院（2003）朝民初字第 22238 号民事判决书。

损害抚慰金 5 万元。❶

关于著作权侵权的精神损害赔偿数额的确定，"被告应当承担精神损害赔偿责任的，可以根据原告遭受精神损害的程度、被告侵权的主观过错、侵权方式、侵权情节、影响范围等因素综合确定精神损害抚慰金数额"。❷ 根据《最高人民法院关于确定民事侵权精神损害赔偿责任若干问题的解释》（2020 修正）第 5 条的规定，精神损害的赔偿数额根据以下因素确定："（一）侵权人的过错程度，但是法律另有规定的除外；（二）侵权行为的目的、方式、场合等具体情节；（三）侵权行为所造成的后果；（四）侵权人的获利情况；（五）侵权人承担责任的经济能力；（六）受理诉讼法院所在地的平均生活水平。"

一般来讲，精神损害赔偿不对非自然人适用。《北京市高级人民法院侵害著作权案件审理指南》第 8.16 条规定，法人或者非法人组织主张赔偿精神损害的，一般不予支持。在"美国教育考试服务中心与新东方著作权侵权纠纷案"中，法院即认为，原告作为教育机构，属法人范畴，有关法人要求精神损害赔偿的要求是难以得到支持的。❸

3. 网络环境下著作权侵权的"通知－删除"规则

"通知－删除"规则又称"避风港"规则。《民法典》第 1195 条对之予以了规定："通知"即网络用户利用网络服务实施侵权行为的，权利人有权通知网络服务提供者采取删除、屏蔽、断开链接等必要措施，通知应当包括构成侵权的初步证据及权利人的真实身份信息。"删除"即网络服务提供者接到通知后，应当及时将该通知转送相关网络用户，并根据构成侵权的初步证据和服务类型采取必要措施；未及时采取必要措施的，对损害的扩大部分与该网络用户承担连带责任。网络服务提供者转送通知、采取必要措施是否及时的判断，应当根据权利人提交通知的形式，通知的准确程度，采取措施的难易程度，网络服务的性质，所涉作品、表演、录音

---

❶ 张某某与中影公司、梦想者公司、乐视公司等保护作品完整权纠纷案，北京知识产权法院（2016）京 73 民终 587 号民事判决书。

❷ 《北京市高级人民法院侵害著作权案件审理指南》第 8.17 条。

❸ 北京市高级人民法院（2003）高民终字第 1393 号民事判决书。

录像制品的类型、知名度、数量等因素综合判断。❶ 根据《民法典》第
1195 条的规定，权利人因错误通知造成网络用户或者网络服务提供者损害
的，应当承担侵权责任，法律另有规定的，依照其规定。

根据《民法典》第 1196 条的规定，对于避风港规则下的网络用户而
言，在接到转送的通知后，可以向网络服务提供者提交不存在侵权行为的
声明，声明应当包括不存在侵权行为的初步证据及网络用户的真实身份信
息。网络服务提供者接到声明后，应当将该声明转送发出通知的权利人，
并告知其可以向有关部门投诉或者向人民法院提起诉讼。网络服务提供者
在转送声明到达权利人后的合理期限内，未收到权利人已经投诉或者提起
诉讼通知的，应当及时终止所采取的措施。

"红旗"规则指的是网络服务提供者知道或者应当知道网络用户利用
其网络服务侵害他人民事权益，未采取必要措施的，与该网络用户承担连
带责任，其在我国《民法典》第 1197 条有明确规定。网络服务提供者接
到权利人以书信、传真、电子邮件等方式提交的通知及构成侵权的初步证
据，未及时根据初步证据和服务类型采取必要措施的，应当认定其明知相
关侵害信息网络传播权行为。❷ 在判断网络服务提供者是否"应当知道"
时，应根据网络用户侵害信息网络传播权的具体事实是否明显，综合考虑
以下因素来认定："（一）基于网络服务提供者提供服务的性质、方式及其
引发侵权的可能性大小，应当具备的管理信息的能力；（二）传播的作品、
表演、录音录像制品的类型、知名度及侵权信息的明显程度；（三）网络
服务提供者是否主动对作品、表演、录音录像制品进行了选择、编辑、修
改、推荐等；（四）网络服务提供者是否积极采取了预防侵权的合理措施；
（五）网络服务提供者是否设置便捷程序接收侵权通知并及时对侵权通知
作出合理的反应；（六）网络服务提供者是否针对同一网络用户的重复侵
权行为采取了相应的合理措施；（七）其他相关因素。"❸ 如果网络服务提

---

❶ 《最高人民法院关于审理侵害信息网络传播权民事纠纷案件适用法律若干问题的规定》
（2020 修正）第 14 条。

❷ 《最高人民法院关于审理侵害信息网络传播权民事纠纷案件适用法律若干问题的规定》
（2020 修正）第 13 条。

❸ 《最高人民法院关于审理侵害信息网络传播权民事纠纷案件适用法律若干问题的规定》
（2020 修正）第 9 条。

供者在提供网络服务时，对热播影视作品等以设置榜单、目录、索引、描述性段落、内容简介等方式进行推荐，且公众可以在其网页上直接以下载、浏览或者其他方式获得的，应当认为网络服务提供者"应当知道"网络用户侵害信息网络传播权。❶ 有下列情形之一的，可以根据案件具体情况，认定提供信息存储空间服务的网络服务提供者应知网络用户侵害信息网络传播权："（一）将热播影视作品等置于首页或者其他主要页面等能够为网络服务提供者明显感知的位置的；（二）对热播影视作品等的主题、内容主动进行选择、编辑、整理、推荐，或者为其设立专门的排行榜的；（三）其他可以明显感知相关作品、表演、录音录像制品为未经许可提供，仍未采取合理措施的情形。"❷ 例如，在广州虎牙信息科技有限公司与北京爱奇艺科技有限公司侵害著作权及不正当竞争纠纷案中，法院即认为，涉案作品位于涉案平台的热门分类"一起看"频道，虎牙公司对"一起看"频道进行了电影、电视剧、综艺等特定分类，涉案直播间位于"一起看"频道首页内，处于可被明显感知的位置，且涉案直播间关注数量达 28 万至 29 万余人次，人气量达 20 余万至 50 余万人次，涉案网贴标题上明确载明了"江左梅郎 – 梅长苏复仇剧"等字样，结合涉案作品的知名度，虎牙公司很容易发现该直播间中含有侵权可能性较高的作品，因此，虎牙公司对涉案网络用户利用涉案直播间侵害爱奇艺公司著作权的行为构成应知，应承担相应的帮助侵权责任。❸

　　需要明确的是"避风港"规则、"红旗"规则适用的主体为网络服务提供者。所谓的网络，包括以计算机、电视机、固定电话机、移动电话机等电子设备为终端的计算机互联网、广播电视网、固定通信网、移动通信网等信息网络，以及向公众开放的局域网络。❹ 网络服务提供者在下列情形下仍构成侵权，应当承担相应的侵权责任：网络服务提供者在提供网络

---

　　❶ 《最高人民法院关于审理侵害信息网络传播权民事纠纷案件适用法律若干问题的规定》（2020 修正）第 10 条。
　　❷ 《最高人民法院关于审理侵害信息网络传播权民事纠纷案件适用法律若干问题的规定》（2020 修正）第 12 条。
　　❸ 北京市知识产权法院（2021）京 73 民终 4439 号民事判决书。
　　❹ 《最高人民法院关于审理侵害信息网络传播权民事纠纷案件适用法律若干问题的规定》（2020 修正）第 2 条。

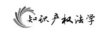
服务时教唆或者帮助网络用户实施侵害信息网络传播权行为的，应当承担侵权责任；网络服务提供者以言语、推介技术支持、奖励积分等方式诱导、鼓励网络用户实施侵害信息网络传播权行为的，构成教唆侵权行为；网络服务提供者明知或者应知网络用户利用网络服务侵害信息网络传播权，未采取删除、屏蔽、断开链接等必要措施，或者提供技术支持等帮助行为的，构成帮助侵权行为。❶网络服务提供者是否构成教唆、帮助侵权，应当结合网络服务提供者的主观过错确定，所谓的主观过错包括对于网络用户侵害信息网络传播权行为的明知或者应知。但是因为网络服务平台一般有海量的信息，将事前审查义务赋予网络服务提供者对其来讲是一种过重的负担，也不利于网络平台的效率，因此不能根据"网络服务提供者未对网络用户侵害信息网络传播权的行为主动进行审查的"即认为其存在过错。对于网络服务提供者能够证明已采取合理、有效的技术措施，仍难以发现网络用户侵害信息网络传播权行为的，属于不具有过错的情形。❷

4. 著作权侵权的赔偿损失责任

侵犯著作权或者与著作权有关的权利的，侵权人应当按照以下顺序赔偿他人损失：第一，权利人因侵权受到的实际损失或者侵权人的违法所得给予赔偿；第二，权利人的实际损失或者侵权人的违法所得难以计算的，可以参照该权利使用费给予赔偿。权利人的实际损失，可以根据权利人因侵权所造成复制品发行减少量或者侵权复制品销售量与权利人发行该复制品单位利润乘积计算。发行减少量难以确定的，按照侵权复制品市场销售量确定。❸

惩罚性赔偿超越传统民法上侵权赔偿的填平原则，具有震慑、预防侵权行为的功能。《民法典》第 1185 条规定："故意侵害他人知识产权，情节严重的，被侵权人有权请求相应的惩罚性赔偿。"《著作权法》第三次修

---

❶ 《最高人民法院关于审理侵害信息网络传播权民事纠纷案件适用法律若干问题的规定》（2020 修正）第 7 条。

❷ 《最高人民法院关于审理侵害信息网络传播权民事纠纷案件适用法律若干问题的规定》（2020 修正）第 8 条。

❸ 《最高人民法院关于审理著作权民事纠纷案件适用法律若干问题的解释》（2020 修正）第 24 条。

改增加了惩罚性赔偿的规定，即对故意侵犯著作权或者与著作权有关的权利，情节严重的，可以在按照上述方法确定数额的 1 倍以上 5 倍以下给予赔偿。对于故意侵害他人知识产权，情节严重的，依法支持权利人的惩罚性赔偿请求，充分发挥惩罚性赔偿对于故意侵权行为的威慑作用。❶ "故意"的判断应当综合考虑被侵害知识产权客体类型、权利状态和相关产品知名度、被告与原告或者利害关系人之间的关系等因素，若有以下情形的则可初步认定被告具有侵害知识产权的故意：（1）被告经原告或者利害关系人通知、警告后，仍继续实施侵权行为的；（2）被告或其法定代表人、管理人是原告或者利害关系人的法定代表人、管理人、实际控制人的；（3）被告与原告或者利害关系人之间存在劳动、劳务、合作、许可、经销、代理、代表等关系，且接触过被侵害的著作权的；（4）被告与原告或者利害关系人之间有业务往来或者为达成合同等进行过磋商，且接触过被侵害的著作权的；（5）被告实施盗版行为的；（6）其他可以认定为故意的情形。❷ 对于情节严重的判断，应当综合考虑侵权手段、次数，侵权行为的持续时间、地域范围、规模、后果，侵权人在诉讼中的行为等因素，若有下列情形的可以认定为情节严重：（1）因侵权被行政处罚或者法院裁判承担责任后，再次实施相同或者类似侵权行为；（2）以侵害知识产权为业；（3）伪造、毁坏或者隐匿侵权证据；（4）拒不履行保全裁定；（5）侵权获利或者权利人受损巨大；（6）侵权行为可能危害国家安全、公共利益或者人身健康；（7）其他可以认定为情节严重的情形。❸ 惩罚性赔偿中倍数的确定应当综合考虑被告主观过错程度、侵权行为的情节严重程度等因素。因同一侵权行为已经被处以行政罚款或者刑事罚金且执行完毕，被告主张减免惩罚性赔偿责任的，人民法院不予支持，但在确定前款所称倍数时可以综合考虑。❹

法定赔偿，即权利人的实际损失、侵权人的违法所得、权利使用费难以计算的，由人民法院根据侵权行为的情节，判决给予 500 元以上 500 万

---

❶ 《最高人民法院关于依法加大知识产权侵权行为惩治力度的意见》第 10 条。
❷ 《最高人民法院关于审理侵害知识产权民事案件适用惩罚性赔偿的解释》第 3 条。
❸ 《最高人民法院关于审理侵害知识产权民事案件适用惩罚性赔偿的解释》第 4 条。
❹ 《最高人民法院关于审理侵害知识产权民事案件适用惩罚性赔偿的解释》第 6 条。

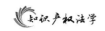

元以下的赔偿。基于实践中侵权损失及侵权获利的举证难问题，法定赔偿被适用范围相当广泛。在适用法定赔偿时，应当综合考虑著作权的市场价值、侵权人主观过错以及侵权行为的持续时间、影响范围、后果严重程度等因素，以合理确定法定赔偿数额。❶ 在确定赔偿数额时，应当考虑作品类型、合理使用费、侵权行为性质、后果等情节综合确定。❷ 人民法院应当依法合理确定法定赔偿数额。侵权行为造成权利人重大损失或者侵权人获利巨大的，为充分弥补权利人损失，有效阻遏侵权行为，人民法院可以根据权利人的请求，以接近或者达到最高限额确定法定赔偿数额。人民法院在从高确定法定赔偿数额时应当考虑的因素包括：侵权人是否存在侵权故意，是否主要以侵权为业，是否存在重复侵权，侵权行为是否持续时间长，是否涉及区域广，是否可能危害人身安全、破坏环境资源或者损害公共利益等。❸

赔偿数额还应当包括权利人为制止侵权行为所支付的合理开支。所谓的合理开支包括权利人或者委托代理人对侵权行为进行调查、取证的合理费用，❹ 也包括诉讼费用、律师费用等，对于权利人能够举证证明的合理维权费用，应当予以支持并在确定赔偿数额时单独计算。❺权利人在二审程序中请求将新增的为制止侵权行为所支付的合理开支纳入赔偿数额的，人民法院可以一并审查。❻ 人民法院应当综合考虑案情复杂程度、工作专业性和强度、行业惯例、当地政府指导价等因素，根据权利人提供的证据，合理确定权利人请求赔偿的律师费用。❼

在民事侵权中的一般举证适用"谁主张，谁举证"的规则。在著作权侵权案件中，人民法院为确定赔偿数额，在权利人已经尽了必要举证责任，而与侵权行为相关的账簿、资料等主要由侵权人掌握的，可以责令侵

---

❶ 《最高人民法院关于全面加强知识产权司法保护的意见》第 12 条。

❷ 《最高人民法院关于审理著作权民事纠纷案件适用法律若干问题的解释》（2020 修正）第 25 条第 2 款。

❸ 《最高人民法院关于依法加大知识产权侵权行为惩治力度的意见》第 11 条。

❹ 《最高人民法院关于审理著作权民事纠纷案件适用法律若干问题的解释》（2020 修正）第 26 条第 1 款。

❺ 《最高人民法院关于加强著作权和与著作权有关的权利保护的意见》第 7 条。

❻ 《最高人民法院关于依法加大知识产权侵权行为惩治力度的意见》第 12 条。

❼ 《最高人民法院关于依法加大知识产权侵权行为惩治力度的意见》第 13 条。

权人提供与侵权行为相关的账簿、资料等；侵权人不提供，或者提供虚假的账簿、资料等的，人民法院可以参考权利人的主张和提供的证据确定赔偿数额。❶

在著作权侵权案件审理时，人民法院应权利人请求，对侵权复制品，除特殊情况外，责令销毁；对主要用于制造侵权复制品的材料、工具、设备等，责令销毁，且不予补偿；或者在特殊情况下，责令禁止前述材料、工具、设备等进入商业渠道，且不予补偿。❷ 对于假冒、盗版商品及主要用于生产或者制造假冒、盗版商品的材料和工具，权利人在民事诉讼中举证证明存在上述物品并请求迅速销毁的，除特殊情况外，人民法院应予支持。在特殊情况下，人民法院可以责令在商业渠道之外处置主要用于生产或者制造假冒、盗版商品的材料和工具，尽可能减少进一步侵权的风险；侵权人请求补偿的，人民法院不予支持。❸

5. 合法来源抗辩

我国《著作权法》第 59 条规定："复制品的出版者、制作者不能证明其出版、制作有合法授权的，复制品的发行者或者视听作品、计算机软件、录音录像制品的复制品的出租者不能证明其发行、出租的复制品有合法来源的，应当承担法律责任。""在诉讼程序中，被诉侵权人主张其不承担侵权责任的，应当提供证据证明已经取得权利人的许可，或者具有本法规定的不经权利人许可而可以使用的情形。"该规定有效地平衡了信赖利益保护与著作权人利益，保障善意第三人的交易安全。

《最高人民法院关于审理著作权民事纠纷案件适用法律若干问题的解释》（2020 修正）第 19 条规定："出版者、制作者应当对其出版、制作有合法授权承担举证责任，发行者、出租者应当对其发行或者出租的复制品有合法来源承担举证责任。举证不能的，依据著作权法第四十七条、第四十八条的相应规定承担法律责任。"第 20 条规定："出版物侵害他人著作权的，出版者应当根据其过错、侵权程度及损害后果等承担赔偿损失的责任。出版者对其出版行为的授权、稿件来源和署名、所编辑出版物的内容

---

❶ 《著作权法》第 54 条第 4 款。
❷ 《著作权法》第 54 条第 5 款。
❸ 《最高人民法院关于依法加大知识产权侵权行为惩治力度的意见》第 6 条。

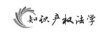

等未尽到合理注意义务的，依据著作权法第四十九条的规定，承担赔偿损失的责任。出版者应对其已尽合理注意义务承担举证责任。"

三、其　　他

1. 诉讼时效问题

侵害著作权的诉讼时效为 3 年，自著作权人知道或者应当知道权利受到损害以及义务人之日起计算。权利人超过 3 年起诉的，如果侵权行为在起诉时仍在持续，在该著作权保护期内，人民法院应当判决被告停止侵权行为；侵权损害赔偿数额应当自权利人向人民法院起诉之日起向前推算 3 年计算。❶

2. 保全措施

对于侵害或者即将侵害涉及核心技术、知名品牌、热播节目等知识产权以及在展会上侵害或者即将侵害知识产权等将会造成难以弥补的损害的行为，权利人申请行为保全的，人民法院应当依法及时审查并作出裁定。权利人在知识产权侵权诉讼中既申请停止侵权的先行判决，又申请行为保全的，人民法院应当依法一并及时审查。权利人有初步证据证明存在侵害知识产权行为且证据可能灭失或者以后难以取得的情形，申请证据保全的，人民法院应当依法及时审查并作出裁定。涉及较强专业技术问题的证据保全，可以由技术调查官参与。对于已经被采取保全措施的被诉侵权产品或者其他证据，被诉侵权人擅自毁损、转移等，致使侵权事实无法查明的，人民法院可以推定权利人就该证据所涉证明事项的主张成立。属于法律规定的妨害诉讼情形的，依法采取强制措施。

第三节　行政责任承担

虽然著作权是民事权利，但是侵犯著作权的同时可能会损害其他利

---

❶ 《最高人民法院关于审理著作权民事纠纷案件适用法律若干问题的解释》（2020 修正）第 27 条。

益，例如，国家行政管理秩序、国家利益、社会公共秩序、社会公共利益等，因此需要从行政责任入手对之予以规制。❶根据《著作权法》第 53 条规定，当著作权"侵权行为同时损害公共利益的，由主管著作权的部门责令停止侵权行为，予以警告，没收违法所得，没收、无害化销毁处理侵权复制品以及主要用于制作侵权复制品的材料、工具、设备等，违法经营额五万元以上的，可以并处违法经营额一倍以上五倍以下的罚款；没有违法经营额、违法经营额难以计算或者不足五万元的，可以并处二十五万元以下的罚款"。行政责任负担的前提条件是"同时损害公共利益"，包括与著作权相关的公共利益，主要包括社会文化发展利益、消费者权益和公平竞争的市场秩序等。❷

第四节　刑事责任承担

1. 侵犯著作权罪

根据我国《刑法》第 217 条规定，以营利为目的，有下列侵犯著作权或者与著作权有关的权利的情形之一，违法所得数额较大或者有其他严重情节的，处 3 年以下有期徒刑，并处或者单处罚金；违法所得数额巨大或者有其他特别严重情节的，处 3 年以上 10 年以下有期徒刑，并处罚金：（1）未经著作权人许可，复制发行、通过信息网络向公众传播其文字作品、音乐、美术、视听作品、计算机软件及法律、行政法规规定的其他作品的；（2）出版他人享有专有出版权的图书的；（3）未经录音录像制作者许可，复制发行、通过信息网络向公众传播其制作的录音录像的；（4）未经表演者许可，复制发行录有其表演的录音录像制品，或者通过信息网络向公众传播其表演的；（5）制作、出售假冒他人署名的美术作品的；（6）未经著作权人或者与著作权有关的权利人许可，故意避开或者破坏权利人为其作品、录音录像制品等采取的保护著作权或者与著作权有关的权利的技

---

❶ 最高人民法院著作权法培训班. 著作权法讲座 [M]. 北京：法律出版社，1991：151.
❷ 王洪友. 论版权行政执法的公共利益要件：以制度异化为视角 [J]. 中国出版，2020（1）：36-40.

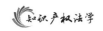

术措施的。在"梁某某、王某某等 15 人侵犯著作权罪案"中法院即认为，自 2018 年起，被告人梁某某先后成立武汉链世界科技有限公司、武汉快译星科技有限公司，指使被告人王某某聘用被告人万某某等人作为技术、运营人员，开发、运营"人人影视字幕组"网站及 Android、iOS、Windows、MacOSX、TV 等客户端；被告人梁某某又聘用被告人谢某某等人组织翻译人员，从境外网站下载未经授权的影视作品，翻译、制作、上传至相关服务器，通过所经营的"人人影视字幕组"网站及相关客户端对用户提供免费在线观看和下载。经鉴定及审计，"人人影视字幕组"网站及相关客户端内共有未授权影视作品 32824 部，会员数量共计 683 万余人。自 2018 年 1 月至案发，上述各渠道非法经营数额总计 1200 余万元。被告人梁某某、王某某等 15 名被告人结伙，以营利为目的，未经著作权人许可，复制发行他人作品，属于有其他特别严重情节，其行为均构成侵犯著作权罪。❶

2. 销售侵权复制品罪

根据我国《刑法》第 218 条的规定，销售侵权复制品罪，即以营利为目的，销售明知是侵犯著作权罪（《刑法》第 217 条）的侵权复制品，违法所得数额巨大或者有其他严重情节的，处五年以下有期徒刑，并处或者单处罚金。例如，霍某某从他人手中购买了大量盗版图书，储存准备销售等，共计被查获陕西人民教育出版社出版的《小学教材全解》丛书 8.1 万册、山东省地图出版社出版的《北斗地图》系列丛书 1.7 万余册，标价共计 270 余万元，经河北省印刷产品质量监督检验站进行鉴定，上述图书均为非法出版物，则构成销售侵权复制品罪。❷

3. 加大刑事打击力度

《最高人民法院关于依法加大知识产权侵权行为惩治力度的意见》第 14—16 条规定要"加大刑事打击力度"："通过网络销售实施侵犯知识产权犯罪的非法经营数额、违法所得数额，应当综合考虑网络销售电子数据、银行账户往来记录、送货单、物流公司电脑系统记录、证人证言、被

❶ 上海市第三中级人民法院（2021）沪 03 刑初 101 号刑事判决书、上海市杨浦区人民法院（2021）沪 0110 刑初 826 号刑事判决书。
❷ 最高人民检察院，2016 年度检察机关保护知识产权十大典型案例之六：河北霍某某销售侵权复制品案。

告人供述等证据认定","对于主要以侵犯知识产权为业、在特定期间假冒抢险救灾、防疫物资等商品的注册商标以及因侵犯知识产权受到行政处罚后再次侵犯知识产权构成犯罪的情形,依法从重处罚,一般不适用缓刑","依法严格追缴违法所得,加强罚金刑的适用,剥夺犯罪分子再次侵犯知识产权的能力和条件"。

第三编

商标法

第九章 商标法基础理论

第一节 商标法的发展历史

一、商标制度演进的基本历程

1. 商业标识的早期起源

最初，人类是将商标用作一种表征财产所有权的标记。在石器时代，人类在牲畜身上烙印、在陶器和砖瓦上刻有标记。❶ 古代贸易兴起后，从事远途贸易的商人们将识别性标记贴于商品包装或外表，作为货物所有权的一种表征，在必要时以此为凭主张所有权。

自原始社会晚期开始，上古中国与埃及、罗马、小亚细亚等地在砖瓦上刻记工匠姓名或者工坊标识，以区分生产来源、监督质量。到了中国东周时期，民间手工业已初具规模，诸侯国为相互竞争而在官营手工业之外争相发展私营手工业，商品经济的繁荣发展促进了异地分工；而西方的古希腊、古罗马时代商品经济的繁荣也促进了异地贸易。异地贸易的买家无法如近地交易般不依赖商品标识即可找到生产源，卖方需用标识与商品对应，才能让买家区分来源、监督质量，并保护商誉。无论是在中国汉代还是西方古罗马时期，商家都会利用商业标识进行商品的广告推销。❷

---

❶ 邵科. 经济史视野下的商标法：中国与欧洲的对比 [J]. 清华法学，2010，4（5）：140.

❷ 邵科. 经济史视野下的商标法：中国与欧洲的对比 [J]. 清华法学，2010，4（5）：140 –
142.

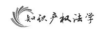

12—13 世纪的西方，在各类商品上使用的商标主要有两类：一是近似古代的财产标记，二是带有中世纪历史色彩的强制性生产标记。兴起于中世纪的行会对内制定章程，对外推行垄断。行会"强制"要求行会成员在其产品上附加标记，以识别商品生产者，便于追踪不符合标准的产品来源。这种强制性标记虽然在客观上起到保护消费者权益的作用，但更重要的功能在于充当行会垄断的工具，使行会可以轻易识别出外埠流入的商品并将之驱除，为行会推行地区贸易壁垒提供了条件。行会强制行会成员使用这种强制标记主要是为了维持产品质量的统一，故而严禁后者在标记中加入个性特征。对于这种代表"生产者"而非"产品"的标记的使用完全是标记所有人的强制性责任，故而它是一种只为行会利益服务的"责任标记"或"管制标记"。❶ 自 14 世纪开始，英国政府立法对金银制品采用除行会标记以外的证明产品满足行会检验标准的"检验标记"。此时的商标，表面上是作为所有权的标记、检验标记以及追究产品责任时的证据，实质上更多是作为政府与行会管制商业发展的工具。❷

2. 现代意义商标法的出现与确立

中世纪对商业标记规制严格的环境，孕育着现代意义上的商标。由于一些行会的产品品质卓越，在市场中建立了良好声誉，消费者自然地就将产品上的标记作为一种辨识的工具，并为重复购买提供了便利。因此，此类标记对于消费者拥有一种预售的能力。于是，法院逐渐认识到，诸如此类的标记是值得保护的，因为它既可以分辨出产品的优良品质，亦可侦测到产品的缺陷瑕疵。此后，法院进一步认识到，标记不仅是一种"责任"，也可成为一类与有体财产相似的"资产"，从而促进了商标性质从"责任"到"资产"的转变。❸

法国于 1803 年和 1809 年先后颁布了两个《备案商标保护法令》，这是世界上最早的成文商标法。❹ 1857 年，法国又颁布了一部更系统的《商标权法》，首次确立了全面注册的商标保护制度。英国于 1862 年颁布成文

---

❶ 余俊. 商标功能辨析 [J]. 知识产权，2009（6）：74 - 78.
❷ 张惠彬. 从工具到财产：商标观念的历史变迁 [J]. 知识产权，2016（3）：62 - 63.
❸ 余俊. 商标功能辨析 [J]. 知识产权，2009（6）：74 - 78.
❹ 张彤. 知识产权与专利制度的历史由来 [J]. 历史教学，1995（9）：50 - 51.

商标法（但不是注册商标法，英国第一部注册商标法颁布于 1875 年），美国于 1870 年、德国于 1874 年先后颁布注册商标法。❶

到了工业革命时期，商标的财产属性已获得广泛认同。随着资本主义大生产的出现，生产效率急速提高，交换规模日趋扩大，市场覆盖广泛而深刻，市场竞争异常激烈，再加上印刷技术等科学技术的昌盛，广告作为一种新的营销手段呼之欲出。广告可以利用各种先进媒体与新兴技术传递信息，让消费群体认识产品性能，从而刺激其进一步购买。伴随着广告的大量使用，商标的来源识别功能得到长足发展，并派生出品质担保功能和广告功能。随着可口可乐等品牌的诞生，社会上出现了第一批在品牌名称下以包装形式销售的商品。这正是现代的"产品"商标。商标也完成了从识别"人"，到识别"物"的转变。❷

二、我国商标制度的发展

1. 清末与民国时期商标制度建构的尝试

中国现存最早的商标实物，是北宋山东济南刘家"功夫针"铺的"白兔"标识。1736 年，苏州府长州县布商黄友龙冒用他人布匹的"牌谱"，地方政府把禁止这种冒用行为的禁令刻在石头上，以昭示公众。❸ 直到晚清以前，我国并无"商标"这一称谓。康有为在 1901—1902 年撰写的《大同书》中，首次使用"商标"一词。依据 1901 年《辛丑条约》，清政府与英国、美国、日本和葡萄牙相继在 1902—1904 年签订《中英续议通商行船条约》《中美通商行船续订条约》《中日通商行船续约》《中葡通商条约》，分别使用"贸易牌号""商标""商牌""货牌"指称英文"trade marks"或"trade - mark（s）"，约定相互保护彼此国家人民的商标。❹

1903 年 7 月，清政府设立中国历史上第一个商务活动管理专门机

❶ 郑成思. 商标与商标保护的历史：商标制度的超源及发展（一）[J]. 中华商标，1997（5）：39.

❷ 余俊. 商标功能辨析 [J]. 知识产权，2009（6）：74 - 78.

❸ 郑成思. 商标与商标保护的历史：商标制度的超源及发展（一）[J]. 中华商标，1997（5）：39.

❹ 余俊. 商标称谓源流考 [J]. 电子知识产权，2010（10）：68 - 72.

构——商部，并筹措在商部内设立商标登记局。1904 年下半年，商部因日美等国压力，不得已拟定《商标注册试办章程》28 条、《商标注册试办章程施行细则》23 条，于 1904 年 8 月 4 日施行。这是中国历史上第一部成文商标法。但筹备中的商标登记局因德、奥、意、比等国对该章程有异议（认为章程过多照顾了英国利益而要求对之修改）以致章程未能实行而未能正式开办，直至清廷覆灭。❶

中华民国成立后，所有商标事宜由工商部接管。1913 年冬，北洋政府将工商部改为农商部，于部中附设商标登录筹备处，该处后因内外多故而被裁撤。1921 年 7 月，北洋政府再次在农商部附设商标登录筹备处，并于当年 10 月添设天津、上海筹备分处。1923 年 1 月，农商部重新修正原先要求成立商标局、颁布《商标法》的草案，函送国务院公决，提交国会，参众两院均未修改而照草案通过，于 1923 年 5 月 4 日公布施行《中华民国商标法》，中国历史上第一个商标局（地点在北京）也于 5 月 16 日依法成立。同年 9 月 15 日，商标局编辑出版了中国历史上第一本《商标公报》。1927 年 12 月，国民政府在南京设立全国注册局，办理商标等注册事项，并在一年后将全国注册局中分管商标注册的业务工作划出，成立隶属工商部的商标局。❷ 1930 年 5 月，国民政府立法院颁布新修订的《商标法》，❸在 1949 年前又多次修订这部法律。由于国民党统治期间中国实际的不统一以及日本侵略，中华民国一直不存在全国统一的商标保护。❹

2. 新中国成立初期商标制度的历程

1950 年 7 月，政务院颁布《商标注册暂行条例》，同年 9 月批准实行《商标注册暂行条例实施细则》，采取自愿注册原则，注册取得有效期为 20

---

❶ 郑成思. 我国商标制度的沿革：商标制度的起源及发展（二）［J］. 中华商标，1997（6）：38－40.

❷ 上海市地方志办公室. 专业志. 上海工商行政管理志：第五篇. 商标管理［A/OL］.（2004－02－12）［2022－01－18］. http://www.shtong.gov.cn/Newsite/node2/node2245/node69674/node69683/index.html.

❸ 肖一爽. 南京国民政府时期商标法制研究：以 1930—1937 年为研究中心［D］. 重庆：西南政法大学，2012：13－14.

❹ 郑成思. 我国商标制度的沿革：商标制度的起源及发展（二）［J］. 中华商标，1997（6）：38－40.

年的商标专用权，实行申请在先和审查原则，废除外国在中国的特权，规定前国民党政府商标局核准注册的商标应重新注册。

1954 年 3 月，中央工商行政管理局颁布《未注册商标暂行管理办法》，实行商标分级注册制，即要求未注册商标都应在当地登记备案，但核准登记备案后又并不享有专用权，若自愿取得专用权可申请商标注册；规定未注册商标登记后不得转让。

1957 年 1 月，国务院发布《国务院转发中央工商行政管理局关于实行商标全面注册的意见的通知》，贯彻商标全面注册制，禁止使用未注册商标的产品在市场上流通，以实现通过商标管理督促企业注意改进产品质量的目标。1963 年 4 月，国务院发布经全国人大常委会批准的《商标管理条例》，中央工商行政管理局发布《商标管理条例实施细则》，实行商标全面注册制，规定未注册商标一律不得使用；明确商标是代表商品质量的标志，强调商标的管理监督职能；规定中央行政管理局对商标注册申请审查的两审终局制。该条例仅规定企业负有注册商标、不使产品质量下降、不得中止使用商标的义务，但并未规定商标注册人可享有任何权利。1966 年后，该条例基本上停止实施，全国商标缺乏统一管理。❶

3. 改革开放以来我国商标制度的发展

党的十一届三中全会之后，我国商品经济日渐活跃，商标注册申请量在 1966 年之前年均只有两三千件，1980 年仅一年内就有 1.6 万多件商标被核准注册。1978 年，国务院决定成立国家工商行政管理总局，下设商标局，并开始对全国商标进行清理整顿。1979 年 1 月，国家经济委员会、国家工商行政管理总局提交了《关于纺织品恢复使用商标问题的报告》，建议在国内销售的商品上恢复使用商标，并依法注册。1979 年《刑法》第 127 条规定了假冒注册商标罪，自 1963 年以来首次对维护注册商标所有人的权益作出规定。❷

1982 年 8 月，全国人大常委会公布《中华人民共和国商标法》，于

---

❶ 郑成思. 我国商标制度的沿革：商标制度的起源及发展（二）[J]. 中华商标，1997 (6)：38 - 40.

❷ 郑成思. 我国商标制度的沿革：商标制度的起源及发展（二）[J]. 中华商标，1997 (6)：38 - 40.

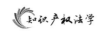

1983 年 3 月施行。这部我国现行《商标法》，是中华人民共和国成立后颁布的第一部知识产权法律。国务院于 1983 年 3 月公布《中华人民共和国商标法实施细则》。1982 年《商标法》确立了对商标专用权的保护，实行自愿注册与强制注册相结合、申请在先与使用在先相结合的商标权取得制度，确立行政处理与司法审判相结合的商标权保护制度，吸收了商标权转让和使用许可制等外国商标制度，规定了注册商标的有效期和续展、商标使用管理制度。该法规定的商标集中注册、分级管理制度，以及通过加强商标管理监督商品质量规定，具有中国特色。❶

自 20 世纪 80 年代以来，我国相继加入《建立世界知识产权组织公约》和《保护工业产权巴黎公约》，1988 年 11 月正式采用《商标注册用商品和服务国际分类》及《商标图形要素国际分类》，1989 年和 1995 年先后加入《商标国际注册马德里协定》及其议定书。为适应我国参加的国际条约的要求，加大对商标专用权的保护，1988 年 1 月国务院批准修订、国家工商行政管理总局发布新的《商标法实施细则》。

1982 年《商标法》分别于 1993 年、2001 年、2013 年和 2019 年经过四次修改。1993 年《商标法》修改的主要内容为：（1）禁止将属于公有领域的地名作为商标使用，但地名具有其他含义的除外，已经注册的使用地名的商标继续有效。（2）将商标的保护范围从商品商标扩大到服务商标，允许申请注册服务商标。（3）增加商标注册审查的补正程序，对于将禁止作为商标使用的标志即非法性标志注册为商标、以欺骗或其他不正当手段取得商标注册这两种行为，规定为商标注册的绝对障碍。（4）增加商标侵权行为的类型，加大对商标侵权行为的惩治力度。将"销售明知是假冒注册商标的商品""伪造、擅自制造他人注册商标标识或者销售伪造、擅自制造的注册商标标识"规定为商标侵权，并且将这两种行为纳入侵犯商标权罪的范围。（5）为避免消费者误认商品来源，新增商标许可管理规定，对被许可人施加了在使用注册商标的商品上标明被许可人的名称和商品产地的强制性义务。本次修法在一定程度提高了我国的商标权保护水平，但与国际公约标准相比还存在很大的差距。

---

❶ 韩赤风，王莲峰. 知识产权法［M］. 北京：清华大学出版社，2005：107－108.

2001 年《商标法》修改的主要内容有：（1）将商标的构成要素从"文字、图形或者其组合"扩大到"三维标志和颜色组合"以及各要素组合的可视性标志，商标类型在原有的平面商标之外增加了立体商标和颜色组合商标。（2）吸收 1993 年修订《商标法实施细则》的规定，增加了对集体商标、证明商标和地理商标的界定和保护。（3）将商标注册申请人从"企业、事业单位和个体工商业者"扩张到"自然人、法人或者其他组织"，改变了原来限制国内自然人却允许外国自然人申请注册的超国民待遇规定。（4）淡化商标法质量管理的色彩，删除原来的各级商标执法机关"监督商品质量"规定。（5）扩大非法性标志的范围，吸收《巴黎公约》的规定，禁止将"与表明实施控制、予以保证的官方标志、检验印记相同或者近似的"标志作为商标使用或注册，对于这种行为规定为商标注册的绝对障碍。（6）扩大商标注册绝对障碍的范围，对于将未经使用获得显著特征即"第二含义"的通用名称标志及描述性标志等缺乏显著特征的标志注册为商标、将"仅由商品自身的性质产生的形状、为获得技术效果而需有的商品形状或者使商品具有实质性价值的形状"此类功能性标志注册为商标这两种行为，规定为商标注册的绝对障碍。（7）增加驰名商标保护制度，明确规定了驰名商标的认定标准。（8）针对原商标法过度推崇商标注册效力、忽视实际使用的未注册商标利益所导致的"符号圈地"乱象，❶吸收扩张 1993 年修订《商标法实施细则》的规定，对于将损害他人在先权利的标志注册为商标、抢注他人在先使用的未注册驰名商标、代理人或代表人抢注被代理人或被代表人的商标、抢注他人在先使用的有一定影响商标这四种行为，规定为商标注册的相对障碍。（9）与《巴黎公约》相衔接，增加了商标注册申请优先权制度。（10）与《与贸易有关的知识产权协议》相衔接，取消了商标评审委员会对商标注册申请的终局决定，增加了对其决定的司法审查。（11）增加商标侵权行为的类型，将"销售侵犯注册商标专用权的商品""未经商标注册人同意，更换其注册商标并将该更换商标的商品又投入市场"（反向假冒）规定为商标侵权。明确无过错销售商标侵权商品的侵权人不承担赔偿责任。（12）将商标执法机关对商

---

❶ 李琛. 中国商标法制四十年观念史述略［J］. 知识产权，2018（9）：57 - 65.

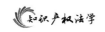

标侵权行为的执法职权从"责令停止侵权行为、罚款"扩大到"责令立即停止侵权行为，没收、销毁侵权商品和专门用于制造侵权商品、伪造注册商标标识的工具，并可处以罚款"，并且明确规定商标执法机关查处商标侵权的职权范围。（13）不仅明确了商标侵权赔偿数额的计算方法，而且根据《与贸易有关的知识产权协议》的要求，规定侵权人应赔偿受害人为制止侵权行为所支付的包括律师费用、调查取证费用在内的合理开支（作为受害人因侵权所遭受实际损失的一部分）。（14）增加诉前行为保全即诉前禁令与财产保全制度。本次修法使得我国商标法律制度达到了国际公约的要求，成为我国商标法律发展史上的重要里程碑。

2013 年《商标法》修改的主要内容有：（1）将商标的构成要素从"文字、图形、字母、数字、三维标志、颜色组合"扩大到"声音等"以及各要素组合的标志，商标类型在平面商标、立体商标、颜色组合商标之外增加了声音商标。（2）淡化商标法质量管理的色彩，删除原来的各级商标执法机关对"使用注册商标，其商品粗制滥造，以次充好，欺骗消费者的"行为的行政处罚规定。（3）改变"商标注册是行政授权"的理念，将商标局在面临商标注册障碍时的"裁定撤销注册商标"修改为"决定宣告注册商标无效"。（4）针对恶意注册商标以及非诚信商标使用现象，明确规定"申请注册商标和使用商标，应当遵循诚实信用原则"。此外，将申请人因与在先使用未注册商标所有人具有特殊关系而明知该商标存在却申请注册近似商标的行为，规定为商标注册的相对障碍。（5）针对"驰名商标异化"现象，❶ 明确规定了驰名商标"个案认定、被动保护"原则。（6）新增商标代理机构管理规定，规范商标代理活动。（7）新增一系列便利商标注册申请程序的举措：一是规定商标审查及复审法定时限，避免申请人的商标权益长期处于不确定状态；二是将"一标一类"商标注册制度修改为"一标多类"商标注册制度，允许申请人通过一份申请就多个类别的商标申请注册同一商标，降低申请人的申请成本；三是商标续展的办理期从期满前 6 个月延长到期满前 12 个月。（8）完善商标注册异议制度：一是简化商标注册异议程序，删除了商标局对商标异议进行审查作出裁定

---

❶ 李琛. 中国商标法制四十年观念史述略［J］. 知识产权，2018（9）：57 – 65.

的环节，规定商标局对异议进行审查后直接作出准予或者不予注册的决定，不服准予注册决定的异议人可以请求宣告注册商标无效，不服不予注册决定的被异议人可以申请复审；二是将商标注册相对障碍的异议人范围限定为在先权利人、利害关系人，缓解恶意提出异议对正常商标注册申请的妨碍。（9）新增商标转让管理规定，要求转让人在转让注册商标时一并转让其在相同或类似商品上注册的相同或近似商标，以避免消费者误认商品来源。此外，为避免消费者混淆或者侵害社会公共利益，禁止容易导致混淆或者有其他不良影响的商标转让。（10）强化对商标权的保护，首次在我国知识产权法律中引入惩罚性赔偿制度，并且将法定赔偿数额上限从50万元提高到300万元。此外，规定了侵权赔偿数额举证妨碍制度。（11）吸收2002年《商标法实施条例》的规定，明确属于公有领域的通用名称标志、描述性标志和地名等商标标识的正当使用规则。此外，还规定立体商标中功能性标志的正当使用规则。（12）调整原商标法过度推崇商标注册效力、忽视商标使用乃商标权真正基础的商标价值观，新增商标先用权制度、权利人未实际使用注册商标侵权赔偿责任抗辩制度。

2019年《商标法》修改的主要内容有：（1）为使商标申请注册回归以使用为目的的制度本源，弥补严格实行注册原则可能造成不公平后果的不足，遏制圈占囤积商标、恶意注册商标现象，本次修法兼容吸收使用原则，强化申请注册商标的使用要求，将"不以使用为目的的恶意商标注册申请"规定为商标注册的绝对障碍。（2）完善商标代理机构管理规定。一是禁止商标代理机构在明知或应知委托人申请注册的商标属于不以使用为目的恶意申请注册的商标的情形接受后者委托；二是对于商标代理机构对代理服务以外其他商品或服务申请注册商标的行为，规定为商标注册的绝对障碍；三是对商标代理机构不以使用为目的的恶意申请商标注册的行为课以行政处罚责任乃至刑事责任；四是对商标代理机构恶意申请商标注册的行为课以行政处罚责任，并对恶意提起商标诉讼的商标代理机构课以司法处罚责任。（3）继续强化对商标权的保护。一是将惩罚性赔偿数额从实际损失、侵权所得、许可使用费合理倍数的"一倍以上三倍以下"提高为"一倍以上五倍以下"，并且将法定赔偿数额上限从300万元提高到500万元；二是规定法院可应权利人请求责令销毁假冒注册商标的商品、责令销

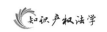

毁主要用于制造假冒注册商标的商品的材料或工具且不予补偿、责令禁止前述材料或工具进入商业渠道且不予补偿，保障权利人基于注册商标专用权所享有的停止侵权、消除危险这类绝对性请求权与预防性请求权的落实，强化对权利人的民事救济；三是禁止假冒注册商标在仅去除假冒注册商标后进入商业渠道，在强化对权利人救济的同时提高对假冒注册商标侵权行为的威慑力度。

第二节　商标法的功能与属性

1. 商标法的功能

商标法的功能与商标法的立法宗旨密切相关，商标法的立法宗旨有三：一是保护消费者免于混淆，二是保护商标中的财产权，三是维护正当竞争秩序。这些功能的实现，离不开商标法保护对象——商标的基本功能之发挥。

商标作为商业标识，最基本的作用就是识别商品或服务的来源，商标法通过禁止他人混淆性使用同一商标的方式，能够保护消费者免于混淆不同商品或服务提供者，或者误认为不同商品或服务提供者之间存在某种关联，从而免遭混淆性使用同一商标的不正当经营者的欺诈。从正面来看，商标法的保护维护了消费者的知情权，确保了消费者购买何种商品或服务的选择或决定这种无形预期的实现。

能够正常发挥来源识别功能的商标，会让消费者产生一种商标所贴附之商品或服务与特定市场经营者之间存在联系的印象，从而向消费者表明市场商业活动中前述商品或服务的提供者。如此一来，想要购买特定市场经营者所提供之商品或服务的消费者，可以通过该市场经营者在商业活动中使用的商标找到相应商品或服务，这能降低消费者对商品或服务的搜寻成本。

由于商标的来源识别功能，消费者对特定市场经营者所提供之商品或服务的评价，也反映为消费者对该市场经营者所使用之商标的评价，这会激励理性的市场经营者尽力维持甚至不断改进其所提供之商品或服务的质量和性价比，稳固乃至提高消费者对相应商品或服务、特定市场经营者的评价，在消费者处建立市场经营者的良好形象即商业声誉。从而，商标也具有了品质指示或质量保证功能。

市场经营者通过维持甚至改进商品或服务的质量和性价比所获得并建立的消费者评价与良好形象，在市场众多提供相同或近似商品或服务的竞争对手之间，通过识别该市场经营者的商标才能有效彰显，商标不仅承载了该市场经营者在市场中的商业声誉，而且起到了凭借市场经营者所建立的商业声誉向潜在消费者保证商品或服务质量和性价比，去推广和宣传商品或服务的作用。从而，商标具有广告功能。

商业声誉即商誉是一种帮助商业经营者在市场商业活动中获得竞争优势的无形财产，商标则是商誉的载体，商标法通过禁止他人混淆性使用同一商标的方式保护商标权，不仅保护了商业经营者维持乃至改进商品或服务的质量和性价比所付出的劳动，而且保护了商标中的商誉这种无形财产免受他人"搭便车"行为的侵占盗用。具体而言，商标法禁止他人混淆性使用商标，能够防止他人利用或攀附商标的商誉获得那些信赖商标所标识特定来源之消费者在发生混淆或误认状态下的光顾消费，从而以不正当手段攫取竞争优势，破坏由商标所贴附商品或服务、其他竞争性商品或服务所构成的相关市场内的公平竞争秩序。商标法保护的商标权人的利益，本质上属于一种公平竞争的预期利益，而商标侵权在广义上属于一种不正当竞争的商事侵权行为。

2. 商标权的性质

商标权是一种法定的专有财产权。商标权人依法可以禁止他人混淆性使用同一商标，这是一种专有的排他性权利，从而让商标权人在由商标所贴附商品或服务、其他竞争性商品或服务所组成的相关市场内获得竞争优势。如同其他类型知识产权一样，商标权仅仅是禁止他人未经许可利用的"禁止权"，这是一种消极性权利而非积极性的"自用权"。❶ 当然，商标权在排他程度方面远不如专利权与著作权：专利权的控制范围包括专利权客体（技术方案）载体的制造、销售、许诺销售、进口，对有形的（专利）产品和无形的创意（技术方案）都予以保护；著作权的控制范围包括

---

❶ 王迁. 知识产权法教程：第6版 [M]. 北京：中国人民大学出版社，2019：9；苟大凯，白秦川，胡继荣. ICSID判例下商标权的权利属性及评价 [J]. 国际经济合作，2017（1）：62 – 64.

著作权客体（作品）的复制、发行和出租、传播、演绎，对思想以外的独创性表达予以保护；商标权的控制范围则仅限于商标权客体（商标）的混淆性使用，对具有显著特征的商标在由商标所贴附商品或服务、其他竞争性商品或服务所组成的相关市场内予以保护。

商标权属于经济权项下的一种典型的商事竞争权或正当竞争权，商标侵权是一般过错侵权及其衍生的一般不正当竞争侵权项下的特殊不正当竞争类型。《最高人民法院关于适用〈中华人民共和国反不正当竞争法〉若干问题的解释》（法释〔2022〕9号）第1条规定，"经营者扰乱市场竞争秩序，损害其他经营者或者消费者合法权益，且属于违反反不正当竞争法第二章及专利法、商标法、著作权法等规定之外情形的，人民法院可以适用反不正当竞争法第二条予以认定"。这表明，侵害注册商标专用权和侵害驰名商标权、侵害专利权、侵害著作权，以及《反不正当竞争法》第2章规定的侵害知名商标权及侵害知名标识权、侵害商业秘密权、商业贿赂侵害商事竞争权、虚假宣传侵害商事竞争权、不正当有奖销售侵害商事竞争权、商业诋毁侵害商誉权、妨害网络产品或服务运行侵害商事竞争权，都属于《反不正当竞争法》第2条所规定的一般不正当竞争侵权项下的特殊不正当竞争侵权行为。在专门立法出现之前，这些侵权行为都属于一般过错侵权行为，而没有专门、独立的名称，更不存在"商标权"及"字号权""专利权""著作权""商业秘密权"等拥有专门名称的权利类型。随着市场经济的发展演进，市场竞争活动日益丰富多样，商业经营模式不断推陈出新，这些侵权行为因事实构成特征稳定、被法院反复适用和认可，而成为法院创造性适用侵权责任之诉认定为特殊不正当竞争侵权类型，继而为法律事后规定予以确认。如此一来，一般过错侵权责任规则及其衍生的一般不正当竞争侵权规则将知识利益、商事竞争利益或正当竞争利益"冶炼、锻造、孵化"为"成熟、稳定"的知识产权、商事竞争权或正当竞争权。❶

---

❶ 张民安. 知识产权：一般过错侵权责任的杰作［EB/OL］.（2019-05-29）［2022-04-11］. https：//mp. weixin. qq. com/s/p0UCBUeWGAWDMPOm9dcXAA；张民安. 一般过错侵权责任如何成就了反不正当竞争法（上）［EB/OL］.（2019-06-20）［2022-04-11］. https：//mp. weixin. qq. com/s/S3j62q8ZXS7NLKymKkmfoQ；张民安. 一般过错侵权责任如何成就了反不正当竞争法（下）［EB/OL］.（2019-06-21）［2022-04-11］. https：//mp. weixin. qq. com/s/GFIL-Rz3RC8rOTDCMw5IKCg.

商标权是一种竞争政策工具，商标法是一般竞争法下的特别竞争法。从公共政策的角度看，通过禁止侵占盗用他人商誉的混淆性商标使用行为，不仅能防止消费者混淆或误认，还能保护商标权人的正当竞争利益、维护公平竞争秩序。商标法的发展受到国家经济基础、现实国情和竞争政策的影响，商标权保护标准自然也受到国家经济形势、发展政策目标的影响。❶

第三节　商标的类型

1. 可视性商标和非可视性商标

从商标标志构成要素的角度，可将商标分为可视性商标（亦称视觉商标）与非可视性商标（亦称非视觉商标）两大类。

可视性商标是由视觉可以感知的文字、图形、形状、颜色等视觉要素以及上述要素的组合所构成的标志，包括文字商标、图形商标、三维（形状/立体）商标、颜色商标。2001 年《商标法》第 8 条规定："任何能够将自然人、法人或者其他组织的商品与他人的商品区别开的可视性标志，包括文字、图形、字母、数字、三维标志和颜色组合，以及上述要素的组合，均可以作为商标申请注册。"

非可视性商标是由视觉不可以感知的听觉要素、嗅觉要素、味觉要素和触觉要素所构成的标志，包括听觉商标、嗅觉商标、味觉商标、触觉商标。2013 年《商标法》第 8 条规定："任何能够将自然人、法人或者其他组织的商品与他人的商品区别开的标志，包括文字、图形、字母、数字、三维标志、颜色组合和声音等，以及上述要素的组合，均可以作为商标申请注册。"这将商标标志从"可视性标志"扩展到了所有具有识别商品来源功能的"标志"。

---

❶ 罗晓霞. 商标权的双重属性及其对商标法律制度变迁的影响 [J]. 知识产权，2012（5）：30 – 35.

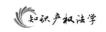

2. 注册商标和未注册商标

从商标是否获得注册为准，可将商标分为注册商标和未注册商标。在实行商标权注册取得制度的国家，商标法以效率为目的鼓励商标注册，因而以保护注册商标为主要任务，仅在特定条件下保护未注册商标。我国《商标法》赋予商标注册人相应的商标专用权，禁止他人混淆性使用注册商标。我国法律赋予以下未注册商标使用人相应的商标专用权：（1）在未注册商标经使用为相关公众所熟知即驰名的情形，《商标法》第 13 条第 2 款禁止他人混淆性使用未注册驰名商标；（2）在未注册商标属于商品名称、包装、装潢且经使用有一定影响的情形，《反不正当竞争法》第 6 条第 1 款禁止他人混淆性使用有一定影响的商品名称、包装、装潢。

3. 商品商标和服务商标

从商标识别对象的角度，可将商标分为商品商标和服务商标。前者是商品提供者所使用的商标，用于识别商品提供者；后者是服务提供者所使用的商标，用于识别服务提供者。对于注册商标而言，商标注册申请人应当按商品和服务分类表填报使用商品的商品或服务的类别，指定使用在商品上的商标为商品商标，指定使用在服务上的商标为服务商标。我国于 1988 年实行商标注册用商品和服务国际分类，并于 1994 年加入《商标注册用商品和服务国际分类尼斯协定》（尼斯分类）。现行尼斯分类将商品和服务分成 45 个大类，其中商品为第 1—34 类，服务为第 35—45 类。商标注册部门将尼斯分类的商品和服务项目划分为类似群，并结合实际情况增加我国常用产品和服务项目名称，制定《类似商品和服务区分表》。尼斯分类每年修订一次，《类似商品和服务区分表》随之调整。商标注册申请人应当依照提交申请时施行的尼斯分类和《类似商品和服务区分表》进行申报。

4. 普通注册商标和集体商标、证明商标

从商标注册人身份及商标作用的角度，可将注册商标分为普通注册商标和集体商标、证明商标。普通注册商标，是指普通经营者可以自行注册的商标，其作用在于识别商品或服务的提供者。集体商标，是指以团体、协会或者其他组织名义注册，供该组织成员在商事活动中使用，以表明使

用者在该组织中的成员资格的商标。证明商标，是指由对某种商品或者服务具有监督能力的组织所控制，而由该组织以外的单位或者个人使用于其商品或者服务，用以证明该商品或者服务的原产地、原料、制造方法、质量或者其他特定品质的标志。

　　集体商标、证明商标与普通注册商标都具有来源识别功能、商誉承载功能和品质指示功能，但在这些功能的表现或实现形式存在差异：（1）集体商标将作为商品或服务提供者的集体成员与该集体之外的其他商品或服务提供者相区分，证明商标将符合使用条件的商品或服务提供者与其他商品或服务提供者相区分；（2）集体商标、证明商标都承载着其使用者共同积累的商誉；（3）集体商标、证明商标通过在注册时所公示的商标使用条件以及保障使用者遵守这些条件的监督机制来实现品质指示功能。

第十章　商标权的取得

第一节　商标权的取得制度

1. 商标权取得的两种制度

商标权原始取得有两种方式：商标注册和商标使用。赋予在先商标注册人商标法上的注册商标专有权，是多数国家或地区的通行立法例。截至2017年5月，实行"在先商标注册人获得注册商标专有权"制度的国家或地区有101个；截至2021年12月，实行该制度的国家或地区有124个。典型的国家或地区，包括中国、法国、德国、意大利、英国、俄罗斯、巴西、日本和中国台湾等；新增的国家或地区包括爱尔兰、希腊、摩纳哥、挪威、斯洛伐克、斯洛文尼亚、菲律宾、墨西哥、海地、巴拿马、多米尼加共和国、牙买加、埃塞俄比亚、尼日利亚、赞比亚、冈比亚、布隆迪、吉布提、卢旺达、马拉维、塞舌尔、毛里求斯、巴基斯坦、缅甸、萨摩亚等。❶ 另外，有些国家或地区则赋予在先商标使用人其他法律上的使用商标专有权，并规定在先商标使用人有权注册该商标以获得商标法上的注册商标专有权。截至2017年5月，实行"在先商标使用人有权注册该商标以获得注册商标专有权"制度的国家或地区有74个；截至2021年12月，实行该制度的国家或地区有45个。典型的国家或地区，包括美国、加拿大、

---

❶ Fennessy E. Trademarks Throughout the World ［Z］. 5th Ed. Westlaw, 2017：Appendix B1；Tobin D A. Trademarks Throughout the World ［Z］. 5th Ed. Westlaw, 2021：Appendix B1.

澳大利亚、新西兰、南非、印度、新加坡和中国香港等；新增的国家或地区包括丹麦、冰岛、黎巴嫩等。❶

在商标权取得方式方面，各国法律有采用注册取得制度或者使用取得制度的偏向，但都日益趋向折中的混合模式。❷（1）各国法律有从商标权使用取得模式转向或者靠拢商标权注册取得模式的趋势。制定第一部现代意义商标法的法国起初采取的是商标权使用取得模式，但随着 1964 年《法国商标法》的颁布转向了纯粹的商标权注册取得模式。美国在实行"在先使用取得普通法上的商标权"制度的同时，《兰哈姆法》赋予联邦注册商标"首先使用"的"推定使用"地位，对联邦注册商标提供全国范围的保护。❸（2）即便是采用商标权注册取得制度的国家，也会赋予符合条件的在先使用商标其他法律上的商标专有权。1905 年《英国商标法》明确规定商标权经注册取得，但商标使用人无论注册与否均可基于普通法的假冒诉讼对使用商标进行保护。起初采取商标权单一注册取得原则的德国，如今也承认经使用取得的事实商标权，对未注册驰名商标、在商业中使用且被公众认可为商标的标记也给予等同于注册商标的保护。❹《德国商标法》第 7 条仅规定了注册或提出注册申请的商标所有人的商标权权能（权利能力、法定资格），该条款对在商业中使用且被公众认可为商标（获得"第二含义"）的标记的同等适用，也表明未注册商标的持有人享有事实上

---

❶　Fennessy E. Trademarks Throughout the World［Z］. 5th Ed. Westlaw, 2017：Appendix B2；Tobin D A. Trademarks Throughout the World［Z］. 5th Ed. Westlaw, 2021：Appendix B2.

❷　彭学龙. 论商标权的原始取得［J］. 中南财经政法大学学报, 2007（4）：133 – 136.

❸　"大多数民法法系国家遵循商标的所有权及优先顺位（priority）归属于首先提出注册申请商标或取得商标注册的当事人的规则。而在美国，优先顺位规制是商标的所有权及优先顺位归属于首先使用商标的当事人。唯一的例外是从 1989 年起，商标在先使用顺位（priority of use）可通过提出联邦商标注册申请而获得，即基于商标注册授予当事人首先使用商标的'推定使用'日期。但是，其他当事人的在先实际使用往往可以推翻这种'推定使用'的优先顺位。"McCarthy J T. McCarthy on Trademarks and Unfair Competition［Z］. 5th Ed. Westlaw, 2022：16. 1. 50.

❹　Fezer K H. Markenrecht［Z］. 4 Auflage. C. H. Beck, 2009：§ 4 Rn. 21. "一个标志可作为注册商标享有正式的商标保护，也可作为使用商标享有事实性的商标保护，如同驰名商标一样，早在商标注册前商标注册申请人就享有特定的权利"；尽管"商标法并不调整通过使用或驰名而获得的商标的所有权关系。对商标法有关商标保护之形成的统一体系的批评是，事实性商标保护或者包装潢保护（Ausstattungschutz）的权利没有受到一致的规范，反而在商标保护的形成、内容和消亡方面存在分歧。德国商标法和他国商标法制度相比显得尤其晦涩难懂，因包装潢保护是德国所特有的。"Vgl. auch Fezer K H. Markenrecht［Z］. 4 Auflage. C. H. Beck, 2009：§ 4 Rn. 1, 4 – 5.

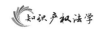

的商标权。❶

2. 我国的商标权取得制度

就商标权的原始取得方式而言，我国法律实行商标注册为主、商标使用为辅的混合模式。❷虽然我国《商标法》仅对商标注册人赋予注册商标专用权，但《商标法》第 13 条第 2 款对混淆性使用他人未注册驰名商标的禁止、《反不正当竞争法》第 6 条第 1 款对混淆性使用他人有一定影响的商品名称、包装、装潢的禁止，同样说明中国法律对事实上的商标权的承认。理由在于：（1）"商标权"这种具有排他性或专有性的财产权的本质特征，是对不特定多数人使用商标行为的禁止。《商标法》创设了仅针对注册商标的"商标专用权"一词，并不意味着我国法律对注册商标专用权以外的商标权的排斥。（2）《商标法》对未注册驰名商标、在先使用有一定影响的商标没有明确"商标权"指称的表象，不能否定该法第 13 条第 2 款"禁止（混淆性）使用"未注册驰名商标实际上赋予了未注册驰名商标所有人相应的排他权即专有权的本质。（3）《商标法》第 32 条将"不得以不正当手段抢先注册他人已经使用并有一定影响的商标"和"不得损害他人现有的在先权利"并列规定为申请商标注册的禁止事项，表明该法在商标注册程序中赋予经使用有一定影响商标等同于在先权利的地位。

另外，《反不正当竞争法》第 6 条第 1 款禁止他人混淆性使用有一定影响的商品名称、包装、装潢，授予经使用有一定影响的属于商品名称、包装、装潢的未注册商标（未注册知名商标）相应的排他权即专有权。《最高人民法院关于适用〈中华人民共和国反不正当竞争法〉若干问题的解释》（法释〔2022〕9 号）更是将有一定影响的属于商品名称、包装、装潢的未注册商标置于等同于注册商标的地位：（1）在《反不正当竞争法》第 6 条规定标识的界定标准方面，司法解释将"具有一定的市场知名度并具有区别商品来源的显著特征的标识"作为《反不正当竞争法》第 6 条"有一定影响"标识的界定标准，这与《商标法》将识别商品来源作为注册商标的界定标准的做法相似。（2）在上述标识"使用"的认定方面，

---

❶ Fezer K H. Markenrecht ［Z］. 4 Auflage. C. H. Beck，2009：§ 4 Rn. 152.

❷ 彭学龙. 寻求注册与使用在商标确权中的合理平衡［J］. 法学研究，2010，32（3）：149 - 162.

司法解释采用《商标法》关于"商标使用"的定义作为上述标识"使用"的认定标准。（3）在上述标识的确权条件方面，司法解释采用类似于《商标法》将非法性标志、功能性标志、非显著性标志作为商标不予注册的绝对理由（商标注册的绝对障碍）从而拒绝赋予注册商标专用权的做法，拒绝对非法性标识、功能性标识、非显著性标识提供《反不正当竞争法》第6条的保护（禁止他人混淆性使用），从而拒绝赋予这三类标识所有人相应的排他权或专有权。此外，司法解释还直接适用《商标法》关于非法性标志的规定来认定上述标识是否属于非法性标志。（4）在侵权认定方面，《反不正当竞争法》与《商标法》都采用是否造成"混淆"作为构成不正当竞争行为商事侵权与商标侵权与否的判定标准。

退一步讲，即便将商品名称、包装、装潢视为不同于商标的商业标识，由于二者在标识构成要素上都是由文字、图形、三维形状、颜色组合等组成，《反不正当竞争法》已经赋予有一定影响的商品名称、包装、装潢的所有人禁止他人混淆性使用的排他权即专有权，自然也应赋予有一定影响的未注册商标禁止他人混淆性使用的排他权即专有权。

有观点认为，有一定影响的商品名称、包装、装潢等商业标识权益并非绝对权利，而是基于反不正当竞争法这种行为法产生的反射性的法律保护的权益。这些标识只有在经营者的商事经营过程中使用并获得知名度，才能表征该法益的存在。❶ 但值得思考的是：对于经使用有一定影响即知名的商业标识而言，《反不正当竞争法》第6条赋予其所有人的禁止他人混淆性使用的排他权，难道就不能够自由地独占许可、转让、被继承吗？显然，商业标识所有人在商事经营活动中使用这些标识，这些标识经商业使用而具有一定影响即知名度，才使得标识所有人获得禁止他人混淆性使用的排他性专有权。这种排他性专有权像其他知识产权一样，可以独占许可、转让、被继承，故而也属于绝对权利，不依赖请求特定相对人之作为或不作为，即可请求不特定第三人停止侵权、排除妨碍、消除危险，从而确保商业标识权之圆满状态。因此，只要在后第三人在商业活动中对这些商业标识的使用，妨碍了标识所有人在其标识权利范围对标识的正常商业

---

❶ 谢晓尧. 在经验与制度之间：不正当竞争司法案例类型化研究 ［M］. 北京：法律出版社，2010：149－161.

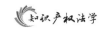

使用，亦即在后第三人的标识使用行为造成消费者混淆，标识所有人拥有的排他即专有使用范围受到干扰或妨害，商业标识所有人就可以直接请求在后第三人停止相应的使用行为。

第二节　注册商标专用权的取得程序

一、商标注册申请

（一）商标注册申请原则

1. 自愿注册原则

我国《商标法》以自愿注册为原则，强制注册为例外。《商标法》第6条规定："法律、行政法规规定必须使用注册商标的商品，必须申请商标注册，未经核准注册的，不得在市场销售。"目前必须使用注册商标的商品只有烟草制品。

商标权是经营者稳固商业信誉、在市场竞争中获取竞争优势的排他权或专有权。鉴于商标权这种财产权的私权性质，经营者拥有选择商标权原始取得模式的自由：经营者可以选择向商标局申请商标注册的方式获得注册商标专用权，也可以选择在商业活动中使用商标的方式获得《商标法》规定的未注册驰名商标专有权或者《反不正当竞争法》规定的有一定影响商标（知名商标）专有权。《商标法》第4条第1款规定："自然人、法人或者其他组织在生产经营活动中，对其商品或者服务需要取得商标专用权的，应当向商标局申请商标注册。"其指的是经营者想要取得注册商标专用权的，应当向商标局申请商标注册。相反，经营者想要取得未注册驰名商标专有权或者有一定影响商标专有权的，则应当在商业活动中使用未注册商标，让商标为相关公众所熟知（驰名）或者有一定影响（知名）。基于私法自治理念，无论经营者是在权衡商标注册与维持注册的成本收益后决定是否申请商标注册，是在判断缺乏固有显著性标志的商标注册申请时机是否成熟（经使用产生"第二含义"获得显著性之后才具备商标注册条件）后决定是否申请商标注册,❶ 还是依据自身喜好任意选择是否申请商标注册,法律都对经营者的自由决定予以尊重,经营者则对自身的自由选择负责,承担作出是否申请商标注册决定后可能产生的有利或不利后果。

2. **分类注册原则**

《商标法》第 22 条第 1 款规定:"商标注册申请人应当按规定的商品分类表填报使用商标的商品类别和商品名称,提出注册申请。"第 56 条规定:"注册商标的专用权,以核准注册的商标和核定使用的商品为限。"注册商标权的保护范围是以商标使用的商品类别为基础确定,商标注册申请时自然应当按规定的商品分类表填报使用的商品类别和商品名称。❷ 核定使用的商品根据商品分类表填报,核准注册的商标由申请人在提出注册申请时选定,核定商品上的核准商标能够清晰地确定注册商标专用权的边界。❸

虽然商标可在各类商品上使用,但为了确保商标注册能够产生注册商标专用权,各国商标法均禁止在同种或类似商品上注册相同的商标。只有按照规定的商品分类表填报使用商标的商品类别以提出注册申请,商标局才能按照类别进行检索和审查,防止在同类商品上出现两个相同的注册商标。❹ 国家知识产权局 2021 年 11 月发布的《商标审查审理指南》"上编"第 6 章规定:"申请人应当依照提交申请时施行的尼斯分类和《类似商品和服务分类表》进行申报。例如:申请日为 2021 年的商标注册申请,在进行商品服务项目分类时适用尼斯分类第十一版 2021 文本,申请日在此之前的商标注册申请适用对应的尼斯分类版本。"《商标审查审理指南》"上编"第 6 章还规定了以下商品和服务项目申报原则:(1) 在商标注册时应当依据尼斯分类进行申报。(2) 申请人既可以申报标准名称,也可以申报未列入《类似商品和服务区分表》中的商品和服务项目名称。申请人在申报《类似商品和服务区分表》上没有的商品和服务项目时,应根据类别标题、类别注释,比照标准名称申报类别。(3) 根据类别标题、类别注释,

---

❶ 王迁. 知识产权法教程［M］. 6 版. 北京:中国人民大学出版社,2019:473.
❷ 王太平. 商标法:原理与案例［M］. 北京:北京大学出版社,2015:184.
❸ 孔祥俊. 商标法适用的基本问题［M］. 北京:中国法制出版社,2012:75.
❹ 王迁. 知识产权法教程［M］. 6 版. 北京:中国人民大学出版社,2019:473.

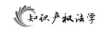

比照标准名称仍无法分类的，按照商品和服务分类原则申报。

2013 年《商标法》修改之前，我国实行"一标一类"注册申请制度（亦称"商标申请的单一性原则"或"一类商品一件商标一份申请原则"），即同一申请人的一份申请只能申报注册一件商标，而且该商标指定的商品必须是同一类的。❶ 换言之，如果要将一件商标注册在不同类别的商品上，则每一个类别的商标上都必须提出一个注册申请并取得一个注册。❷ 2013 年《商标法》修改后，我国也和很多国家一样采用了"一标多类"注册申请制度。《商标法》第 22 条第 2 款规定："商标注册申请人可以通过一份申请就多个类别的商品申请注册同一商标。"

（二）商标注册申请主体

1. 主体资格

《商标法》第 4 条第 1 款规定："自然人、法人或者其他组织在生产经营活动中，对其商品或者服务需要取得商标专用权的，应当向商标局申请商标注册。"据此，任何民事主体都可以作为商标注册申请人提出商标注册申请。2001 年《商标法》修改之前，中国国籍自然人不能申请商标注册。2001 年《商标法》修改之后，中国国籍自然人可以申请商标注册，但商标局基于遏制商标抢注的考量，在实践中要求中国国籍的自然人提供个体工商户营业执照等证据证明其有申请商标注册的实际需要。由于商标局并不审查外国国籍自然人的经营需要，其做法造成了对中外自然人在商标注册申请条件上的差别待遇。2021 年《商标审查审理指南》延续了这种要求："上编"第 1 章 5.1.1.2、5.1.2.1 规定，内地（大陆）自然人在办理商标注册、转让等申请事宜时，应当按照《商标法》第 4 条的规定，提供个体工商户营业执照、农村土地承包经营合同等证明其从事生产经营活动的主体资格证明文件；相反，指南对于香港特别行政区、澳门特别行政区、台湾地区及外国自然人，以及国内外法人或者其他组织，都没有这种要求。这不仅对内地（大陆）自然人构成歧视，还忽视了自然人为了在未

---

❶ 王迁. 知识产权法教程［M］. 3 版. 北京：中国人民大学出版社，2011：392.
❷ 冯术杰. 商标法原理与应用［M］. 北京：中国人民大学出版社，2017：34.

来 3 年内登记成立个体工商户以开展生产经营活动，而进行包括申请商标注册在内的筹划准备工作的商业实践需求（商标从申请到注册在我国需要约 1 年时间），更有悖于商标注册"先到先得"原则以及各国通行做法。❶

商标局还曾一度要求自然人申请商标指定的商品与个体工商户营业执照登记的经营范围有关联，而对于法人申请商标指定的商品范围则并不要求其与法人登记的经营范围有关联，这造成对自然人申请商标的商品指定范围的限制。2016 年年初，商标局为贯彻落实"大众创业、万众创新"的国家经济发展政策，取消了对于自然人申请商标指定商品范围与营业执照登记经营范围一致的要求。❷

2. 外国主体

《商标法》第 17 条规定："外国人或者外国企业在中国申请商标注册的，应当按其所属国和中华人民共和国签订的协议或者共同参加的国际条约办理，或者按对等原则办理。"据此，符合条件的外国人同样有资格在中国申请商标注册。第 17 条规定中的"共同参加的国际条约"，主要指我国 1984 年 11 月加入的《保护工业产权巴黎公约》以及 2001 年 12 月加入的《与贸易有关的知识产权协议》（TRIPS 协议）。《巴黎公约》第 2 条规定："（1）本联盟任何国家的国民，在保护工业产权方面，在本联盟所有其他国家内应享有各该国法律现在授予或今后可能授予国民的各种利益；一切都不应损害本公约特别规定的权利。因此，他们应和各该国国民享有同样的保护，对侵犯他们的权利享有同样的法律上的救济手段，但是以他们遵守对各该国国民规定的条件和手续为限。（2）但是，对于本联盟国家的国民不得规定在其要求保护的国家须有住所或营业所才能享有工业产权。"第 3 条规定："本联盟以外各国的国民，在本联盟一个国家的领土内设有住所或有真实和有效的工商业营业所的，应享有与本联盟国家国民同样的待遇。"TRIPS 协议第 3 条第 1 款规定："在知识产权保护方面，在遵守《巴黎公约》（1967）、《伯尔尼公约》（1971）、《罗马公约》或《关于集成电路的知识产权条约》中各自规定的例外的前提下，每一成员给予其

---

❶ 冯术杰. 商标法原理与应用［M］. 北京：中国人民大学出版社，2017：38 – 39.
❷ 冯术杰. 商标法原理与应用［M］. 北京：中国人民大学出版社，2017：38.

他成员国民的待遇不得低于给予本国国民的待遇。"

依据《商标法》第 18 条第 2 款、《商标法实施条例》第 5 条第 4 款规定，如果外国人或企业在中国有经常居所或营业所，就无须委托商标代理机构申请商标注册或者办理申请商标变更、转让、续展以及提出商标异议或争议等其他商标事宜。只有那些在中国没有经常居所或者营业所的外国人或者外国企业，才必须委托依法设立的商标代理机构申请商标注册或办理其他商标事宜。这种外国主体强制代理的规定，有利于保障商标局和外国申请人之间的文件往来等程序性事项的处理，有利于消除文件送达障碍。这是各国的普遍做法，也是《巴黎公约》及 TRIPS 协议所明确允许的国民待遇原则的例外。❶

3. 商标代理机构

依据《商标法实施条例》第 84 条第 2 款、《商标审查审理指南》"上编"第 19 章 7.1 和"下编"第 13 章 2 规定，商标代理机构是指经市场监督管理部门登记备案的从事商标代理业务的服务机构和从事商标代理业务的律师事务所。未备案的，但经市场监督管理部门登记时标明从事商标代理、知识产权代理等业务的主体，或者未在市场监督管理部门登记标明从事商标代理等业务但有实际证据证明其从事商标代理业务的，视同商标代理机构。《商标法实施条例》第 85 条规定，在商标代理机构中从事商标代理业务的工作人员即商标代理从业人员不得以个人名义自行接受委托。第 86 条规定："商标代理机构向商标局、商标评审委员会提交的有关申请文件，应当加盖该代理机构公章并由相关商标代理从业人员签字。"

申请人从事的违反诚信原则、侵害他人权益或者扰乱商标注册秩序的行为，很多时候是在商标代理机构的诱导、教唆乃至帮助之下实施的。此外，有些商标代理机构会在自身没有使用商标意图的情形下申请注册并囤积注册商标，希望高价兜售给他人牟利。❷ 有鉴于此，2013 年修改后的《商标法》新增第 19 条、第 68 条规定，通过向商标代理机构施加作为义务与不作为义务，并对不履行义务的商标代理机构课以法律责任的方式，

---

❶ 冯术杰. 商标法原理与应用［M］. 北京：中国人民大学出版社，2017：40；王迁. 知识产权法教程［M］. 6 版. 北京：中国人民大学出版社，2019：470.

❷ 王迁. 知识产权法教程［M］. 6 版. 北京：中国人民大学出版社，2019：470.

对其办理商标注册申请或者其他商标事宜的行为予以调整规范：首先，《商标法》第19条向商标代理机构施加了7项义务：（1）遵循诚信原则办理相关事宜的义务；（2）遵守法律、行政法规办理相关事宜的义务；（3）按照被代理人委托办理相关事宜的义务；（4）保密义务，即对在代理过程中知悉的被代理人的商业秘密负有保密义务；（5）商标注册障碍告知义务，即负有明确告知委托人其申请注册的商标可能存在绝对注册障碍或者相对注册障碍的义务；（6）不接受三种类型商标相关事宜办理委托的义务，如果商标代理机构明知或者应知委托人申请注册的商标属于三种类型的商标（不以使用为目的恶意申请注册的商标，代理人、代表人或者特定关系人抢注的商标，损害他人在先权利或者抢注他人有一定影响商标的商标），那么其不得接受后者的委托；（7）不对代理服务以外其他商品或服务申请注册商标的义务。《商标法实施条例》第87条规定："商标代理机构申请注册或者受让其代理服务以外的其他商标，商标局不予受理。"其次，依据《商标法》第68条第1—2款规定，商标代理机构有下列行为的，应承担相应的行政处罚责任乃至刑事责任，并由市场监督管理部门记入信用档案；情节严重的，商标局还可以决定停止受理其办理商标代理业务，予以公告：（1）办理商标事宜过程中，伪造、变造或者使用伪造、变造的法律文件、印章、签名。（2）以诋毁其他商标代理机构等手段招徕商标代理业务或者以其他不正当手段扰乱商标代理市场秩序。依据《商标法实施条例》第88条规定，以欺诈、虚假宣传、引人误解或者商业贿赂等方式招徕业务，隐瞒事实、提供虚假证据或者威胁、诱导他人隐瞒事实、提供虚假证据，在同一商标案件中接受有利益冲突的双方当事人委托，都属于"以其他不正当手段扰乱商标代理市场秩序的行为"。（3）不以使用为目的恶意申请商标注册，明知或者应知委托人申请注册的商标属于《商标法》第19条第3款规定的三种类型商标，对其代理服务以外的其他商品或服务申请商标注册。此外，《商标法》第68条第3款规定，商标代理机构违反诚信原则侵害委托人合法利益的，应当依法承担民事责任，并由商标代理行业组织按照章程规定予以惩戒。第4款规定，商标代理机构恶意申请商标注册的，应当承担相应的行政处罚责任；商标代理机构恶意提起商标诉讼的，由法院依法给予处罚。

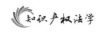

（三）商标注册申请文件

依据《商标法》第22条、《商标法实施条例》第13—14条、《商标审查审理指南》"上编"第1章4、5和第2章3规定，申请人在申请商标注册时应当提交下列商标注册申请文件。

1.《商标注册申请书》

申请商标注册应当使用商标局制定并公布的书式，不得修改格式。以纸质方式提出申请的，申请书应当打字或者印刷；以数据电文方式提出申请的，应当按照规定通过互联网提交，按要求在线如实填写。商标为外文或者包含外文的，应当说明含义。

申请商标注册，应当按规定的商品和服务分类表填报使用商标的商品或服务类别、商品或服务项目名称。商品或服务项目名称未列入商品和服务分类表的，应当附送对该商品或服务的说明。商标注册申请人可以通过一份申请就多个类别的商品或服务项目申请注册同一商标。填报时，应按类别对应填写类别号、商品或服务项目名称。申报的商品或服务项目，项目名称应表述清晰、准确，符合提交申请时施行的商品和服务分类表的分类原则；应能够与其他类别的商品或服务项目相区分，避免使用含混不清、过于宽泛、不足以确定其所属类别或易产生误认的名称；项目名称还应符合公众的语言习惯和文字使用规则。

2. 商标图样

通过纸质方式提交申请的，在申请书的指定位置打印或粘贴商标图样1张；通过数据电文方式提交申请的，在指定位置按规定格式上传符合要求的电子文件。商标图样应当清晰。

对于不同类型商标注册申请文件中的商标申请声明、商标图样的具体要求：（1）以颜色组合或者着色图样申请商标注册的，应当提交着色图样，并提交黑白稿1份；不指定颜色的，应当提交黑白图样。（2）以颜色组合申请商标注册的，应当在申请书"商标申请声明栏"声明，在申请书"商标说明栏"说明商标的使用方式。（3）以三维标志申请商标注册的，应当在申请书"商标申请声明栏"声明，在申请书"商标说明栏"说明商标的使用方式，并提交能够确定三维形状的图样，提交的商标图样应当至少包含三面视图。（4）以声音标志申请商标注册的，应当在申请书"商标申请声明栏"声明，提交符合要求的声音样本，在商标图样中对申请注册的声音商标进行描述，在申请书"商标说明栏"说明商标的使用方式。对声音商标进行描述，应当以五线谱或者简谱对申请用作商标的声音加以描述并附加文字说明；无法以五线谱或者简谱描述的，应当以文字加以描述；商标描述与声音样本应当一致。（5）申请注册集体商标、证明商标的，应当在申请书"商标申请声明栏"声明，并提交主体资格证明文件和使用管理规则。

3. 身份证明文件、主体资格证明文件

申请人办理商标申请事宜，应附送身份证明文件复印件。自然人的身份证明文件包括但不限于身份证、护照。法人或者其他组织的身份证明文件是指其依法成立的证明文件，包括但不限于营业执照、事业单位法人证书、社会团体法人登记证书、民办非企业单位登记证书、基金法人登记证书、律师事务所执业许可证。主体资格证明文件是证明申请人具备申请资格的文件。申请人申请商标注册，应当符合《商标法》第4条的规定。申请人所提交的身份证明文件已证明其符合规定的，无须另行提交主体资格证明文件。申请人为内地（大陆）自然人的，应提供载有统一社会信用代码的个体工商户营业执照、农村土地承包经营合同复印件（申报类别以自营的农副产品为限）等表明申请人从事生产经营活动的主体资格证明文件。

申请集体商标注册的，除满足商标注册申请一般文件要求外，申请人还应提交商标使用管理规则（包括集体组织成员名单）。以地理标志作为集体商标注册的，申请人还应提交证明其或其委托机构有监督检测能力（专业技术人员、专业检测设备等情况）的证明文件，管辖该地理标志所标示地区的县级以上人民政府或行业主管部门的批准文件，地理标志所标示的商品的生产地域范围证明，地理标志所标示的商品的特定质量、信誉或者其他特征由该地理标志所标示的地区的自然因素和人文因素决定的关系说明，以及地理标志商品客观存在及信誉情况的证明。需要注意的是，申请以地理标志作为集体商标注册的团体、协会或者其他组织，应当由来自该地理标志标示的地区范围内的成员组成。

申请证明商标注册的，除满足商标注册申请一般文件要求外，申请人还应提交商标使用管理规则、证明其或其委托机构有监督检测能力的证明文件。以地理标志作为证明商标注册的，申请人还应提交管辖该地理标志所标示地区的县级以上人民政府或行业主管部门的批准文件，地理标志所标示的商品的生产地域范围证明，地理标志所标示的商品的特定质量、信誉或者其他特征由该地理标志所标示的地区的自然因素和人文因素决定的关系说明，以及地理标志商品客观存在及信誉情况的证明。

（四）商标注册申请日

1. 先申请原则与申请日

先申请原则（亦称"申请在先原则"）是指当两个或两个以上申请人在相同或类似商品或服务上申请注册相同或近似商标时，先提出注册申请者才有可能获得商标注册。先申请原则是商标注册取得制度的延伸，用以处理两个以上申请人注册相同或近似商标时的关系。在商标注册制下，申请在时间上的先后就成为判断谁可获得商标注册的依据。❶

我国《商标法》实行的是以申请在先为主、使用在先为辅的商标审核制度。《商标法》第 31 条规定："两个或者两个以上的商标注册申请人，在同一种商品或者类似商品上，以相同或者近似的商标申请注册的，初步审定并公告申请在先的商标；同一天申请的，初步审定并公告使用在先的商标，驳回其他人的申请，不予公告。"《商标法实施条例》第 19 条规定，"两个或者两个以上的申请人，在同一种商品或者类似商品上，分别以相同或者近似的商标在同一天申请注册的，各申请人应当自收到商标局通知之日起 30 日内提交其申请注册前在先使用该商标的证据。同日使用或者均未使用的，各申请人可以自收到商标局通知之日起 30 日内自行协商，并将书面协议报送商标局；不愿协商或者协商不成的，商标局通知各申请人以抽签的方式确定一个申请人，驳回其他人的注册申请。商标局已经通知但申请人未参加抽签的，视为放弃申请，商标局应当书面通知未参加抽签的

---

❶ 吴汉东. 知识产权基本问题研究（分论）［M］. 2 版. 北京：中国人民大学出版社，2009：381 -382；王迁. 知识产权法教程［M］. 6 版. 北京：中国人民大学出版社，2019：471 - 472.

申请人"。

我国《商标法》以商标局收到申请文件的日期为准确定商标注册申请的时间，并不考虑申请的具体时刻。❶《商标法实施条例》第 18 条第 1 款规定"商标注册的申请日期以商标局收到申请文件的日期为准"。

2. 优先权与申请日

《巴黎公约》赋予其成员国国民申请工业产权时在申请日期上的优先顺位或优先利益。依据《巴黎公约》第 4 条规定，在巴黎联盟国家正式提出商标注册申请的人，自该申请日起 6 个月内享有优先权，即在优先权期间届满前在联盟任何其他国家后来提出的任何申请，不应由于在优先权期间完成的商标注册申请或商标使用行为而被宣告无效，而且第三人在优先权期间完成的商标注册申请或商标使用行为不产生任何权利。能够产生优先权的申请是根据所在国的法律足以确定申请日期的任何申请，而不论该申请后续是否被驳回还是注册商标被宣告无效。依据《巴黎公约》第 11 条规定，在巴黎联盟任何国家领土内举办的官方或经官方承认的国际展览会展出的商品有关的商标，在该商品在展览会展出之日 6 个月内享有优先权。TRIPS 协议将优先权制度的适用范围扩展到了 WTO 的 160 多个国家和地区成员方，由于 WTO 的成员方包括主权国家和非主权地区，TRIPS 协议适用于同为 WTO 成员方的中国大陆（内地）和中国港澳台地区。❷

我国《商标法》规定了两种类型的优先权：第一，在特定外国首次申请可产生的优先权。《商标法》第 25 条规定："（Ⅰ）商标注册申请人自其商标在外国第一次提出商标注册申请之日起六个月内，又在中国就相同商品以同一商标提出商标注册申请的，依照该外国同中国签订的协议或者共同参加的国际条约，或者按照相互承认优先权的原则，可以享有优先权。（Ⅱ）依照前款要求优先权的，应当在提出商标注册申请的时候提出书面声明，并且在三个月内提交第一次提出的商标注册申请文件的副本；未提出书面声明或者逾期未提交商标注册申请文件副本的，视为未要求优先权。"第二，在特定国际展览会上首次使用可产生的优先权。《商标法》第

---

❶ 王太平. 商标法：原理与案例［M］. 北京：北京大学出版社，2015：185.
❷ 冯术杰. 商标法原理与应用［M］. 北京：中国人民大学出版社，2017：32.

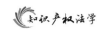

26 条规定："（Ⅰ）商标在中国政府主办的或者承认的国际展览会展出的商品上首次使用的，自该商品展出之日起六个月内，该商标的注册申请人可以享有优先权。（Ⅱ）依照前款要求优先权的，应当在提出商标注册申请的时候提出书面声明，并且在三个月内提交展出其商品的展览会名称、在展出商品上使用该商标的证据、展出日期等证明文件；未提出书面声明或者逾期未提交证明文件的，视为未要求优先权。"

二、商标注册的审查

1. 形式审查

商标局在收到申请人提交的商标注册申请之后，首先要进行形式审查。形式审查是商标局对商标注册申请是否《商标法》规定的商标注册的形式条件即程序条件进行审查，包括对商标注册申请文件和手续是否齐备、是否符合法定要求进行审查，并确定申请日。❶

《商标审查审理指南》"上编"第 2 章 3 规定："商标注册申请形式审查的主要内容包括：（1）申请人是否具有申请注册商标的主体资格；（2）申请书填写是否符合规定，商标图样是否符合规定，指定的商品或者服务的类别是否正确、名称是否规范具体；（3）我国香港特别行政区、澳门特别行政区及台湾地区申请人是否委托了依法设立的商标代理机构办理；（4）外国申请人是否委托了依法设立的商标代理机构办理；（5）委托商标代理机构的，其委托书填写是否符合规定；（6）应交送的证明文件是否完备；（7）是否按时足额缴纳商标规费。"

《商标法实施条例》第 18 条第 2 款规定："商标注册申请手续齐备、按照规定填写申请文件并缴纳费用的，商标局予以受理并书面通知申请人；申请手续不齐备、未按照规定填写申请文件或者未缴纳费用的，商标局不予受理，书面通知申请人并说明理由。申请手续基本齐备或者申请文件基本符合规定，但是需要补正的，商标局通知申请人予以补正，限其自收到通知之日起 30 日内，按照指定内容补正并交回商标局。在规定期限内

---

❶ 王太平. 商标法：原理与案例［M］. 北京：北京大学出版社，2015：53；王迁. 知识产权法教程［M］. 6 版. 北京：中国人民大学出版社，2019：474.

补正并交回商标局的，保留申请日期；期满未补正的或者不按照要求进行补正的，商标局不予受理并书面通知申请人。"

2. 实质审查

商标注册申请经形式审查合格后即进入实质审查阶段。实质审查是商标局对商标是否符合《商标法》规定的商标注册的实质条件即实体条件进行审查。❶

从正面看，实质审查的内容为商标注册的法定实质条件。《商标法》规定的商标注册的各种实质条件按照其性质不同，可分为绝对条件和相对条件两类。绝对条件包括：商标使用真实意图，商标标志的合法性、显著性、非功能性，❷ 以及商标代理机构的商标注册申请适格。相对条件是指申请注册的商标具有在先性，不得与他人在先取得的合法权利相冲突。❸从反面看，实质审查的内容为商标不符合商标注册实质条件的法定事由，这是商标局拒绝商标注册即不予注册的法定理由，构成商标的注册障碍。《商标法》规定的拒绝商标注册即不予注册的各种理由按照其性质不同，可分为绝对理由和相对理由两类，构成商标注册的绝对障碍和相对障碍。

与商标注册的绝对条件和相对条件相对应，商标注册的绝对障碍包括：（1）不以使用为目的的恶意商标注册申请（《商标法》第4条）；（2）商标标志不具有合法性（《商标法》第10条）；（3）商标标志缺乏显著性（《商标法》第11条）；（4）三维标志具有功能性（《商标法》第12条）；（5）商标代理机构注册超出其代理服务范围的商标（《商标法》第19条第4款）；（6）以欺骗手段或者其他不正当手段取得商标注册（《商标法》第44条第1款）。相对障碍是指申请注册的商标不具有在先性，与他人的在先权利相冲突，具体包括：（1）与他人在先注册商标或者在先初步审定的商标相冲突（《商标法》第30条）；（2）与他人在先申请商标或者同日申

❶　王太平. 商标法：原理与案例［M］. 北京：北京大学出版社，2015：53.
❷　王太平. 商标法：原理与案例［M］. 北京：北京大学出版社，2015：53－127；黄晖. 商标法［M］. 2版. 北京：法律出版社，2016：43－76，90－91；冯术杰. 商标法原理与应用［M］. 北京：中国人民大学出版社，2017：37，41－82.
❸　王太平. 商标法：原理与案例［M］. 北京：北京大学出版社，2015：128－151；黄晖. 商标法［M］. 2版. 北京：法律出版社，2016：76－85，90－91；冯术杰. 商标法原理与应用［M］. 北京：中国人民大学出版社，2017：37，83－113.

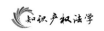

请在先使用的商标相抵触（《商标法》第 31 条）；（3）同类抢注他人在先未注册驰名商标（《商标法》第 13 条第 2 款）；（4）跨类抢注他人在先注册驰名商标（《商标法》第 13 条第 2 款）；（5）代理人或代表人抢注被代理人或被代表人商标（《商标法》第 15 条第 1 款）；（6）特定关系人抢注他人在先使用未注册商标（《商标法》第 15 条第 2 款）；（7）抢注他人地理标志（《商标法》第 16 条第 1 款）；（8）抢注他人在先使用有一定影响商标（《商标法》第 32 条第 2 分句）；（9）损害他人现有的著作权、外观设计专利权、字号权、姓名权、肖像权以及作品名称权益、作品中的角色名称权益、作品中的角色形象权益等在先权利（《商标法》第 32 条第 1 分句）。

商标注册的绝对障碍与相对障碍存在以下区别。

其一，两者的性质不同。绝对障碍涉及违反《商标法》的商标注册秩序以及公共利益，不考虑对特定权利人的影响，具有绝对性。相反，相对障碍涉及损害他人的在先商标权利、他人现有的其他在先权利等，损害的是特定主体的合法权益，具有相对性。

其二，商标局对两者的审查审理方式不同。由于绝对障碍涉及商标注册秩序以及公共利益，商标局一般会依职权主动审查是否存在商标注册的绝对障碍，任何人都有权以存在绝对障碍为由在初步审定公告期间内提出商标异议、在商标注册后请求宣告注册商标无效。

由于相对障碍涉及损害他人的众多在先权利，商标局在实质审查阶段通过商标数据库仅能检索到在先注册商标及在先初步审定商标、在先申请商标及同日申请在先使用商标、地理标志，从而有能力基于商品服务分类和商标检索依职权主动审查三类相对障碍：一是申请注册的商标是否与他人在先注册商标或者在先初步审定商标相冲突，二是申请注册的商标是否与他人在先申请商标或者同日申请在先使用商标相抵触，三是是否抢注他人地理标志；但是，对于其他相对障碍，商标局无法通过商标数据库检索到相应的在先权利，因而不具备主动审查这些相对障碍的能力。有鉴于此，虽然《商标法》第 30 条规定商标局对于"凡不符合本法有关规定"的商标注册申请都可以驳回，表明商标局可以对全部的商标注册障碍进行实质审查，❶ 但《商标审查审理指南》"下编"第 1 章 2.1 和 2.2 规定，商标局在实质审查程序中除依职权将"与他人在先申请或者注册的商标权利相冲突"（《商标法》第 30 条、第 31 条及第 16 条第 1 款）作为注册申请驳回事由外，一般不能依职权主动审查相对障碍，仅在商标异议或者商标评审程序中依当事人申请进行审查审理。依据私法自治原则，在先权利人可在商标异议、不予注册复审、请求无效宣告程序中，以存在商标注册的相对障碍为由提出异议、申请复审、请求宣告无效，商标局依申请被动审理是否存在相对障碍。

其三，当事人基于注册障碍请求无效宣告期间不同。鉴于两者所涉利益性质的不同，当事人基于绝对障碍请求宣告注册商标无效没有时间限制，基于相对障碍请求宣告注册商标无效则有一定的时间限制，但基于恶意注册驰名商标这一相对障碍请求宣告无效的除外。❷

《商标法》第 29 条还规定："在审查过程中，商标局认为商标注册申请内容需要说明或者修正的，可以要求申请人做出说明或者修正。申请人未做出说明或者修正的，不影响商标局做出审查决定。"《商标法实施条例》第 23 条规定："依照商标法第二十九条规定，商标局认为对商标注册申请内容需要说明或者修正的，申请人应当自收到商标局通知之日起 15 日内作出说明或者修正。"

三、初步审定与商标驳回、驳回复审

1. 初步审定与商标驳回

申请注册的商标经实质审查合格后，商标局对商标予以初步审定并公告。《商标法》第 28 条规定："对申请注册的商标，商标局应当自收到商标注册申请文件之日起九个月内审查完毕，符合本法有关规定的，予以初步审定公告。"《商标法实施条例》第 21 条第 1 分句规定："商标局对受理的商标注册申请，依照商标法及本条例的有关规定进行审查，对符合规定

---

❶　中华人民共和国商标法释义（2013 年修改）："第三十条"［EB/OL］.（2013 - 12 - 14）［2022 - 04 - 10］. http：//www. npc. gov. cn/npc/c22754/201312/233fc843a62d4f 58be404f26a9331613. shtml.

❷　冯术杰. 商标法原理与应用［M］. 北京：中国人民大学出版社，2017：37.

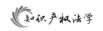

或者在部分指定商品上使用商标的注册申请符合规定的，予以初步审定，并予以公告。"

依据《商标法》第 9 条第 1 款、第 30 条、第 31 条以及《商标审查审理指南》"下编"第 1 章 2.1 和 2.2 规定，在实质审查阶段，申请注册的商标存在商标注册的绝对障碍（商标注册违反《商标法》第 4 条、第 10 条、第 11 条、第 12 条、第 19 条第 4 款），以及与他人在先注册商标或者在先初步审定商标相冲突、与他人在先申请商标或者同日申请在先使用商标相抵触、抢注他人地理标志这三类相对障碍（违反《商标法》第 30 条、第 31 条、第 16 条第 1 款）的，由商标局驳回申请，不予公告。《商标法实施条例》第 21 条规定，商标局对受理的商标注册申请进行审查，"对不符合规定或者在部分指定商品上使用商标的注册申请不符合规定的，予以驳回或者驳回在部分指定商品上使用商标的注册申请，书面通知申请人并说明理由"。《商标法实施条例》第 22 条规定："（Ⅰ）商标局对一件商标注册申请在部分指定商品上予以驳回的，申请人可以将该申请中初步审定的部分申请分割成另一件申请，分割后的申请保留原申请的申请日期。（Ⅱ）需要分割的，申请人应当自收到商标局《商标注册申请部分驳回通知书》之日起 15 日内，向商标局提出分割申请。（Ⅲ）商标局收到分割申请后，应当将原申请分割为两件，对分割出来的初步审定申请生成新的申请号，并予以公告。"

2. 驳回复审

依据《商标法》第 34 条规定，对驳回申请、不予公告的商标，商标局应当书面通知商标注册申请人。商标注册申请人不服的，可以自收到通知之日起 15 日内向商标局申请复审。商标局应当自收到申请之日起 9 个月内做出复审决定，并书面通知申请人。有特殊情况需要延长的，经国务院知识产权管理部门批准，可以延长 3 个月。申请人对商标局的复审决定不服的，可以自收到通知之日起 30 日内向法院起诉。依据《商标法》第 36 条规定，法定期限届满，申请人对商标局做出的驳回申请决定不申请复审或者对商标局作出的复审决定不向法院起诉的，驳回申请决定或者复审决定生效。

依据《商标法实施条例》第 52 条、《商标审查审理指南》"下编"第

1 章 2.4 规定，商标局审理不服驳回商标注册申请决定的复审案件，应当针对驳回决定和申请人申请复审的事实、理由、请求及评审时的事实状态进行审理。发现申请注册的商标存在商标注册的绝对障碍（商标注册违反《商标法》第 4 条、第 10 条、第 11 条、第 12 条、第 19 条第 4 款），以及抢注他人地理标志这类相对障碍（商标注册违反《商标法》第 16 条第 1 款）的情形，驳回决定未依据上述条款作出的，可以依据上述条款作出驳回申请的复审决定。商标局作出复审决定前应当听取申请人的意见。

四、商标异议、不予注册复审

1. 商标异议

对于经商标局初步审定并予以公告的商标，适格主体可以在法定期限内提出不同意见。同大多数国家一样，我国《商标法》在异议程序与核准注册程序的时间前后设置方面采用异议前置制度，即异议程序在时间上位于核准注册程序之前，商标局经过形式审查和实质审查后只是初步审定商标，只有在法定期限内无人提出异议或者异议不成立后才能核准注册。异议前置可以弥补商标审查的不足，提高商标审查和核准注册的质量。❶

依据《商标法》第 33 条规定，对于初步审定公告的商标，自公告之日起 3 个月内，任何人认为商标注册损害了公共利益，存在商标注册的绝对障碍（商标注册违反《商标法》第 4 条、第 10 条、第 11 条、第 12 条、第 19 条第 4 款），都可以向商标局提出异议；在先权利人和利害关系人认为商标注册损害了自己的在先权利，存在商标注册的相对障碍（商标注册违反《商标法》第 13 条第 2 款和第 3 款、第 15 条、第 16 条第 1 款、第 30 条、第 31 条、第 32 条），可以向商标局提出异议。

依据《商标法》第 35 条第 1 款规定，对初步审定公告的商标提出异议的，商标局应当听取异议人和被异议人陈述事实和理由，经调查核实后，自公告期满之日起 12 个月内作出是否准予注册的决定，并书面通知异议人和被异议人。有特殊情况需要延长的，经国务院知识产权管理部门批准，可以延长 6 个月。

---

❶ 王太平. 商标法：原理与案例［M］. 北京：北京大学出版社，2015：188.

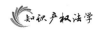
2. 不予注册复审

2013 年修改后的《商标法》为加快商标注册流程，对异议程序进行了简化，取消了异议人对于异议决定申请复审的程序，只规定了被异议人在异议成立时申请复审的程序。依据《商标法》第 35 条第 3 款规定，经审查异议成立，商标局做出不予注册决定，被异议人不服的，可以自收到通知之日起 15 日内向商标局申请复审。商标局应当自收到申请之日起 12 个月内作出复审决定，并书面通知异议人和被异议人。有特殊情况需要延长的，经国务院知识产权管理部门批准，可以延长 6 个月。被异议人对商标局的复审决定不服的，可以自收到通知之日起 30 内向法院起诉。法院应当通知异议人作为第三人参加诉讼。依据《商标法》第 36 条规定，法定期限届满，被异议人对商标局作出的不予注册决定不申请复审或者对商标局作出的复审决定不向法院起诉的，不予注册决定或者复审决定生效。另据《商标法》第 35 条第 2 款规定，经审查异议不成立，商标局作出准予注册决定，异议人不服的，可以依照《商标法》第 44—45 条的规定以存在商标注册障碍为由启动无效宣告程序，向商标局请求宣告该注册商标无效。

依据《商标法实施条例》第 53 条规定，商标局审理不服不予注册决定的复审案件，应当针对不予注册决定和申请人申请复审的事实、理由、请求及原异议人提出的意见进行审理。商标局审理不服不予注册决定的复审案件，应当通知原异议人参加并提出意见。原异议人的意见对案件审理结果有实质影响的，可以作为评审的依据；原异议人不参加或者不提出意见的，不影响案件的审理。

五、核准注册与无效宣告

1. 核准注册

依据《商标法》第 33 条、第 35 条第 2 款和第 3 款规定，对于初步审定公告的商标，3 个月公告期内无异议或者有异议但异议不成立的，商标局予以核准注册或者作出准予注册决定，发给商标注册证，并予公告。此外，对于在商标异议程序中经审查异议成立不予注册的商标，被异议人不服向商标局申请复审，商标局推翻异议成立不予注册决定的，商标局作出准予注册决定，发给商标注册证，并予公告。

　　《商标法实施条例》第 94 条规定："商标局设置《商标注册簿》，记载注册商标及有关注册事项。"第 95 条规定："《商标注册证》及相关证明是权利人享有注册商标专用权的凭证。《商标注册证》记载的注册事项，应当与《商标注册簿》一致；记载不一致的，除有证据证明《商标注册簿》确有错误外，以《商标注册簿》为准。"第 96 条规定："（Ⅰ）商标局发布《商标公告》，刊发商标注册及其他有关事项。（Ⅱ）《商标公告》采用纸质或者电子形式发布。（Ⅲ）除送达公告外，公告内容自发布之日起视为社会公众已经知道或者应当知道。"

　　对于经审查异议不成立而准予注册的商标，还涉及注册申请人取得注册商标专用权的时间从何时起算的问题。为避免注册申请人的注册商标专用权取得时间会因异议审查程序而延误，防止有人利用异议程序故意延迟注册申请人取得注册商标专用权的日期，《商标法》第 36 条第 2 款规定："经审查异议不成立而准予注册的商标，商标注册申请人取得商标专用权的时间自初步审定公告三个月期满之日起计算。"这又带来了下列问题：经异议审查程序而准予注册的商标自 3 个月初步审定公告期满之日起取得的注册商标专用权，其权利效力能否追溯至异议审查期之内？

　　依据《商标法》第 35 条规定，商标局作出商标异议审查决定的期限为 3 个月商标初步审定公告期满之日起的 12 个月。对于经过异议审查程序而由商标局决定准予注册的商标而言，自该商标 3 个月初步审定公告期满之日起至商标局决定准予注册之日为止的这段时间，虽然注册申请人享有注册商标专用权，但因商标尚未在《商标公告》进行注册公告，社会公众无从得知注册申请人享有注册商标权。因此，除非有证据证明他人明知或应知该商标注册申请事实，否则他人在相同或类似商品上使用与该商标相同或近似标志系出于主观诚信即善意，不构成对因事后准予注册并予公告的商标之侵害，即注册商标专用权对这段时间内的善意商标使用行为不具有追溯力。但是，这段时间内明知或应知该商标注册申请事实，仍在相同或类似商品上使用与该商标相同或者近似标志者，显然属于违反诚信原则的恶意使用人，其恶意商标使用行为构成商标侵权，应当对侵权损失进行赔偿。《商标法》第 36 条 2 款规定，经审查异议不成立而准予注册的商标，自该商标初步审定公告 3 个月期满之日起至准予注册决定作出前，

"对他人在同一种或者类似商品上使用与该商标相同或者近似的标志的行为不具有追溯力；但是，因该使用人的恶意给商标注册人造成的损失，应当给予赔偿"。

2. 无效宣告

对于初步审定公告的商标，无论是因 3 个月异议期内无异议或者有异议但异议不成立而被商标局核准注册，还是因商标局在不予注册复审程序中推翻异议成立不予注册决定而被商标局核准注册，异议人以及其他适格主体都可以依据《商标法》第 44—45 条规定以存在商标注册障碍为由启动无效宣告程序，向商标局请求宣告该注册商标无效。《商标审查审理指南》"上编"第 4 章 3.3 规定："已经作出评审裁定或决定的，任何人不得以相同的事实和理由再次提出评审申请；经不予注册复审程序予以核准注册后请求宣告该商标无效的除外。"另外，对于核准注册的商标，商标局随着情事发展对商标标志、商标注册与使用、商标注册秩序与公序良俗等情况的了解日益深入，发现存在商标注册的绝对障碍（商标注册违反《商标法》第 4 条、第 10—12 条、第 19 条第 4 款和第 44 条第 1 款）的，也可以依职权主动宣告该注册商标无效。

由于异议人往往会在异议期的最后几天才提出异议，而商标注册公告是按时间预先编印，因此会出现被异议商标仍然刊登注册公告的现象。为避免由此带来的混乱，《商标法实施条例》第 28 条第 2 款规定："被异议商标在商标局作出准予注册决定或者不予注册决定前已经刊发注册公告的，撤销该注册公告。经审查异议不成立而准予注册的，在准予注册决定生效后重新公告。"《商标审查审理指南》"上编"第 4 章 3.2 规定："《商标法》第三次修正自 2014 年 5 月 1 日起施行后，对经异议程序或不予注册复审程序核准注册的商标提出无效宣告请求的，需在该商标重新刊登注册公告后提出。"

六、商标评审

依据《商标审查审理指南》"上编"第 4 章 2 和 3.3、"下编"第 1 章 2.4 以及《商标法实施条例》第 51—56 条规定，商标评审是商标注册部门依照《商标法》第 34—35 条、第 44—45 条、第 54 条的规定审理有关商标争议事宜。商标评审案件包括五种类型：（1）驳回复审案件，即注册申请人对商标注册部门作出的驳回商标注册申请的决定不服提起复审；（2）不予注册复审案件，即被异议人对商标注册部门作出的对初步审定的商标不予注册的决定不服提起复审；（3）请求无效宣告案件，即当事人对已经注册的商标请求予以无效宣告；（4）依职权宣告无效复审案件，即当事人对商标注册部门作出的对注册商标宣告无效的决定不服提起复审；（5）撤销复审案件，即当事人对商标注册部门作出的对注册商标撤销或不予撤销的决定不服提起复审。

商标评审审理范围包括：（1）驳回复审案件，针对驳回决定和商标注册申请人申请复审的事实、理由、请求及评审时的事实状态进行审理。商标注册部门发现申请注册的商标存在商标注册的绝对障碍（商标注册违反《商标法》第4条、第10—12条、第19条第4款），以及抢注他人地理标志这类相对障碍（商标注册违反《商标法》第16条第1款）的情形，驳回决定未依据上述条款作出的，可以依据上述条款在听取申请人的意见后，作出驳回复审决定。（2）不予注册复审案件，针对不予注册决定和被异议人申请复审的事实、理由、请求及原异议人提出的意见进行审理。（3）请求无效宣告案件，应当针对当事人申请和答辩的事实、理由及请求进行审理。（4）依职权宣告无效复审案件，应当针对宣告无效决定和当事人申请复审的事实即请求进行审理。（5）撤销注册商标复审案件，应当针对撤销或者不予撤销即维持注册商标决定和当事人申请复审时所依据的事实、理由及请求进行审理。

当事人对商标注册部门的复审决定、维持注册商标或宣告无效裁定不服的，可以自收到通知之日起30内向人民法院起诉。法院发回重审的案件，商标注册部门应另行组成合议组重新进行评审。法定期限届满，当事人对商标注册部门作出的复审决定、维持注册商标或宣告无效裁定不向法院起诉的，该复审决定、裁定发生法律效力。

七、注册商标的续展

与权利效力期有限的专利权和著作权不同，注册商标专用权可通过注册商标的续展而一直保持权利效力。法律赋予创新主体一定期限的专有

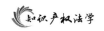

权，是为了激励其从事创新活动，推动创新成果在权利保护期届满后的自由传播与后续创新。然而，注册商标所有人并非创新主体，其商标使用行为亦非创新活动，而是以积累商业信誉从而获取竞争优势为目标的商事经营活动。只要注册商标所有人不断在商业活动中使用商标，该商标所承载的商誉即持续存在。商标法禁止他人混淆性使用商标，是为了防止他人不当利用消费者对商标所标识特定来源的信赖攫取竞争优势。因此，只要商事经营活动在继续，无论是基于保护商誉及正当竞争利益还是避免消费者受到欺诈的理由，都有持续保护注册商标专用权的必要。

依据《商标法》第 40 条规定，注册商标的有效期为 10 年，自核准注册之日起计算。注册商标有效期满，需要继续使用的，商标注册人应当在期满前 12 个月内按照规定办理续展手续；在此期间未能办理的，可以给予 6 个月的宽展期。每次续展注册的有效期为 10 年，自该商标上一届有效期满次日起计算。期满未办理续展手续的，注销其注册商标。商标局应当对续展注册的商标予以公告。

第十一章　商标注册的障碍

第一节　违反诚信原则的商标注册障碍

　　诚实信用原则是私法的基本原则之一。以商标权的取得、运用、保护为主要规范内容的《商标法》，属于从一般私法即《民法典》中分离出来的特别私法，《民法典》的基本原则条款自然也适用于《商标法》。《商标法》第 7 条第 1 款规定："申请注册和使用商标，应当遵循诚实信用原则。"所谓诚实信用，"是指自然人、法人和其他组织，申请注册商标和使用商标，必须意图诚实、善意、讲信用，行使权利不侵害他人与社会的利益，履行义务、信守承诺和遵守法律规定。"❶ 诚实信用可分为主观诚信和客观诚信，前者是民事主体对其行为的主观认知与主观确信，后者是民事主体遵守公认准则而从事客观行为，包含民事主体行为时的主观认知和客观行为。❷ 诚信的对立面是恶信，主观诚信即善意的对立面是主观恶信即恶意，客观诚信即善意行为的对立面是客观恶信即恶意行为。

　　在注册商标专用权注册取得领域，民事主体申请注册商标时所秉持的诚实意图或者善意，是商标注册的主观诚信即善意；反之，民事主体申请注册商标时所秉持的不诚实意图或者恶意，是商标注册的主观恶信即恶

---

❶　中华人民共和国商标法释义（2013 年修改）："第七条"［EB/OL］.（2013 – 12 – 14）［2022 – 04 – 12］. http：//www.npc.gov.cn/npc/c22754/201312/37ce043c8625461cb9bb 4bd2942c377f. shtml.

❷　徐国栋. 民法基本原则解释：诚信原则的历史、实务、法理研究［M］. 北京：北京大学出版社，2013：44 –50.

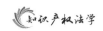

意。民事主体申请注册商标（行使商标注册申请权利）时秉持诚实、真诚意图或者善意，不侵害他人与社会的利益、履行义务和信守承诺（讲信用），是商标注册的客观诚信，即诚信注册或者善意注册；反之，民事主体申请注册商标时秉持不诚实、不真诚、欺骗意图或者恶意，侵害他人与社会的利益、违反义务和背弃承诺（不讲信用），是商标注册的客观恶信，即恶信注册或者恶意注册。❶《商标审查审理指南》"下编"第 1 章 1.1 规定，"在申请商标注册及使用过程中贯彻诚信原则，当事人及其商标代理机构应当具备诚实、善意、守信的主观状态，并确保其行为：按照法律法规的规定办理商标注册申请或者其他商标事宜，不以明知违法或者胁迫的手段试图获得注册；为申请商标注册所申报的事项和所提供的材料应当真实、准确、完整，不以虚构、隐瞒、伪造、欺骗手段试图获得注册；对已知或应知的社会公共利益、他人商标权利或其他在先权利合理避让，不以损害社会公共利益或他人权利的方式试图获得注册。"

对于诚信注册或者善意注册，《商标法》以核准注册（授权确权）的方式对之予以认可；对于恶信注册或者恶意注册，《商标法》以禁止注册（商标驳回、异议成立不予注册、无效宣告）的方式对之予以否定。《商标法》规定的众多商标注册障碍条款，全部具体体现了商标注册诚信原则的精神：不符合商标注册的绝对条件、属于商标禁止注册绝对理由的各种绝对障碍（不以使用为目的的恶意商标注册申请、商标标志不具有合法性、商标标志缺乏显著性、三维标志具有功能性、商标代理机构注册超出其代理服务范围的商标、以欺骗手段或者其他不正当手段取得商标注册），都是在申请注册商标时秉持不诚实意图或者恶意，扰乱商标注册秩序、浪费公共资源、侵害社会公共利益的恶意注册。相应的，不符合商标注册的相对条件、属于商标禁止注册相对理由的各种相对障碍（与他人在先注册商标或者在先初步审定的商标相冲突、与他人在先申请商标或者同日申请在先使用的商标相抵触、抢注他人在先未注册驰名商标、抢注他人在先注册驰名商标、代理人或代表人抢注被代理人或被代表人商标、特定关系人抢注他人在先使用未注册商标、抢注他人地理标志、损害他人现有在先权

---

❶ 刘自钦. 商标权注册取得领域的客观诚信和恶信［J］. 知识产权，2017（12）：67.

利、抢注他人在先使用有一定影响商标），都是在申请注册商标时秉持不诚实意图或者恶意，侵害他人利益、违反义务和背弃承诺（不讲信用）的恶意注册。

在商标注册实质审查与商标驳回复审、商标异议与不予注册复审、无效宣告、依职权宣告无效复审阶段，商标注册部门经审查审理认定存在违反诚信原则的商标注册障碍的，会驳回商标申请、作出不予注册异议决定及复审决定、作出无效宣告裁定或决定、作出维持依职权宣告无效复审决定。

第二节　商标注册绝对障碍的认定

一、不以使用为目的的恶意商标注册申请

2019 年修改的《商标法》在第 4 条第 1 款新增第 2 句规定，"不以使用为目的的恶意商标注册申请，应当予以驳回"，将缺乏商标使用真实意图的恶意注册规定为商标注册的绝对障碍。依据《商标审查审理指南》"下编"第 1 章 3.7、第 2 章 2 和 3 规定，"不以使用为目的的恶意商标注册申请"是指申请人并非基于生产经营活动的需要，缺乏真实使用意图，而提交大量商标注册申请，不正当占用商标资源，扰乱商标注册秩序，损害社会公共利益的行为；但是，申请人的商标注册申请行为仅损害特定主体的民事权益，不涉及损害公共利益的，不属于《商标法》第 4 条第 1 款规定情形。如属于《商标法》其他条款规制的恶意情形，适用其他条款。具体而言，申请人在申请注册商标的时候，既无实际使用商标的目的，也无准备使用商标的行为，或者依据合理推断无实际使用商标的可能性，表明其"不以使用为目的"即缺乏真实使用意图；申请人通过不以使用为目的大量申请商标注册行为表现出来的，明显违背诚信原则，明知或应知其行为违反法律规定、有碍公序良俗、损害社会公共利益，但为了借此牟取不正当利益，仍然实施相应行为，并追求或放任后果发生的主观心理状态，即为申请人在注册商标时所具有的"恶意"。另外，申请人基于防御

目的申请与其注册商标标识相同或近似的商标，或者申请人为具有现实预期的未来业务而预先适量申请商标的行为，并不适用《商标法》第 4 条第 1 款。

我国实行以注册为主、以使用为辅的商标权取得制度，申请注册商标也是为了在商业活动中使用该商标以识别商品来源、降低消费者搜索成本、形成商誉从而获得竞争优势，故而注册商标以使用为目的是《商标法》的立法宗旨或制度本源之所在。新增该条款旨在从源头遏制"不以使用为目的"的恶意商标注册申请行为，打击不正当占用商标资源、扰乱商标注册秩序的商标囤积注册等恶意注册行为，增强注册申请人的使用义务，规范商标申请注册秩序，使商标注册回归以商标使用为目的的制度本源。《商标审查审理指南》"下编"第 1 章 1.2 规定，在审查审理过程中，要"准确把握商标注册申请应出于真实的生产经营活动所需、以实际使用目的的内在要求，依法驳回不以使用为目的的恶意商标注册申请，即遏制缺乏将商标真实使用于正当生产经营的意图或依据合理推断无实际使用商标可能性的恶意商标注册申请行为"。从诚信原则的遵循而言，申请注册商标时不得秉持不诚实、不真诚、欺骗意图或者恶意，滥用商标注册申请权利侵害社会公共利益。《商标审查审理指南》"下编"第 1 章 1.5 规定："民事主体申请注册商标，应当有真实使用意图，以满足商标使用需求为目的，并与使用能力相适应，其申请注册商标的行为应当具有合理性和正当性。商标申请人没有使用能力或使用意图却大量注册商标，甚至在注册后即待价而沽或者阻挠他人的行为，不正当占用了商标资源且扰乱了商标注册秩序，属于滥用商标权利，应当结合诚实信用原则，对其申请或请求不予支持。"

在 2019 年《商标法》修改之前，对于在不同商品类别上大量地申请注册与他人在先注册并经使用有较高知名度商标相近似商标的行为，商标注册部门或法院会结合商标注册申请人过往抄袭注册其他知名度较高之商标的历史，将之认定为《商标法》第 10 条第 1 款第（8）项所禁止的注册"不良影响"商标行为。商标注册部门或法院在当时就认识到，这种行为违反了诚信原则，客观上损害了我国的商标注册秩序。"基于采用商标注册制的我国商标法，具体商标注册行为应当符合诚信原则，并应当以商标使用为目的。通常情况下，对于具有较高知名度且属于臆造词的商标，如被他人大量注册在不同类别上，则此类注册行为难以被认定符合诚实信用原则。"❶ 但是，由于商标注册部门或法院都拒绝直接适用诚信原则一般条款，❷ 而未能适用从反面直接表达商标注册诚信原则即禁止恶意注册的"禁止以不正当手段取得商标注册"该兜底条款，故此，它们径直忽略这种行为仅涉及申请注册方式而非申请注册内容的特征，不恰当地类推适用《商标法》第 10 条第 1 款第（8）项的禁止注册"不良影响"商标规定，即禁止注册标志本身即构成要素"对我国政治、经济、文化、宗教、民族等社会公共利益和公共秩序产生消极的、负面的影响"的商标。❸ 2019 年修改的《商标法》解决了这个问题，此后再面对这种行为，商标注册部门或法院可以直接适用《商标法》第 4 条第 1 款，以通过对这种行为的客观评判，依据合理推断商标注册申请人无实际使用商标的可能性，即该申请人缺乏商标使用的诚意或真实意图，且这种行为会扰乱商标注册秩序、浪费公共资源、侵害社会公共利益为由，认定这种行为构成"不以使用为目的的恶意商标注册申请"而驳回商标申请、作出不予注册异议决定及复审决定、作出无效宣告裁定或决定、作出维持依职权宣告无效复审决定。

依据《商标审查审理指南》"下编"第 2 章 4 规定，判断是否构成"不以使用为目的的恶意"，应综合考虑以下因素，综合判断商标注册申请是否明显不符合商业惯例、明显超出正当经营需要和实际经营能力、明显具有牟取不正当利益和扰乱正常商标注册秩序的意图：（1）申请人基本情

---

❶ 例如，商标评审委员会、北京市第一中级人民法院和北京市高级人民法院在"劳斯·莱斯 ROUSIREISI 及图"商标案中均认为，"由于在先商标申请人罗尔斯-罗伊斯公司注册并使用的商标'劳斯莱斯'是其臆造的商标，且该商标具有较高的知名度，因此在后商标申请人商标委托注册代理中心在不同商品类别上注册与'劳斯莱斯'商标近似的'劳斯·莱斯 ROUSIREISI 及图'具有不正当性。此外，商标委托代理中心还有多次抄袭注册其他知名度较高之商标的行为，如在多个商品类别上申请注册了'索爱新力 SanyErrissan 及图'、'雷蒙威 RaymondWell 及图'等商标。在前一情形的基础上结合考虑后一情形，商标委托代理中心注册被异议商标'劳斯·莱斯 ROU-SIREISI 及图'的行为违反了诚信原则，客观上对我国商标注册秩序造成了损害，违反了《商标法》第 10 条第 1 款第（8）项的规定"。参见北京市高级人民法院（2013）高行终字第 44 号行政判决书。

❷ 刘自钦. 论我国商标注册诚信原则运用机制的改进 [J]. 知识产权，2016（11）：62.

❸ 中华人民共和国商标法释义（2013 年修改）："第八条" [EB/OL]. (2013 - 12 - 14) [2022 - 04 - 12]. http：//www. npc. gov. cn/npc/c22754/201312/37ce043c8625461cb9bb 4bd2942c377f. shtml.

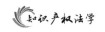

况，包括存续时间长短，注册资本实缴情况，所在行业领域及经营范围的具体情况，经营情况是否正常，是否存在吊销、注销、停业、清算等非正常情况；（2）申请人或与申请人存在特定关系者提交商标注册申请整体情况，包括累计申请商标数量及指定商品或者服务类别，提交商标注册申请的时间跨度情况，待审查商标注册申请、短期内新提交的商标注册申请的数量及指定商品或服务类别等；（3）商标具体构成情况，包括申请注册的商标是否与他人有一定知名度或显著性较强的商标相同或近似，是否与他人企业字号、企业名称简称、域名，有一定影响的商品名称、包装、装潢，他人知名并已产生识别性的广告语、外观设计等商业标识相同或近似，是否与行政区划名称、山川名称、景点名称、建筑物名称等公共资源相同或近似，是否与知名人物姓名、知名作品或角色名称、他人知名并已产生识别性的美术作品等公共文化资源相同或近似；（4）申请人或与申请人存在特定关系者在申请商标注册过程中及取得商标注册后的行为，包括将商标向第三方售卖或转让，且未能有效举证其售卖或转让前具有使用意图或就其不使用行为作出合理解释；具有出于牟取不正当利益的目的，积极向他人兜售或公开售卖商标、胁迫他人与其进行商业合作，或向他人索要高额转让费、许可使用费、侵权赔偿金、诉讼和解费等行为；（5）异议、评审程序中相关证据的情况，包括异议、评审程序中有证据证明申请人申请商标注册时缺乏真实使用意图，或取得商标注册后，既无实际使用行为，也无准备使用行为，申请人未能有效举证其使用意图或就其不使用行为作出合理解释的；有证据证明系争商标仅以系争商标专用权对他人发起侵权投诉或诉讼以牟取不正当利益的；（6）申请人已被生效的行政决定或裁定、司法判决认定曾从事商标恶意注册行为、侵犯他人注册商标专用权行为的情况；（7）申请人因恶意申请商标注册或商标侵权行为被企业信用信息公示系统列入严重违法失信名单等情况。需要注意的是，商标注册部门在审查、异议和评审环节审查审理这些判定标准所依据的事实来源存在差异，《商标审查审理指南》"下编"第 2 章 4 规定："判断是否构成不以使用为目的的恶意商标注册申请，注册审查程序中以发现的线索为主，异议、评审程序中以在案证据为主。"第 2 章 5 规定，由于程序功能和获取材料差异，商标注册部门除了对于"商标注册申请数量巨大，明显超出正常经营活动需求，缺乏真实使用意图，扰乱商标注册秩序的"，以及"大量复制、摹仿、抄袭多个主体在先具有一定知名度或者较强显著性的商标，扰乱商标注册秩序的"这两种情形在商标注册审查、异议和评审程序中均予以考量外，对于其他情形主要在商标异议和评审程序中予以考量。

不以使用为目的恶意申请注册的商标，不限于申请人本人申请注册的商标，也包括与申请人具有串通合谋行为或者具有特定身份关系或者其他特定联系的自然人、法人或者其他组织申请注册的商标。商标转让不影响对商标申请人违反《商标法》第 4 条第 1 款情形的认定。

二、商标标志不具有合法性

《商标法》第 10 条列举了国家及国际组织的名称或标志、特定官方标志、带有民族歧视性的标志、带有公众欺骗性的标志、其他违反公序良俗的标志等不得作为商标使用的标志，明确了使用地名作为商标的限制。其目的是禁止损害或可能损害国家尊严、社会公共利益、社会公共秩序、民族团结、宗教信仰等的标志或者其他违反公序良俗的标志获准注册和使用。但是，如果有关标志的注册仅损害特定民事权益，由于《商标法》已经另行规定了救济方式和相应程序，不宜认定其属于"有其他不良影响"的情形。

《商标审查审理指南》"下编"第 3 章 2 规定，对于含有带有民族歧视性的标志、带有公众欺骗性的标志、其他违反公序良俗的标志这三类标志的商标注册申请，"应严格审查审理，原则上禁止注册和使用。标志具有多种含义或者具有多种使用方式，只要其中某一含义或者使用方式容易使公众认为其属于本条第一款所规定情形的，可以认定违反该款规定，标志的具体使用情况一般不予考虑。如'叫个鸭子'，鸭子通常含义足指一种家禽，但在特殊语境下，非主流文化中亦有'男性性工作者'的含义，该标志格调不高，违背了我国公序良俗，属于有害于社会主义道德风尚的情形。"判断相关标志是否属于这三类标志，应当采用客观判断标准，即以我国相关公众（我国与相关商标标志所标识的某类商品或者服务有关的消费者和与前述商品或者服务的营销有密切关系的其他经营者）的共识作为

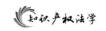

判断标准（"具体—般理性人标准"）。具体而言，是以 51% 的我国相关公众（而非抽象的我国全体社会公众）基于其世界观、人生观、价值观这"三观"对于相关标志的认识作为判断标准，或者是看我国 51% 的与商标注册申请人在性质、年龄、职业、身份、地位、经济状况、经营范围等类似或相同的经营者，会不会将相关标志用作商标？如果我国 51% 的与相关标志所标识的某类商品有关的消费者和与前述商品的营销有密切关系的其他经营者基于其"三观"都认为相关标志有害于公序良俗，或者我国 51% 的与商标注册申请人在性质、年龄、职业、身份、地位、经济状况、经营范围等相同或类似的经营者都不会将相关标志用作商标，那么相关标志即属于这三类标志。《商标审查审理指南》"下编"第 3 章 2 规定："实践中不同社会群体对有关标志是否属于本款禁用情形（带有民族歧视性的标志、带有公众欺骗性的标志、有害于社会主义道德风尚或者有其他不良影响的标志——编者注）往往存在不同的理解，但只要特定群体有合理充分的理由认为该标志用作商标违反了本款规定，则应认定为该标志属于上述禁用情形。如 'MLGB'，在网络环境下特定网络使用群体认为其具有不文明含义，该标志仍属有害于社会主义道德风尚的情形。"相反，虽然"Darlie 黑人牙膏"在美欧国家中具有民族歧视性，但我国 51% 的牙膏消费者和与牙膏的营销有密切关系的其他经营者基于其"三观"都不认为对人种的描述有对黑人种族进行丑化、贬低或者其他不平等看待该民族的意涵，即不认为使用"黑人牙膏"中的"黑人"带有民族歧视性，因此"黑人"可以作为商标在我国注册和使用；我国相关公众不必承受美欧等国历史上对黑人奴隶贸易和殖民等残酷血腥恶行的历史罪责和精神负担，美欧等国民众在禁止使用"黑人"用语方面的"三观"不同于我国民众的"三观"，这从侧面表明美欧所谓"普世价值""政治正确"相对于其他国家的不可通约性。

《商标审查审理指南》"下编"第 3 章 2 还规定："本条第二款规定了县级以上行政区划的地名或者公众知晓的外国地名不得作为商标。其例外情况主要包括：一是地名具有除行政区划外的其他含义，且其他含义更易于被一般公众所接受和熟知，如'凤凰'除了具有行政区划地名的含义外，还有'传说中的百鸟之王'的含义，且公众更熟知第二层含义；二是地名作为集体商标、证明商标组成部分；三是已经注册使用地名的商标继续有效。为保护商标所有权人合法权益，现行法不追溯该法生效前已经注册的含有上述地名的普通商标，如'北京牌'电视机等。"

三、商标标志缺乏显著性

《商标法》第 11 条规定："下列标志不得作为商标注册：（一）仅有本商品的通用名称、图形、型号的；（二）仅直接表示商品的质量、主要原料、功能、用途、重量、数量及其他特点的；（三）其他缺乏显著特征的。前款所列标志经过使用取得显著特征，并便于识别的，可以作为商标注册。"据此，缺乏显著性的标志不得作为商标注册，但经过使用获得显著性的可以作为商标注册。

商标的显著性又被称为"区别性""识别性"，是指用于特定商品的标志具有的能够同相关商品上的其他商标相区别（商标区分显著性），在商业活动中使用能够识别商品来源的特征（商品来源识别显著性）。[1] 商标最基本的功能是识别商品来源，商标权保护的出发点与归宿都在于防止混淆，故而一个标志能否作为商标受到保护，其核心要件在于该标志是否具有识别商品来源的显著性。[2] 如果一个标志不具有显著性，那么它就不是商标。按照标志的商标区分程度及来源识别程度的差别，可将标志分为两类：一是固有显著性标志，即用于特定商品的标志能够同相关商品上的其他商标相区别，一旦在商业活动中使用即被法律无可辩驳地推定能够识别商品来源；二是获得显著性标志即"第二含义"标志，即不具备固有显著性的标志经过商业使用，事实上获得了能够识别商品来源的特征，即一定数量或一定范围内的相关公众对该标志与特定市场经营者即商品提供者之间的关联产生了认知或印象。换言之，该标志在商业使用后获得了不同于商业使用前该标志"最初含义或第一含义"的"第二含义"。由于法律自动推定具备固有显著性的标志即为消费者所认知的表明商品来源的商标，对于不具备固有显著性的标志而言，应当由标志所有人证明消费者产生了

---

[1]　王太平. 商标法：原理与案例 [M]. 北京：北京大学出版社，2015：67 – 68.

[2]　吴汉东. 知识产权基本问题研究（分论）[M]. 2 版. 北京：中国人民大学出版社，2009：362 – 363.

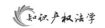

该标志与特定市场经营者之间有关联的认知或印象。❶

　　商标的显著性是对标志在首次使用时所具有的识别商品来源的内在潜力的评价，是判断标志是否具备商标适格性即作为商标使用或注册的资格的标准，仅表明商标的"概念强度"。在评判商标的法律强度时，除了要看商标标志是否具备商标适格性之外，还要看商标的"市场强度"，这指的是标志在注册或侵权诉讼阶段所具有的实际市场认知程度或范围，即相关公众将商标与商品来源联系起来的程度或范围。商标的市场认知程度或范围决定了商标的保护程度，即商标权受到保护的相关商品及（视觉、听觉等感知形式相对该商标有所变化的）相关商标的范围，从而在相关商品上使用相关商标更容易造成消费者混淆即构成商标侵权。需要注意的是，不具备固有显著性的标志经使用具备了获得显著性或"第二含义"，仅表明该标志经使用具有了一定的市场认知度，这是比商标"知名"或"驰名"程度更低的市场认知度或范围中的一个确定点，作为满足商标适格性的门槛条件只涉及这点市场认知度的"有无"问题，而不像"商标强度"一样涉及商标的市场认知程度或范围的"高低"或"大小"问题。因此，即便是商标显著性最强的臆造性标志，也会因为商品销售、广告、推销较少而在相关市场不为人所知；即便是商标显著性较低的高度暗示性标志，或者不具备固有显著性但经使用获得"第二含义"的描述性标志，经过大量的商品销售或推销宣传而广为消费者所知。❷

　　按照标志的"能指"即标志本身与"所指"即标志所代表的商品信息之间联系的密切程度，以及标志同相关商品上的其他商标之间的区别程度，可以将标志大致分为下列五类。（1）通用标志，即某种东西的一般名称或图形。通用标志与它所指代的商品之间关系最为密切，完全不能起到识别该商品来源的作用；它对于该商品而言不具有显著性，不能作为该商品的商标。不过，对于另一种商品而言，通用标志可能会因获得显著性而成为这种商品的商标。但是，若在另一种商品上以虚假或欺骗方式使用通

---

❶　McCarthy J T. McCarthy on Trademarks and Unfair Competition ［Z］. 5th Ed. Westlaw, 2022：11.2, 11.4, 15.1, 15.5.

❷　McCarthy J T. McCarthy on Trademarks and Unfair Competition ［Z］. 5th Ed. Westlaw, 2022：11.2, 11.6, 11.14, 11.73－11.75, 11.80－11.82.

用标志，则该通用标志带有欺骗性而不得作为商标注册。此外，如果商标所有人怠于保护和管理商标，导致竞争对手普遍、大量地使用该商标指代相关商品，那么，这会造成消费者认为该标志是相关商品的通用名称。通用名称位于公有领域之内，任何人都可以自由使用通用名称，这降低了各经营者告知消费者他们销售同类产品的成本。若赋予经营者在某产品上使用该产品通用名称的排他性权利，则相当于赋予该经营者对该产品的垄断地位，这提高了其他经营者的竞争成本。（2）描述性标志，即直接表示商品特点的标志。商品的质量、主要原料、功能、用途、重量、数量以及价格、尺码、提供者和产品、用户群体、使用方法、使用效果、风味、内容、生产工艺、技术特点、销售场所等，都属于商品的特点。描述性标志与它所指代的商品之间的联系也过于密切，在最初使用时也无法起到识别该商品来源的作用；它对于该商品而言不具备固有显著性，只有在经使用具备获得显著性即"第二含义"时才能作为该商品的商标。经营者使用描述性标志向消费者告知商品特点的表达自由，消费者对商品特点的知情权，使得描述性标志的商标权范围仅限于其原始含义边缘的"第二含义"之内，任何其他经营者都可以对于描述性标志的描述意涵进行合理使用。描述性用语是位于公有领域内的词汇，任何经营者都可以自由使用这些词汇描述其提供的商品或服务，若未经使用具备"第二含义"即赋予描述性标志所有人对描述性用语的排他性权利，则会赋予该人对描述性用语的垄断地位，并会导致可用于描述事物特点的通用词汇的耗尽，这会剥夺其他经营者使用相同词汇描述相关商品的权利，造成妨碍竞争并提高消费者成本的后果。（3）暗示性标志，即不直接表示而是暗示商品特点的标志。不同于消费者可直接认识到商标特点的描述性标志，消费者需要想象、思考、推理才能掌握暗示性标志所传达的商品特点信息。暗示性标志与它所指代的商品之间只有较为疏远的间接联系，用于特定商品时能够同相关商品上的其他商标相区别，故而一旦在商业活动中使用即被法律无可辩驳地推定能够识别商品来源；它对于该商品而言具备固有显著性，无须经使用具备"第二含义"即能作为该商品的商标。（4）任意性标志，即不描述或暗示商品特点且由现有词汇构成的标志。任意性标志与它所指代的商品之间没有任何联系，用于特定商品时比暗示性标志更容易同相关商品上的其

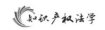

他商标相区别，故而一旦在商业活动中使用即被法律无可辩驳地推定能够识别商品来源，对于该商品而言具备固有显著性。（5）臆造性标志，即由仅为用作商标而创造的词汇构成的标志。臆造性商标没有任何含义，用于特定商品时能够很快地同相关商品上的其他商标相区别，故而一旦在商业活动中使用即被法律无可辩驳地推定能够识别商品来源，对于该商品而言具备固有显著性。需要注意的是，如果在相关公众尚未有公认命名的新产品上使用臆造性标志，那么，可能会存在相关公众普遍接受该标志，进而将该标志用作新产品的通用名称的风险。❶

《商标审查审理指南》"下编"第4章2规定："判断商标是否具有显著特征，除了要考虑商标标志本身的含义、呼叫和外观构成，还要结合商标指定的商品或者服务、商标指定商品或者服务的相关公众的认知习惯、商标指定商品或者服务所属行业的实际使用情况等，进行具体的、综合的、整体的判断。"据此，判断相关标志是否具有显著性，应当采用客观判断标准即具体一般理性人标准，即以我国相关公众（我国与相关商标标志所标识的某类商品或者服务有关的消费者和与前述商品或者服务的营销有密切关系的其他经营者）的认知作为判断标准。具体而言，是以51%的我国相关公众基于交易习惯形成的对于相关标志的认识作为判断标准。

四、三维标志具有功能性

《商标法》第12条规定："以三维标志申请注册商标的，仅由商品自身的性质产生的形状、为获得技术效果而需有的商品形状或者使商品具有实质性价值的形状，不得注册。"其中，"仅由商品自身的性质产生的形状"，是为实现商品固有的目的和用户所必须采用的或通常采用的三维形状，即性质功能性三维形状；"为获得技术效果而需有的商品形状"，是指为使商品具备特定的功能，或者使商品固有的功能更容易地实现所必须使用的三维形状，即实用功能性三维形状；"使商品具有实质性价值的形状"，是指为使商品的外观或造型具有美学价值，进而实质性地影响消费者的购买意愿所使用的三维形状，即美学功能性三维形状。

---

❶ McCarthy J T. McCarthy on Trademarks and Unfair Competition ［Z］. 5th Ed. Westlaw, 2022：12. 1 - 12. 4，11. 9，11. 15，11. 18，11. 62，11. 67.

一方面，本条款意在确保具有实用价值或美学价值的商品特征不能通过获取可无限续展的注册商标专用权的方式被永久保护，避免商标注册申请人通过垄断商品功能特征而获得对相关商品的垄断地位，确保竞争对手能自由利用商品功能特征参与合法的市场竞争。另一方面，本条款还意在避免商标法与专利法的价值目标发生冲突。不同于专利法对技术方案的保护，商标法仅保护可识别商品来源的标志及其所承载的商誉，商标法禁止对他人可识别来源标志的混淆性使用以及相应的商誉侵害，但不禁止在商品上的竞争。本条款能防止商标法对专利法所不保护的位于公有领域的技术方案提供无期限限制的保护。因此，如果三维标志被认定具有功能性，即使经过长期使用而具有显著性也不能获得注册。

在认定商品形状特征的功能性时，应当以该特征是否对于商品的使用或目的而言是必需即不可替代的，或者是否影响到商品的制造成本或质量作为判断标准。如果法律赋予商品形状特征相应的商标专有权会将其他竞争者置于明显不利的地位，而这种竞争劣势的产生与未能利用立体商标的商誉无关，则可以认定竞争劣势的产生是因为法律赋予了商品形状的功能性特征以专有权，从而导致竞争对手不能参与相关商品市场的竞争。❶

五、商标代理机构注册超出其代理服务范围的商标

《商标法》第19条第4款规定："商标代理机构除对其代理服务申请商标注册外，不得申请注册其他商标。"为规范商标代理活动，2013年修改的《商标法》向商标代理机构施加了包括本条款在内的义务，并对不履行义务的商标代理机构课以法律责任；2019年修改的《商标法》进一步完善了商标代理机构规定，基于防止商标代理机构利用其业务优势恶意抢注他人商标牟利，扰乱商标注册秩序，侵害商标实际使用人利益及社会公共利益的目的，将本条款规定为商标注册的绝对障碍。《商标审查审理指南》"下编"第13章2规定："商标代理服务是指商标代理机构接受委托人的委托，以委托人的名义办理商标注册申请、商标评审或者其他商标事宜，包括代理商标注册申请、变更、续展、转让、异议、撤销、评审、侵权投

---

❶ 冯术杰. 商标法原理与应用［M］. 北京：中国人民大学出版社，2017：70－72.

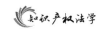

诉等有关事项，提供商标法律咨询，担任商标法律顾问，以及代理其他有关商标事务等。"

依据《商标法实施条例》第87条、《商标审查审理指南》"下编"第13章3的规定，商标代理机构的代理服务以《类似商品和服务区分表》中对应的第45类4506类似群服务内容为限，如有调整，按照审查时有效的《类似商品和服务区分表》执行。商标代理机构在除代理服务以外的商品或者服务项目上申请注册商标的，其该商标注册申请不予受理；已经受理的，适用《商标法》第19条第4款在实质审查中予以驳回。

六、以欺骗手段或者其他不正当手段取得商标注册

《商标法》第44条第1款规定：已经注册的商标，"是以欺骗手段或者其他不正当手段取得注册的，由商标局宣告该注册商标无效；其他单位或者个人可以请求商标评审委员会宣告该注册商标无效。"申请商标注册应当遵守诚信原则，不得以弄虚作假的手段欺骗商标注册部门取得注册，也不得以扰乱商标注册秩序、损害公共利益、不正当占用公共资源或者以其他方式牟取不正当利益等其他不正当手段取得注册。

依据《商标审查审理指南》"下编"第16章3规定，以欺骗手段取得商标注册，是指商标注册申请人在申请注册商标时，采取向商标注册部门虚构或者隐瞒事实真相、提交伪造的申请书件或者其他证明文件等手段骗取商标注册。该行为包括但不限于下列情形：（1）伪造申请书件章戳或签字的行为；（2）伪造、涂改申请人的身份证明文件的行为，包括使用虚假的身份证、营业执照等身份证明文件，或者涂改身份证、营业执照等身份证明文件上重要登记事项等行为；（3）伪造其他证明文件的行为。

以其他不正当手段取得商标注册，是指确有充分证据证明商标注册申请人采用欺骗手段以外的扰乱商标注册秩序、不正当占用公共资源、损害公共利益或者以其他方式谋取不正当利益等其他不正当手段取得注册，其行为违反了诚信，损害了公共利益。对于只损害特定民事权益的情形，应适用《商标法》第45条及其他相应规定。该行为包括下列情形：（1）申请人申请注册多件商标，且与他人具有一定知名度或较强显著特征的商标构成相同或者近似的；（2）申请人申请注册多件商标，且与他人字号、企

业名称、社会组织及其他机构名称、有一定影响的商品名称、包装、装潢等构成相同或者近似的；（3）其他可以认定为以不正当手段取得注册的情形，如通过给经办人好处等方式取得商标注册。❶ 以不正当手段取得注册的商标，不限于商标申请人本人申请注册的商标，也包括与商标申请人具有串通合谋行为或者具有特定身份关系或者其他特定联系的人申请注册的商标。

需要注意的是，"不正当"是"不诚信""恶信"或者"恶意"的另一种表达，"以不正当手段取得注册"即为"恶意注册"；换言之，"禁止以不正当手段取得商标注册"条款即为从反面直接体现商标注册诚信原则即禁止恶意注册的一般条款或"兜底条款"。为避免向诚信原则一般条款逃避式的适用，滥用诚信原则造成法律权威被削弱、法秩序稳定性受破坏、司法专横及个案不公平等后果，应当对《商标法》第 44 条第 1 款的"禁止以不正当手段取得商标注册"条款予以谦抑适用，凡是商标注册申请属于《商标法》其他具体条款所规定的商标注册障碍的，应当适用其他具体条款对商标不予注册或宣告无效，不得适用《商标法》第 44 条第 1 款。同理，《商标法》第 4 条第 1 款规定的"不以使用为目的的恶意商标注册申请"只不过是诸多恶意注册行为中的一种行为。因此，如果商标申请人缺乏商标使用真实意图而大量申请与他人知名商标、其他商业标识、公共资源符号、公共文化资源符号等相同或近似的商标，应当适用《商标法》第 4 条第 1 款而非《商标法》第 44 条第 1 款；相反，如果商标申请人具备商标使用真实意图而大量申请这些商标，同样属于扰乱商标注册秩序、不正当占用公共资源、损害公共利益的恶意注册行为，但是因不属于《商标法》第 4 条第 1 款规定的情形，故此应当适用《商标法》第 44 条第 1 款"禁止以不正当手段取得商标注册"该禁止恶意注册"兜底条款"。

---

❶ 中华人民共和国商标法释义（2013 年修改）："第八条"［EB/OL］.（2013 – 12 – 14）［2022 – 04 – 12］. http：//www. npc. gov. cn/npc/c22754/201312/24e0d871168a4228b009 4aef683d320d. shtml.

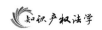

第三节　商标注册相对障碍的认定

一、与他人在先注册商标或者在先初步审定的商标相冲突

依据《商标法》第 30 条规定，申请注册的商标，不得同他人在同一种商品或者类似商品上已经注册的或者初步审定的商标相同或者近似，即不得与他人在先注册商标或者在先初步审定商标相冲突。商标注册申请人在相同或类似商品上申请注册与他人在先注册商标或者在先初步审定商标相同或近似的商标，可能会导致相关公众对商品来源的混淆，构成对他人在先注册商标权的侵害。

认定申请注册的商标是否与他人在先注册商标或者在先初步审定商标相冲突，采用的是与商标侵权认定相同的判定标准，即是否可能造成相关公众混淆。《最高人民法院关于审理商标授权确权行政案件若干问题的意见》（法发〔2010〕12 号）第 14 条规定："人民法院在审理商标授权确权行政案件中判断商品类似和商标近似，可以参照《最高人民法院关于审理商标民事纠纷案件适用法律若干问题的解释》的相关规定。"依据《最高人民法院关于审理商标民事纠纷案件适用法律若干问题的解释》（法释〔2020〕19 号）第 9—12 条，《最高人民法院关于审理商标授权确权行政案件若干问题的意见》第 1 条、第 14—16 条，以及《商标审查审理指南》"下编"第 5 章 2 和 3、第 6 章 3.4、第 7 章 3.3、第 8 章 3.3 规定，同一种商品与类似商品、商标相同与商标近似的判定标准和判定原则如下。

1. 同一种商品与类似商品的判定

其一，在判定标准方面，同一种商品是指名称相同的商品，或者名称不同但在功能、用途、主要原料、生产部门、销售渠道、消费对象等方面相同或者基本相同，相关公众一般认为是同一事物的商品。类似商品是指在功能、用途、主要原料、生产部门、销售渠道、消费对象等方面基本相同，或者相关公众一般认为其存在特定联系、容易造成混淆的商品。

同一种服务是指名称相同的服务，或者名称不同但在服务的目的、内容、方式、对象、场所等方面相同或者基本相同，相关公众一般认为是同一方式的服务。类似服务是指在服务的目的、内容、方式、对象、场所等方面基本相同，或者相关公众一般认为存在特定联系、容易造成混淆的服务。

商品与服务类似，是指商品和服务之间存在特定联系，容易使相关公众混淆，即容易使相关公众认为商品或者服务是同一主体提供的，或者其提供者之间存在特定联系。

其二，在判定原则方面，认定商品或者服务是否类似，应当以相关公众对商品或者服务的一般认识综合判断；《商标注册用商品和服务国际分类表》《类似商品和服务区分表》可以作为判断类似商品或者服务的参考。对于《类似商品和服务区分表》未涵盖的商品，应当基于相关公众的一般认知力，综合考虑商品的功能、用途、主要原料、生产部门、消费对象、销售渠道等因素认定是否构成同一种或者类似商品。对于《类似商品和服务区分表》未涵盖的服务，应当基于相关公众的一般认知力，综合考虑服务的目的、内容、方式、对象、场所等因素认定是否构成同一种或者类似服务。

2. 商标相同与商标近似的判定

其一，在判定标准方面，商标相同是指两商标在视觉效果上或者声音商标在听觉感知上完全相同或者基本无差别。所谓基本无差别，是指两商标虽有个别次要部分不完全相同，但主要部分完全相同或者在整体上几乎没有差别，以至于在一般注意力下，相关公众或者普通消费者很难在视觉或听觉上将两者区分开来。

商标近似是指两商标在文字、图形、字母、数字、三维标志、颜色组合和声音等标志构成要素在视觉、发音、含义或排列顺序等方面虽有一定区别，但整体差异不大，易使相关公众对商品的来源产生误认或者认为其来源与引证商标的商品有特定的联系。文字商标应主要考虑"字形、读音、含义"三个方面；图形商标应主要考虑构图、外观及着色；立体商标应考虑商标中三维形状的任一可观察角度，并就可观察到的表现内容及视觉效果与他人在先立体商标或平面商标进行对比；颜色组合商标应考虑商标的使用方式，主要从整体视觉效果上进行对比；声音商标应考虑商标的

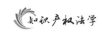

听觉感知或整体音乐形象，或者声音商标中语音对应的文字或其他要素与可视商标中含有的文字或其他要素。

其二，在判定原则方面，判定商标相同或者近似时，应当以相关公众的一般注意力和认知力为标准，采用隔离观察模式下分别进行的商标整体对比与要部（商标的主要部分或显著识别部分）对比的方法，判断商标标志本身是否相同或近似。在此基础上，还应考虑在先商标的显著性、在先商标的知名度、相关公众的注意程度、商标申请人的主观意图以及商标申请人所处地域、商标的使用方式、系争商标与在先商标所使用商品的关联程度、商标申请人与引证商标权利人是否属于同行业等因素，综合判断商标使用在同一种或类似商品上是否易使相关公众对商品的来源产生混淆。

需要注意的是，在商标注册审查阶段，商标注册部门除了能够通过商标数据库检索到在先注册商标及在先初步审定商标、在先申请商标及同日申请在先使用商标、在先地理标志外，并不主动掌握表明在先商标的显著性、在先商标的知名度、相关公众的注意程度、商标申请人的主观意图或者商标申请人所处地域、商标的使用方式、系争商标与在先商标所使用商品的关联程度、商标申请人与引证商标权利人是否属于同行业等因素的线索，要求商标注册部门主动收集这些线索对其施加了过高的审查成本。因此，《商标审查审理指南》"下编"第 5 章 3.2 规定，在商标注册审查中，判定相同、近似主要考虑商标标志本身的近似程度。在其他程序中，则在判定商标标志相同、近似的基础上，还应考虑在先商标的显著性、在先商标的知名度、相关公众的注意程度、商标申请人的主观意图等因素，综合判断商标使用在同一种或类似商品或者服务上是否易使相关公众对商品或者服务的来源产生混淆。

3. 保护在先商业标识权益与维护已形成、稳定的市场秩序之间的平衡

《最高人民法院关于审理商标授权确权行政案件若干问题的意见》第 1 条规定："人民法院在审理商标授权确权行政案件时，对于尚未大量投入使用的诉争商标，在审查判断商标近似和商品类似等授权确权条件及处理与在先商业标志冲突上，可依法适当从严掌握商标授权确权的标准，充分考虑消费者和同业经营者的利益，有效遏制不正当抢注行为，注重对于他人具有较高知名度和较强显著性的在先商标、企业名称等商业标志权益的

保护，尽可能消除商业标志混淆的可能性；对于使用时间较长、已建立较高市场声誉和形成相关公众群体的诉争商标，应当准确把握商标法有关保护在先商业标志权益与维护市场秩序相协调的立法精神，充分尊重相关公众已在客观上将相关商业标志区别开来的市场实际，注重维护已经形成和稳定的市场秩序。"第 16 条规定："人民法院认定商标是否近似，既要考虑商标标志构成要素及其整体的近似程度，也要考虑相关商标的显著性和知名度、所使用商品的关联程度等因素，以是否容易导致混淆作为判断标准。"其中，需要考虑显著性和知名度、所使用商品的关联程度等因素的"相关商标"，不仅包括在先的引证商标，还包括系争商标。

二、与他人在先申请商标或者同日申请在先使用的商标相抵触

《商标法》第 31 条规定："两个或者两个以上的商标注册申请人，在同一种商品或者类似商品上，以相同或者近似的商标申请注册的，初步审定并公告申请在先的商标；同一天申请的，初步审定并公告使用在先的商标，驳回其他人的申请，不予公告。"本条规定了商标注册的"先申请原则"，即以申请在先为主、使用在先为辅的商标审核制度。据此，申请注册的商标，不得与他人在先申请商标或者同日申请在先使用的商标相抵触。

认定申请注册的商标是否与他人在先申请商标或者同日申请在先使用的商标相抵触，采用的是与商标侵权认定相同的判定标准，即是否可能造成相关公众混淆。关于同一种商品与类似商品、商标相同与商标近似的判定标准和判定原则，可见上一小节的有关论述。

三、同类抢注他人在先未注册驰名商标

《商标法》第 13 条第 2 款规定："就相同或者类似商品申请注册的商标是复制、摹仿或者翻译他人未在中国注册的驰名商标，容易导致混淆的，不予注册并禁止使用。"其中，"复制"是指系争商标与他人驰名商标相同；"摹仿"是指系争商标沿袭他人驰名商标的显著部分；"翻译"是指系争商标将他人驰名商标以不同的语言文字予以表达，且该语言文字已与他人驰名商标建立对应关系，并为相关公众所熟知或习惯使用，或者易使

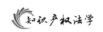

相关公众误认为该语言文字与他人驰名商标具有相当程度的联系。据此，申请注册的商标，不得同他人在同一种商品或者类似商品上未注册的驰名商标相同或近似；换言之，本条款禁止混淆性注册他人在先未注册驰名商标。经使用驰名的未注册商标，承载了经营者较高的商誉，其他经营者对该商标的混淆性注册，属于利用经营者商誉获取不正当竞争优势，侵害经营者正当竞争利益的行为，构成对他人未注册驰名商标专有权的侵害。

依据《商标法》第 14 条；《最高人民法院关于审理涉及驰名商标保护的民事纠纷案件应用法律若干问题的解释》（法释〔2020〕19 号）第 3—8 条、《驰名商标认定和保护规定》以及《商标审查审理指南》"下编"第 10 章 3—5 规定，驰名商标的认定原则和认定标准如下。

其一，驰名商标的认定原则。驰名商标认定应当遵循以下原则：一是个案认定原则，即请求驰名商标保护的当事人只有在具体的商标案件中，认为系争商标构成对其已为相关公众所熟知商标的复制、攀仿、翻译并且容易导致混淆或者误导公众，致使其利益可能受到损害时才可以提起驰名商标认定；在需要认定驰名商标的案件中，驰名商标的认定结果只对本案有效。曾被认定为驰名商标的，在本案中可以作为驰名商标受保护的记录予以考虑。二是被动保护原则，即商标注册部门可以在具体的商标案件中应当事人的请求就其商标是否驰名进行认定，并在事实认定的基础上作出决定或裁决。当事人未主张驰名商标保护的，商标注册部门不予主动认定。三是按需认定原则，即当事人商标确需通过认定驰名商标依据《商标法》第 13 条予以保护的，商标注册部门可就其商标是否驰名进行认定。如果根据在案证据能够适用《商标法》其他条款对当事人商标予以保护的（被诉侵犯商标权或者不正当竞争行为的成立不以商标驰名为事实根据），或者系争商标的注册使用不会导致混淆或者误导公众，致使当事人利益可能受到损害的（被诉侵犯商标权或者不正当竞争行为因不具备法律规定的其他要件而不成立），商标注册部门无须对当事人商标是否驰名进行认定。

其二，驰名商标的认定标准。认定是否构成驰名商标，应当视个案情况综合考虑下列各项因素：（1）相关公众对该商标的知晓程度；（2）使用该商标的商品的市场份额、销售区域、利税等；（3）该商标使用的持续时间；（4）该商标的宣传或者促销活动的方式、持续时间、程度、资金投入和地域范围；（5）该商标曾被作为驰名商标受保护的记录；（6）该商标享有的市场声誉；（7）该商标驰名的其他因素。但是，根据案件具体情况无须考虑该条规定的全部因素即足以认定商标驰名的情形除外。

请求保护的商标具有曾被作为驰名商标受保护记录（曾被法院或者行政管理部门认定为驰名商标）的，如驰名商标持有人已提交该商标作为驰名商标予以保护时的驰名状态延及本案的证据，其再次请求驰名商标保护的范围与已被作为驰名商标予以保护的范围基本相同，且对方当事人对该商标驰名的事实无异议，或者虽有异议但异议理由和提供的证据明显不足以支持该异议的，可以根据该保护记录，结合相关证据，给予该商标驰名商标保护。

依据《最高人民法院关于审理商标授权确权行政案件若干问题的规定》（法释〔2020〕19号）第12条、《最高人民法院关于审理商标授权确权行政案件若干问题的意见》第10条、《最高人民法院关于审理涉及驰名商标保护的民事纠纷案件应用法律若干问题的解释》第9条，以及《商标审查审理指南》"下编"第10章7规定，《商标法》第13条第2款规定的"容易导致混淆"的判定标准和判定原则如下。

其一，在判定标准方面，"容易导致混淆"是指足以使相关公众对使用系争商标与驰名商标的商品来源产生误认，认定使用系争商标的商品是由驰名商标所有人生产或提供，或者足以使相关公众联想到使用系争商标与驰名商标的经营者之间存在投资、许可使用、关联企业或合作关系等特定联系。

其二，在判定原则方面，判定是否容易导致混淆，应综合考虑商标标志的近似程度，系争商标与驰名商标各自使用商品的关联程度或类似程度，驰名商标的独创性、显著性和知名程度，相关公众的注意程度、商标申请人的主观意图等因素以及因素之间的相互影响。

由此可知，驰名商标保护的"容易导致混淆"标准，与同一种商品与类似商品、商标相同与商标近似的"混淆可能性"判定标准和判定原则完全相同。

四、跨类抢注他人在先注册驰名商标

《商标法》第13条第3款规定："就不相同或者不相类似商品申请注

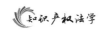

册的商标是复制、摹仿或者翻译他人已经在中国注册的驰名商标，误导公众，致使该驰名商标注册人的利益可能受到损害的，不予注册并禁止使用。"据此，申请注册的商标，不得同他人在不相同或者不类似商品上已注册的驰名商标相同或近似。注册商标经使用为相关公众所熟知而成为驰名商标，在承载经营者全国范围内良好商誉的同时，具有来源识别功能之外更强的质量保证功能和广告功能，并且能进一步反映产品的文化、精神内涵，表彰相应商品使用者品位、生活方式、身份或地位的功能。因此，在不相同或不类似商品上申请注册与他人在先注册驰名商标相同或近似的商标，可能会造成相关公众混淆；即便因为他人在先注册驰名商标的驰名度很高而不会造成相关公众对商品来源产生混淆，这种行为也有可能让相关公众认为系争商标与他人驰名商标具有相当程度的联系，从而削弱驰名商标所具有的与其他商标相区别的特征即商标区分显著性，这扰乱或破坏了驰名商标与体现特定文化、精神内涵商品之间的唯一对应关系，使驰名商标丧失其具有的彰显相应商品使用者品位、生活方式、身份或地位的功能，对驰名商标所承载的经营者商誉造成贬损。

依据《最高人民法院关于审理商标授权确权行政案件若干问题的规定》第 13 条、第 25 条，《最高人民法院关于审理商标授权确权行政案件若干问题的意见》第 10—11 条，《最高人民法院关于审理涉及驰名商标保护的民事纠纷案件应用法律若干问题的解释》第 9—10 条，以及《商标审查审理指南》"下编"第 10 章 7—8 规定，《商标法》第 13 条第 3 款规定的"误导公众，致使该驰名商标注册人的利益可能受到损害"的判定标准和判定原则如下。

其一，在判定标准方面，"误导公众，致使该驰名商标注册人的利益可能受到损害"，是指足以使相关公众认为被诉商标与驰名商标具有相当程度的联系，而减弱驰名商标的显著性、贬损驰名商标的市场声誉，或者不正当利用驰名商标的市场声誉。其中，"足以使相关公众认为被诉商标与驰名商标具有相当程度的联系，而减弱驰名商标的显著性、贬损驰名商标的市场声誉"，是对驰名商标所具有的商标区分显著性的妨碍，扰乱或破坏了驰名商标与具备良好商誉的商品之间的唯一对应关系，构成对驰名商标显著性的弱化，甚至在使用系争商标的商品档次较低下时构成对驰名商标所承载经营者商誉的丑化；"足以使相关公众认为被诉商标与驰名商标具有相当程度的联系，而不正当利用驰名商标的市场声誉"，是不仅妨碍或破坏了驰名商标所具有的商标区分显著性，而且进一步造成相关公众对商品来源产生混淆（足以使相关公众对使用系争商标与驰名商标的商品来源产生误认，认定使用系争商标的商品是由驰名商标所有人生产或提供，或者足以使相关公众联想到使用系争商标与驰名商标的经营者之间存在投资、许可使用、关联企业或合作关系等特定联系），妨碍或破坏了其所具有的商品来源识别显著性，而同其他商标侵权行为一样，不正当利用他人商标所承载商誉攫取竞争优势、侵害商标权人正当竞争利益的行为。

其二，在判定原则方面，判定是否会"误导公众，致使该驰名商标注册人的利益可能受到损害"，应当综合考虑商标标志的近似程度，系争商标与驰名商标各自使用商品的关联程度，驰名商标的独创性、显著性和知名程度（包括驰名商标在使用系争商标指定商品的相关公众中的知晓程度），相关公众的重合程度，相关公众的注意程度，与驰名商标近似的标志被其他市场主体合法使用的情况，商标申请人的主观意图等因素。

需要注意的是，依据《商标法》第45条规定，未注册驰名商标所有人或者注册驰名商标所有人对于恶意注册驰名商标的行为请求商标注册部门宣告该注册商标无效，不受5年争议期限的限制。这也承认了驰名商标承载了经营者较高的商誉，应当受到比普通商标更强的保护。判定系争商标申请人是否"恶意注册"他人驰名商标，应综合考虑引证商标的知名度、系争商标申请人申请系争商标的理由、使用系争商标的具体情形来判断其主观意图；引证商标知名度高、系争商标申请人没有正当理由的，可以推定其注册构成对驰名商标的"恶意注册"。判定系争商标申请人是否具有恶意可考虑下列因素：（1）系争商标申请人与驰名商标所有人曾有贸易往来或者合作关系；（2）系争商标申请人与驰名商标所有人共处相同地域或者双方的商品或者服务有相同的销售渠道和地域范围；（3）系争商标申请人与驰名商标所有人曾发生其他纠纷，可知晓该驰名商标；（4）系争商标申请人与驰名商标所有人曾有内部人员往来关系；（5）系争商标申请人注册系争商标后具有以牟取不当利益为目的，利用驰名商标的声誉和影响力进行误导宣传，胁迫驰名商标所有人与其进行贸易合作，向驰名商标

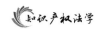

所有人或者他人索要高额转让费、许可使用费或者侵权赔偿金等行为；
（6）驰名商标具有较强独创性；（7）其他可以认定为恶意的情形。需要指出的是，虽然未注册驰名商标并不像注册商标那样经过商标公告产生公示推定效应，但是其在商业经营中事实上的为相关公众所熟知，使得在后的商标注册申请人永远处于知道或者应当知道（因重大过失而不知）的非善意状态。

五、代理人或代表人抢注被代理人或被代表人商标

《商标法》第 15 条第 1 款规定："未经授权，代理人或者代表人以自己的名义将被代理人或者被代表人的商标进行注册，被代理人或者被代表人提出异议的，不予注册并禁止使用。"如果商标注册申请人与他人存在法律上的特定联系，那么基于应然的道德观和实在的法律理念，商标注册申请人应当诚信地作为或不作为，且不得有损害其他当事人的过错。商标注册申请人和他人之间的法律上特定联系，是诚信注册商标义务的产生原因之一。契约关系，尤其是涉及委托人和受托人的代理或代表关系，是产生信赖关系与信义义务的典型场域。禁止代理人或代表人未经授权注册商标的规定源于《巴黎公约》第 6 条之七。《巴黎公约》第 6 条之七不仅适用于关于商业代表或代理的商业关系，还扩展至所有关于销售商标所有人产品的合同性商业关系，或者其他代表商标所有人销售产品或营业的信义义务（fiduciary duty）。该条不仅针对代理人或代表人，还针对未经授权的经销商、进口商、特许经营人和商标被许可人。❶

依据《最高人民法院关于审理商标授权确权行政案件若干问题的规定》第 15 条，《最高人民法院关于审理商标授权确权行政案件若干问题的意见》第 12—13 条，以及《商标审查审理指南》"下编"第 11 章 3—6 规定，《商标法》第 15 条第 1 款的适用标准如下。

其一，适用要件。认定代理人或者代表人未经授权，擅自注册被代理人或者被代表人商标的行为，须符合下列要件：（1）系争商标注册申请人是商标所有人的代理人或者代表人；（2）系争商标与被代理人、被代表人

---

❶ 刘自钦. 商标权注册取得领域的客观诚信和恶信［J］. 知识产权，2017（12）：67 – 68.

商标使用在同一种或者类似的商品或者服务上；（3）系争商标与被代理人、被代表人的商标相同或者近似；（4）代理人或者代表人不能证明其申请注册行为已取得被代理人或者被代表人的授权。

其二，代理关系或代表关系的认定。代理人、代表人不仅包括严格私法意义上的代理人、代表人，还包括经销、代理等销售代理关系意义上的代理商或经销商、代表人。代表人系指具有从属于被代表人的特定身份，因执行职务行为而可能知悉被代表人商标的个人，包括法定代表人、董事、监事、经理、合伙事务执行人等。判定是否存在代理或代表关系，不能仅仅以契约明示约定为准，而应当依据交易习惯并且权衡当事人双方利益对契约内容作实质性考量。因此，凡是某人为了商标所有人利益而受雇于商标所有人从事通常与代理权或者经销权相联系的行为，且商标所有人没有特别排除该人之代理权时，可推定存在商标所有人对该人授予代理权。❶

其三，代理人或者代表人抢注行为的认定。在为建立代理或者代表关系的磋商阶段、代理或者代表关系存续期间、代理或者代表关系结束后，代理人或者代表人知悉被代理人或者被代表人商标后进行注册，致使被代理人、被代表人利益可能受到损害的，都属于代理人或者代表人抢注行为。此外，虽非以代理人或代表人名义申请注册被代理人或被代表人的商标，但有证据证明，注册申请人与代理人或者代表人具有串通合谋行为的，属于代理人、代表人抢注行为。对于串通合谋抢注行为，可以视情况根据商标注册申请人与上述代理人或者代表人之间的亲属关系等特定身份关系、投资关系等特定商业关系进行推定。

其四，被代理人或者被代表人商标的认定。被代理人的商标包括：（1）在合同或者授权委托文件中载明的被代理人商标；（2）如当事人无约定，在代理关系已经确定时，被代理人在其被代理经销的商品上已经在先使用的商标视为被代理人商标；（3）如当事人无约定，代理人在其所代理经销的商品上所使用的商标，因代理人自己的广告宣传等使用行为，已足以导致相关公众认为该商标是表示被代理人的商品与他人商品相区别的标

---

❶ 刘自钦. 商标权注册取得领域的客观诚信和恶信 [J]. 知识产权, 2017 (12)：68.

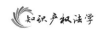

志，则在被代理人的商品上视为被代理人的商标。被代理人的商标包括被代表人已经在先使用的商标和其他依法属于被代表人的商标。

其五，代理人或者代表人取得商标注册授权的认定。被代理人或者被代表人所作出授权的内容应当包括代理人或者代表人可以注册的商品及商标标志，且授权意思表示应当清楚明确。代理人或者代表人应当提交书面授权文件等可以认定被代理人或者被代表人对其作出过清楚明确的授权意思表示的证据。虽然代理人或者代表人在申请注册时未取得被代理人或者被代表人的明确授权，但被代理人或者被代表人对该申请注册行为进行了事后追认的，视为代理人或者代表人取得了被代理人或者被代表人的授权。商标申请注册时取得被代理人或者被代表人授权，被代理人或者被代表人事后反悔的，仍应认定代理人或者代表人取得了被代理人或者被代表人的授权。

六、特定关系人抢注他人在先使用未注册商标

《商标法》第 15 条第 2 款规定："就同一种商品或者类似商品申请注册的商标与他人在先使用的未注册商标相同或者近似，申请人与该他人具有前款规定以外的合同、业务往来关系或者其他关系而明知该他人商标存在，该他人提出异议的，不予注册。"在后商标申请人与商标所有人具有代理或代表关系以外的合同、业务往来关系或者贸易往来、合作等其他关系，基于商事交往的基本伦理和诚信原则，在后申请人有顾及商标所有人权益和利益的保护义务。而且，特定关系的存在使得在后申请人与商标所有人之间有了重要的利益关联，即基于商业伦理、交易习惯和诚信原则等产生的信赖保护利益。❶

依据《最高人民法院关于审理商标授权确权行政案件若干问题的规定》第 16 条以及《商标审查审理指南》"下编"第 12 章 3—5 规定，《商标法》第 15 条第 2 款的适用标准如下。

其一，适用要件。认定特定关系人抢注他人在先使用商标须符合下列要件：（1）他人商标在系争商标申请之前在先使用；（2）系争商标注册申

---

❶ 刘自钦. 商标权注册取得领域的客观诚信和恶信 [J]. 知识产权，2017（12）：68.

请人与商标在先使用人存在合同、业务往来关系或者其他关系，因该特定关系，注册申请人明知他人商标的存在；（3）系争商标指定使用在与他人在先使用商标同一种或者类似的商品或者服务上；（4）系争商标与他人在先使用商标相同或者近似。

其二，"在先使用"的判定。本款所指在先使用既包括在实际销售的商品、提供的服务上使用商标，也包括对商标进行的推广宣传。本款所指在先使用还包括在先使用人为标有其商标的商品或者服务投入市场而进行的实际准备活动。在先使用人只需证明商标已经使用，无须证明商标通过使用具有了一定影响。

其三，合同、业务往来关系及其他关系的判定。合同、业务往来关系是指双方存在代表或者代理关系以外的其他商业合作、贸易往来关系，包括买卖关系、委托加工关系、加盟关系（商标使用许可）、投资关系、赞助或联合举办活动、业务考察或磋商关系、广告代理关系等商业往来关系；其他关系是指双方商业往来之外的其他关系，包括亲属关系、劳动关系、隶属关系、商标申请人与在先使用人营业地址邻近，以及最终未形成代理或代表关系的商标申请人与在先使用人曾就达成该关系进行磋商，最终未达成合同或业务往来关系的商标申请人与在先使用人曾就达成该关系进行磋商等其他关系。此外，虽非以特定关系人名义申请注册，但有证据证明，注册申请人与特定关系人具有串通合谋行为的，属于本款所指特定关系人的抢注行为。对于串通合谋抢注行为，可以视情况根据商标注册申请人与上述特定关系人之间的亲属关系等特定身份关系、投资关系等特定商业关系进行推定。

对合同、业务往来或者其他关系范围的界定应当从维护诚信原则立法宗旨出发，以保护在先权利、制止不公平竞争为落脚点，只要因合同、业务往来关系或者其他关系而明知他人在先使用商标存在进行抢注的，均应纳入本款规定予以规制。

七、抢注他人地理标志

《商标法》第 16 条第 1 款规定："商标中有商品的地理标志，而该商品并非来源于该标志所标示的地区，误导公众的，不予注册并禁止使用；

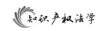

但是，已经善意取得注册的继续有效。"地理标志是指标示某商品来源于某地区，该商品的特定质量、信誉或者其他特征，主要由该地区的自然因素或者人文因素所决定的标志。依据《商标法实施条例》第4条规定，地理标志只能由符合法定条件的团体、协会或者具有监督能力的组织作为集体商标或者证明商标申请注册，并根据公平、合理的条件允许所有来自该特定地理区域的商品提供者使用，原因在于：允许个人或企业将地理标志注册为普通商标，会引起将地名作为商标注册相同的问题，即不仅有违商标应当具有显著性的要求，还会排斥同样来自该地理区域的商品提供者使用该地理标志的正当权利。❶

商标中有商品的地理标志，而该商品并非来源于该标志所标示的地区，误导公众，即可能造成相关公众对商标来源产生混淆（使得相关公众对系争商标与地理标志商标的商品来源产生误认，认定使用系争商标的商品来源于地理标志所标示的地区），这是对地理标志所具有的地区来源识别显著性的破坏，同其他商标侵权行为一样，都是不正当利用他人地理标志所承载商誉攫取竞争优势、侵害权利人正当竞争利益的行为。依据《最高人民法院关于审理商标授权确权行政案件若干问题的规定》第17条规定，即便系争商标指定使用的商品与地理标志产品并非相同商品，只要地理标志利害关系人能够证明系争商标使用在该商品上仍然容易导致相关公众误认为该商品来源于地理标志所标示地区并因此具有特定的质量、信誉或者其他特征的，系争商标不应予以注册或者应予无效；此外，如果该地理标志已经注册为集体商标或者证明商标，地理标志集体商标或者地理标志证明商标的权利人或者利害关系人可以选择依据《商标法》第16条第1款或者另行依据《商标法》第13条、第30条等主张权利。

八、抢注他人在先使用有一定影响的商标

《商标法》第32条第2分句规定，申请注册的商标"不得以不正当手段抢先注册他人已经使用并有一定影响的商标"。为了弥补严格实行注册原则的不足，本规定基于诚信原则，对已经使用并有一定影响的商标予以

保护，制止不正当手段抢注的行为。

依据《最高人民法院关于审理商标授权确权行政案件若干问题的规定》第23条、《最高人民法院关于审理商标授权确权行政案件若干问题的意见》第18条，以及《商标审查审理指南》"下编"第15章3—5规定，《商标法》第32条第2分句的适用标准如下。

其一，适用要件。认定商标申请人以不正当手段抢注他人在先使用有一定影响的商标须符合下列要件：（1）他人商标在系争商标申请日之前已经在先使用并有一定影响；（2）系争商标与他人商标相同或者近似；（3）系争商标所指定的商品与他人商标所使用的商品原则上相同或者类似；（4）系争商标申请人采取了不正当手段。判定是否构成《商标法》第32条第2分句所指情形，应对"一定影响"的程度和"正当手段"的情形予以综合考虑。

其二，"已经使用并有一定影响"的判定。"已经使用并有一定影响"，是指在先未注册商标通过商业宣传和生产经营活动，发挥了识别商品或者服务来源的作用，并为我国境内一定范围的相关公众所知晓（具有一定的市场知名度）。未注册商标原则上应当在系争商标申请日之前已经在先使用并有一定影响；在系争商标申请日之前虽曾使用并有一定影响，但未持续使用的，还应对该商标的影响力是否持续至系争商标申请注册日予以判定。

其三，不正当手段的判定。如果在先使用商标已经有一定影响，而商标申请人明知或者应知该商标存在而抢先注册的，即可推定其构成"以不正当手段抢先注册"；但商标申请人举证证明其没有利用在先使用商标商誉的恶意的除外。判定是否采取了"不正当手段"，可综合考虑下列因素：（1）系争商标申请人与在先使用人曾有贸易往来或合作关系，或者曾就达成上述关系进行过磋商；（2）系争商标申请人与在先商标使用人共处相同地域或地缘接近，或者属于同行业竞争关系；（3）系争商标申请人与在先使用人曾发生过其他纠纷，可知晓在先使用人商标；（4）系争商标申请人与在先使用人曾有内部人员往来关系；（5）系争商标申请人与在先商标使用人具有亲属关系；（6）系争商标申请人利用在先使用人有一定影响商标的声誉和影响力进行误导宣传，胁迫在先使用人与其进行贸易合作，向在

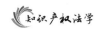

先使用人或者他人索要高额转让费、许可使用费或者侵权赔偿金等行为；
（7）他人商标具有较强显著性或较高知名度，系争商标与之相同或高度近
似；（8）其他明知或者应知他人在先使用未注册商标存在的情形。

九、损害他人现有的在先权利

《商标法》第32条第1分句规定："申请注册的商标不得损害他人现
有的在先权利。"本条规定的"在先权利"是指在系争商标申请注册日之
前已经取得的，除商标权以外的其他权利，包括著作权、外观设计专利
权、字号权、姓名权、肖像权以及作品名称权益、作品中的角色名称权
益、作品中的角色形象权益等应予保护的合法权益。"现有"是指这些在
先权利在系争商标申请注册日之前已经享有并合法存续；系争商标核准注
册时在先权利已不存在的，不影响系争商标的注册。

本规定是《商标法》第9条第1款关于申请注册的商标不得与他人在
先取得的合法权利冲突这一总括性规定的兜底条款。❶ 本节前文所述的八
类商标注册相对障碍，分别侵害了他人在先注册商标权、先申请利益、驰
名商标权、特殊关系下的信赖利益及正当竞争利益、地理标志、知名商标
权等在先权利。对于这些《商标法》已有特别规定的在先权利，应当适用
相应的《商标法》特别规定禁止在后商标注册予以保护。在这八类《商标
法》特别规定的商标相对注册障碍以外，对于侵害他人现有的《民法典》
和其他法律规定所赋予的合法权益的商标注册，应当适用《商标法》第32
条第1分句该一般规定予以禁止，给予这些在先权利兜底保护。❷

著作权、外观设计专利权、字号权、姓名权、肖像权以及作品名称权
益、作品角色名称权益、作品中的角色形象权益等在先权利的权利取得、
权利内容、权利保护（侵权认定与侵权抗辩），都要适用《著作权法》

---

❶ 孔祥俊. 商标与不正当竞争法：原理和判例［M］. 北京：法律出版社，2009：105－108.

❷ 《最高人民法院关于审理商标授权确权行政案件若干问题的意见》第17条第1款规定：
"要正确理解和适用商标法第三十一条（现行《商标法》第32条）关于'申请商标注册不得损害
他人现有的在先权利'的概括性规定。人民法院审查判断诉争商标是否损害他人现有的在先权利
时，对于商标法已有特别规定的在先权利，按照商标法的特别规定予以保护；商标法虽无特别规
定，但根据民法通则和其他法律的规定属于应予保护的合法权益的，应当根据该概括性规定给予
保护。"

《专利法》《民法典》《反不正当竞争法》等专门调整相应权利法律关系的本位法予以判断。若在后申请注册商标的标志构成要素与他人作品表达相同或实质性相同，或者与他人外观设计的整体或要部表现形式等同，则构成对他人《著作权法》《专利法》所保护的著作权或者外观设计专利权的侵害；若在后申请注册商标的标志构成要素与他人企业名称或字号、姓名、肖像的文字或图形符号相似，可能损害这些人格权的权利人对这些人格特征所享有的精神权益或者财产权益（公开权，right of publicity）❶ 时，则构成对他人基于《民法典》享有的企业名称权或字号权、姓名权、肖像权的侵害；若在后申请注册商标的标志构成要素与他人作品名称、作品角色名称、作品角色形象中的文字或图形符号相似，可能损害作品创作者或者角色形象塑造者对这些人格密切相关特征所享有的精神权益或者财产权益（公开权或者商品化权）❷ 时，则构成对他人基于《民法典》或者《反不正当竞争法》享有的一般人格权或者商事竞争（营业）权的侵害。

---

❶ 梅尔维尔・B. 尼莫（Melville B. Nimmer）. 论公开权（The Right of Publicity）[EB/OL]. 邓晶晶，译. (2019 – 08 – 28) [2022 – 04 – 20]. https://mp. weixin. qq. com/s/GIXcp_hCeIf2Yh3EwumsVw.

❷ 冯术杰. 商标法原理与应用 [M]. 北京：中国人民大学出版社，2017：105 – 113.

第十二章　商标权的保护

第一节　商标侵权的认定

一、侵害注册商标专用权

申请注册的商标经核准注册取得注册商标专用权后，自然能够基于这种排他性专有权禁止他人对其注册商标进行混淆性使用。任意第三人即他人对注册商标的混淆性使用，都破坏了该商标的商品来源识别显著性，妨碍或损害了注册商标的识别来源功能，不当地利用该商标所承载商誉欺骗消费者以攫取竞争优势，侵害权利人的商事竞争利益或正当竞争利益。对注册商标专用权的保护，主要就是基于这种绝对权对商标侵权行为的预防（停止侵害、排除妨碍、消除危险）与补救（赔偿损失）。判定他人的行为是否侵害注册商标专用权，构成何种类型的侵权行为，则是保护注册商标专用权的关键所在。

（一）核心商标侵权行为的判定标准：混淆性使用

《商标法》第 57 条第（1）项、第（2）项规定了侵犯注册商标专用权的核心侵权行为。[1] 据此，未经商标注册人的许可，在同一种或类似商品上使用与注册商标相同或近似的商标，容易导致混淆的，构成侵犯注

---

[1]　刘自钦. 商标专题［M］//来小鹏，刘佳欣，刘自钦，等. 知识产权法学案例研究指导. 北京：中国政法大学出版社，2019：253.

册商标专用权。其中，在同一种商品上使用与注册商标相同的商标，属于假冒注册商标行为，很容易导致相关公众混淆；在类似商品上使用与注册商标相同或近似的商标，构成商标侵权与否的根本标准在于是否容易导致混淆。

认定是否构成商标侵权，同认定申请注册商标是否与他人在先注册商标或者在先初步审定商标相冲突一样，采用的是相同的判定标准，即是否可能会造成相关公众混淆。这里所指的"混淆"，是指相关公众（与商标所标识的某类商品有关的消费者和与这类商品的营销有密切关系的其他经营者）对使用系争商标与注册商标的商品来源产生误认，认定使用系争商标的商品是由注册商标所有人生产或提供，或者足以使相关公众联想到使用系争商标与注册商标的经营者之间存在投资、许可使用、关联企业或合作关系等特定联系。

2013 年修改后的《商标法》新增了"商标使用"的定义条款。《商标法》第 48 条规定："本法所称商标的使用，是指将商标用于商品、商品包装或者容器以及商品交易文书上，或者将商标用于广告宣传、展览以及其他商业活动（如企业赞助的电视剧、企业招待酒会现场）❶ 中，用于识别商品来源的行为。"这对 2002 年《商标法实施条例》第 3 条❷规定的"商标使用"概念予以完善，在"商业使用"之外增加了"识别来源"作为使用目的，明确了商标的基本功能定位。据此，《商标法》意义上的"商标使用"，指的是在商业活动中使用商标，并且让相关公众产生该商标与特定商品来源之间存在关联的印象的行为。❸ 判断是否属于构成商标使用，关键在于相关标识的使用是否为了指示相关商品或服务的来源，起到使相

---

❶ 中华人民共和国商标法释义（2013 年修改）："第 48 条"［EB/OL］.（2013 - 12 - 14）［2022 - 04 - 21］. http：//www. npc. gov. cn/npc/c22754/201312/9bba3c58e7f04e57a3211c558 39d2231. shtml.

❷ 2002 年《商标法实施条例》第 3 条："商标法和本条例所称商标的使用，包括将商标用于商品、商品包装或者容器以及商品交易文书上，或者将商标用于广告宣传、展览以及其他商业活动中。"

❸ 刘自钦. 关键词广告买卖构成商标侵权与否的法律审查［J］. 电子知识产权，2021（7）：45.

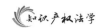

关公众区分不同商品或服务的提供者的作用。❶ 商标是由人们视觉、听觉可感知的视觉要素或听觉要素构成的标志，要让相关公众产生商标与特定来源之间存在关联的印象的前提，是相关公众能够通过其视觉、听觉器官感知到相应标志的存在。因此，"商标使用"必然意味着在商业活动以相关公众可感知相应标志存在的方式使用商标。

综上可知，构成核心商标侵权行为的混淆性使用，包括"商标使用"和"可能造成相关公众混淆"这两个事实要件。因此，无论是所谓的"售前混淆""售中混淆"，还是"售后混淆"，❷ 前提都是存在商标使用行为。没有商标使用而造成的"初始兴趣混淆"（initial interest confusion），是将相关公众的"注意力转移或分散"等同于"混淆"。❸ 如果将"初始兴趣混淆"行为认定为商标侵权，那么，这是在脱离商标的来源识别功能这种基础功能的同时，去保护由该基础功能所衍生的商标广告功能和商誉承载功能，而这突破了商标法保护消费者不受欺骗、保护经营者投资与商品自由竞争、言论自由之间的利益平衡，过分扩大了商标权的支配属性，对市场自由竞争有过度干预之嫌，过分限缩了标志不标识来源之非商标使用的公有领域。❹

（二）直接商标侵权

依据《商标法》第 57 条第（1）—（3）项、第（5）项、第（7）项，《商标法实施条例》第 76 条以及《最高人民法院关于审理商标民事纠纷案件适用法律若干问题的解释》第 1 条规定，对注册商标专用权的直接侵权主要有以下 11 种类型。

---

❶ 江苏省广播电视总台、深圳市珍爱网信息技术有限公司与金某某侵害商标权纠纷案，参见广东省深圳市南山区人民法院（2013）深南法知民初字第 208 号民事判决书，广东省深圳市中级人民法院（2015）深中法知民终字第 927 号民事判决书，广东省高级人民法院（2016）粤民申 69 号民事裁定书、（2016）粤民再 447 号民事判决书。

❷ 黄晖. 商标法［M］. 2 版. 北京：法律出版社，2016：43 - 76，117 - 118；王迁. 知识产权法教程［M］. 6 版. 北京：中国人民大学出版社，2019：504 - 506.

❸ 刘自钦. 网络环境下的商标法［M］//来小鹏，程丽元，普翔，等. 网络知识产权法研究. 北京：中国政法大学出版社，2021：175 - 176.

❹ 刘自钦. 关键词广告买卖构成商标侵权与否的法律审查［J］. 电子知识产权，2021（7）：44；刘维. 中国知识产权裁判中过度财产化现象批判［J］. 知识产权，2018（7）：77 - 81.

1. 假冒注册商标

《商标法》第57条第（1）项规定，未经许可，在同一种商品上使用与注册商标相同的商标的行为，侵犯注册商标专用权。这属于很容易导致相关公众混淆的假冒注册商标行为，是最严重的商标侵权，情节严重的可能构成《刑法》第213条规定的假冒注册商标罪。

2. 混淆性使用注册商标

《商标法》第57条第（2）项规定，未经许可，在同一种或者类似商品上使用与注册商标相同或近似的商标，容易导致混淆的行为，侵犯注册商标专用权。判断相关商品是否类似，避免来源混淆是商品类似关系判断时要坚持的一项基本原则：判断相关商品是否类似，应当考虑商品的功能、用途、生产部门、销售渠道、消费群体等是否相同或者具有较大的关联性，两个商标是否容易使相关公众认为商品或者服务是同一主体提供的，或者其提供者之间存在特定联系。❶判断相关商标是否近似，应根据相关商标在文字的字形、读音、含义或者图形的构图及颜色，或者其各要素组合后的整体结构相似，或者其立体形状、颜色组合近似，以及易使相关公众对商品的来源产生误认或者认为使用争商标与注册商标的经营者有特定的联系等方面综合评判。同时，对于显著性越强和市场知名度越高的注册商标，应给予其范围越宽和强度越大的保护，以激励市场竞争者的优胜者，净化市场环境，遏制不正当搭便车、模仿行为。通常情况下，相关商标的构成要素整体上构成近似的，可以认定为近似商标；相关商标构成要素整体上不近似的，但主张权利商标的知名度远高于被控侵权商标的，可以采取比较主要部分决定其近似与否。❷

3. 将注册商标作为商品名称或商品装潢混淆性使用

《商标法实施条例》第76条规定，在同种或类似商品上使用与注册商标相同或近似的商品名称或商品装潢，误导公众的行为，属于《商标法》

---

❶　阿尔塞拉公司与广州市柯派实业有限责任公司侵害商标权纠纷案，参见广州知识产权法院（2020）粤73民终2442号民事判决书。

❷　北京字节跳动科技公司、浙江今日头条科技公司等与深圳故事文化传媒公司侵害商标权纠纷案，参见杭州铁路运输法院（2020）浙8601民初1624号民事判决书。

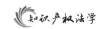

第 57 条第（2）项规定的混淆性使用注册商标侵权行为。这种行为表面上没有直接将注册商标用作商标，而是作为商品名称或商品装潢使用，同时行为人往往还会使用自己的商标。但是，无论是商标还是商品名称或商品装潢，都属于商业活动中常用的商业标识，都能起到识别商品来源的作用。相关公众看到与注册商标相似的标识符号，会直接以此来判断商品来源，从而有可能对行为人商品与注册商标所有人商品之间的来源产生混淆。❶

4. 将注册商标作为企业名称字号混淆性使用

在同一种或类似商品上使用与注册商标相同或近似的企业名称字号，容易使相关公众产生误认的行为，之所以构成商标侵权，在原理上与将注册商标作为商品名称或商品装潢混淆使用相同。需要指出的是，2013 年修订的《商标法》第 58 条规定，"将他人注册商标、未注册的驰名商标作为企业名称中的字号使用，误导公众，构成不正当竞争行为的，依照《中华人民共和国反不正当竞争法》处理"；《最高人民法院关于审理商标民事纠纷案件适用法律若干问题的解释》第 1 条第（1）项则把"将与他人注册商标相同或者相近似的文字作为企业的字号在相同或者类似商品上突出使用，容易使相关公众产生误认的"行为规定为商标侵权行为。这种区别所谓"使用"与"突出使用"分别认定为不正当竞争行为与商标侵权行为的做法，有悖于《商标法实施条例》第 76 条与该司法解释第 1 条第（3）项将"使用与注册商标相同或近似的商品名称或商品装潢"与"使用与注册商标相同或近似的域名"都规定为商标侵权行为的立法原理或逻辑：无论是商标还是商品名称或商品装潢、域名、企业名称字号，都属于能起到识别商品来源的商业标识。凡是在同种或类似商品上使用与注册商标相同或近似的商业标识的混淆性使用行为，都会破坏该商标的商品来源识别显著性，妨碍或损害注册商标的识别来源功能，侵入权利人对注册商标的排他性专有即专用范围，构成对注册商标专用权的侵害。

5. 将注册商标作为域名混淆性使用

在同种或类似商品上使用与注册商标相同或近似的域名，容易使相关

---

❶ 王迁. 知识产权法教程 [M]. 6 版. 北京：中国人民大学出版社，2019：516.

公众产生误认的行为。《最高人民法院关于审理商标民事纠纷案件适用法律若干问题的解释》第 1 条第（3）项规定，"将与他人注册商标相同或者相近似的文字注册为域名，并且通过该域名进行相关商品交易的电子商务，容易使相关公众产生误认的"，构成对注册商标专用权的侵害。这将构成商标侵权的域名使用行为限定于"通过该域名进行相关商品交易的电子商务"。但是，域名在广告宣传、展览以及企业赞助的电视剧、企业招待酒会现场等商业活动中使用，同样可能起到识别商品来源的作用。如果在这些商业活动中使用与注册商标相同或近似的域名，也可能会破坏该商标的商品来源识别显著性，妨碍或损害注册商标的识别来源功能，侵入权利人对注册商标的排他性专有即专用范围，构成对注册商标专用权的侵害。故而，有些法院将在电子商务交易以外的其他商业活动中将注册商标作为域名混淆性使用的行为认定为不正当竞争，❶ 有悖于域名与商标、商品名称或商品装潢、企业名称字号都属于商业标识，在商业活动中将注册商标作为商业标识混淆性使用都侵入注册商标专用权范围，因而构成侵害商标权行为的原理或逻辑。《与贸易有关的知识产权协议》第 16 条第 1 款规定，"注册商标的所有权人享有专有权，以阻止所有第三方未经该所有权人同意在贸易过程中对与已注册商标的货物或服务的相同或类似货物或服务使用相同或类似标记，如此类使用会导致混淆的可能性"。该协定并未把构成侵害注册商标权的"将注册商标作为商业标识混淆性使用"行为中的"商业标识"限定为"商标"。我国法律应当正本清源，理顺商标专有权的保护范围，以及商标侵权的判定原理与逻辑，采用与《与贸易有关的知识产权协议》相同的商标侵权判定标准，避免现行规定带来的商标侵权认定规则碎片化、商标侵权案件中无谓的"法条查找"工作、法院和行

---

❶ 例如，广州知识产权法院在 2017 年审理美商 NBA 产物公司、上海蛙扑网络技术公司等与成都蓝飞互娱科技公司等侵害商标权纠纷案时指出，"《最高人民法院关于审理商标民事纠纷案件适用法律若干问题的解释》第一条第（三）项规定，将与他人注册商标相同或者相近的文字注册为域名，并且通过该域名进行相关商品交易的电子商务，容易使相关公众产生误认的，属于侵犯注册商标专用权的行为。由此可知，虽然注册、使用的域名与他人注册商标相同或近似，但是如果并未通过该域名进行相同或类似商品交易的电子商务，容易使公众产生误认的，可能构成不正当竞争，却不构成商标侵权"。参见广州知识产权法院（2015）粤知法商民初字第 64 号民事判决书。

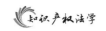

政机关不得不总是援引《商标法》第57条第（7）项兜底条款的"向一般规定逃避"、《商标法》与《反不正当竞争法》适用范围模糊等问题。❶

6. 跨类混淆性使用注册驰名商标

《商标法》第13条第3款规定，禁止在不相同或不相类似商品上使用与注册驰名商标相同或近似的商标，误导公众，致使该驰名商标注册人的利益可能受到损害的行为。《最高人民法院关于审理商标民事纠纷案件适用法律若干问题的解释》第1条第（2）项规定，"复制、摹仿、翻译他人注册的驰名商标或其主要部分在不相同或者不相类似商品上作为商标使用，误导公众，致使该驰名商标注册人的利益可能受到损害的"，构成对注册商标专用权的侵害。依据《最高人民法院关于审理涉及驰名商标保护的民事纠纷案件应用法律若干问题的解释》第9条第2款规定，"误导公众，致使该驰名商标注册人的利益可能受到损害"，包括足以使相关公众认为被诉商标与驰名商标具有相当程度的联系，而不正当利用驰名商标的市场声誉的行为。这指的是不正当利用他人商标所承载商誉攫取竞争优势、侵害商标权人正当竞争利益的混淆性使用行为。

需要注意的是，如果在不相同或不相类似商品上使用与注册商标相同或近似的商标，既不可能造成相关公众混淆，也不可能削弱驰名商标的显著性或者贬损驰名商标的市场声誉，而仅仅造成相关公众为系争商标所吸引而消费，那么，这种行为并不构成"不正当利用驰名商标的市场声誉"的商标侵权。理由在于：相关公众并未对商品来源产生混淆，意味着相关公众为系争商标所吸引而消费，仅仅是因为相关公众的注意力受到系争商标与驰名商标相同或近似特征的吸引而转移或分散。同时，这也意味着相关公众在看到系争商标而消费使用系争商标的商品时，并不是想着或希望购买使用驰名商标的商品，即相关公众是基于自主的判断和选择而购买了使用系争商标的商品（若使用系争商标与驰名商标的商品是同一种或类似商品，相关公众甚至会像看到在比较广告中使用两商标的商品一样，对使用系争商标与驰名商标的商品予以比较后作出选择），而未受到驰名商标所承载商誉的影响，自然也不会导致驰名商标所有人失去在市场经营活动

---

❶ 冯术杰. 商标法原理与应用［M］. 北京：中国人民大学出版社，2017：190-191.

中通过使用商标标识来源可预期获得的交易机会或预期利益。换言之，只有能够确定相关公众一开始看到系争商标而消费时，是想要购买同特定来源经营者有关联的商品，而不是想购买同特定来源经营者无关联的商品时，才能认定系争商标使用人利用了特定来源经营者之商誉的影响，而这必然意味着相关公众错误地认定使用系争商标与驰名商标的两商品来源之间存在特定关联，即相关公众对商品来源产生混淆。因此，那种认为在相同或类似、不相同或不类似商品上使用与驰名商标相同或近似商标，既不可能造成相关公众混淆，也不可能削弱驰名商标的显著性或者贬损驰名商标的市场声誉的行为，是一种搭便车的"不正当利用驰名商标的市场声誉"的商标侵权行为的观点，❶ 在认定相关公众一开始看到系争商标而消费时，是想要购买同特定来源经营者有关联的商品，而不是想购买同特定来源经营者无关联的商品的同时，又否定了这种现象所代表的相关公众混淆，在逻辑上无法自洽。

在现实生活中，诸如比较广告、将欲出售商品放置于名牌商品货架旁、商店向名牌商品消费者提供竞争对手优惠券、竞价排名服务中的关键词广告行为，都属于"分散或转移相关公众注意力"而非"可能造成相关公众混淆"的对驰名商标"搭便车"的合法营销行为。如果使用与注册商标相同或类似商标的行为不会造成消费者混淆，那么不能认定构成商标侵权。商标权并未赋予权利人禁止他人使用的传统绝对性财产权，即便是驰名商标的所有人，在他人商标使用行为不会造成消费者混淆或者损害驰名商标显著性或商誉的情形，也不能限制相关公众获取他人商标所传递商品信息的知情权，不能过分限制竞争对手的竞争自由。

与3—5原理相同，将注册驰名商标作为商品名称或商品装潢、企业名称字号、域名跨类混淆性使用，也属于类似于跨类混淆性使用注册驰名商标的侵害注册商标专用权行为。

7. 跨类淡化性使用驰名商标

《商标法》第13条第3款规定，禁止在不相同或不相类似商品上使用与注册驰名商标相同或近似的商标，误导公众，致使该驰名商标注册人的

---

❶ 王迁. 知识产权法教程［M］. 6 版. 北京：中国人民大学出版社，2019：554 - 557.

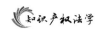

利益可能受到损害的行为。依据《最高人民法院关于审理涉及驰名商标保护的民事纠纷案件应用法律若干问题的解释》第 9 条第 2 款规定,"误导公众,致使该驰名商标注册人的利益可能受到损害",包括"足以使相关公众认为被诉商标与驰名商标具有相当程度的联系,而减弱驰名商标的显著性、贬损驰名商标的市场声誉"的行为。这指的是妨碍驰名商标的商标区分显著性,扰乱或破坏了驰名商标与具备良好商誉的商品之间的唯一对应关系,削弱驰名商标显著性或者贬损驰名商标所承载商誉的淡化性使用行为。

与 3—5 原理相同,将注册驰名商标作为商品名称或商品装潢、企业名称字号、域名跨类淡化性使用,也属于类似于跨类淡化性使用注册驰名商标的侵害注册商标专用权的行为。

8. 同类淡化性使用驰名商标

鉴于跨类淡化性使用驰名商标行为即构成商标侵权,举轻以明重,同类淡化性使用驰名商标当然也构成商标侵权。某些驰名商标经过长期宣传和使用,其构成要素细节已为相关公众所熟知,此时在相同或类似商品上使用与驰名商标标志本身近似的商标,可能不会造成相关公众混淆。然而,这种行为会使相关公众认为系争商标与驰名商标具有相当程度的联系,从而妨碍驰名商标的商标区分显著性,扰乱或破坏驰名商标与具备良好商誉的商品之间的唯一对应关系,削弱驰名商标的识别商品来源能力,甚至在使用系争商标的商品档次较低下时构成对驰名商标所承载经营者商誉的丑化。

与 3—5 原理相同,将注册驰名商标作为商品名称或商品装潢、企业名称字号、域名同类淡化性使用,也属于类似于同类淡化性使用注册驰名商标的侵害注册商标专用权的行为。

9. 反向假冒(反向混淆)行为

《商标法》第 57 条第(5)项规定,未经商标注册人同意,更换其注册商标并将该更换商标的商品又投入市场的,侵犯注册商标专用权。2001年修订的《商标法》将反向假冒规定为商标侵权行为。反向假冒的侵权机理不同于一般商标侵权行为:一般商标侵权行为是行为人混淆性使用注册商标或驰名商标,妨碍或破坏后者的商品来源识别功能,不当利用后者所承载商誉欺骗消费者以攫取竞争优势，侵害权利人商事竞争利益或正当竞争利益的行为；相反，反向假冒行为是行为人更换注册商标并将更换商标的商品投入市场，扼杀注册商标发挥其商标区分显著性和商品来源识别显著性能力，造成消费者对商品来源发生混淆，剥夺注册商标所有人通过商标使用积累商誉（提供高质量商品而提高商标价值）的机会，造成权利人预期交易利益损失的行为。

10. 销售侵犯注册商标专用权的商品

《商标法》第 57 条第（3）项规定，销售侵犯注册商标专用权的商品的行为，侵犯注册商标专用权。销售侵权商品是最常见，也是最严重的商标侵权行为。销售明知是假冒注册商标的商品，情节严重的可能构成《刑法》第 214 条规定的销售假冒注册商标商品罪。

11. 给他人的注册商标专用权造成其他损害的行为

《商标法》第 57 条第（7）项规定，给他人的注册商标专用权造成其他损害的，侵犯注册商标专用权。这是认定商标侵权的兜底性条款。商标法保护商标的基本功能，即保护其识别性，是否破坏商标的识别功能，造成相关公众混淆，是判断是否侵害商标权的基础；此外，商标不仅具有识别商品来源的基本功能，也具有质量保障、商誉承载等衍生功能。商标的功能是商标赖以存在的基础，若某种行为足以达到损害商标功能的程度，不论是否产生市场混淆的后果，均可以直接认定构成商标侵权。相关案例表明，"给他人的注册商标专用权造成其他损害的"行为主要包括以下几种：

（1）将正品重新包装并贴附与权利人商标相同或相近似的标识后再行出售。浙江省杭州市余杭区人民法院在 2015 年审理不二家（杭州）食品公司与钱某某、浙江淘宝网络公司侵害商标权纠纷案时认为："本案中，虽然某某分装、销售的三种规格的涉案产品中的糖果本身系来源于不二家公司，且其使用的三种规格的外包装上也附着了与涉案商标相同或相近似的标识，从相关公众的角度来看，并未产生商品来源混淆的直接后果，但是商品的外包装除了发挥保护与盛载商品的基本功能外，还发挥着美化商品、宣传商品、提升商品价值等重要功能，而钱某某未经不二家公司许可擅自将不二家公司的商品分装到不同包装盒，且该些包装盒与不二家公司

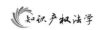

对包装盒的要求有明显差异，因此，钱某某的分装行为不仅不能达到美化商品、提升商品价值的作用，反而会降低相关公众对涉案商标所指向的商品信誉，从而损害涉案商标的信誉承载功能，属于《中华人民共和国商标法》第57条第（7）项之规定的'给他人的注册商标专用权造成其他损害的行为'，构成商标侵权。"❶ 将使用注册商标的散装商品擅自分装到注册商标所有人并未生产的带有近似商标的外包装盒，这与反向假冒的相同之处在于，都是在商业活动中更换商标并投入更换商标的商品市场；不同之处在于，反向假冒是更换为与注册商标不相同或不相近似的商标，这种行为是在外包装盒上更换为与注册商标近似的商标，但商品本身包装并未更换。虽然这种行为不像反向假冒一样会造成商标来源混淆即妨碍或破坏注册商标的商品来源识别显著性，但也会妨碍或破坏注册商标的商标区分显著性，从而剥夺注册商标所有人通过使用自己选定的商标积累商誉的机会，造成其预期交易利益损失。

（2）在平行进口产品上使用商标权人其他商标且磨掉产品识别码的行为。湖南省长沙市中级人民法院在2016年审理联合多梅克公司、保乐力加公司诉百加得商行侵害商标权及不正当竞争纠纷案时认为：第一，被告销售加贴了使用原告注册商标"BALLANTINE'S"对应的中文翻译即"百龄坛"字样中文标签的涉案酒产品的行为构成"给他人的注册商标专用权造成其他损害的情形"，理由在于：百加得商行在加贴的中文标签上使用商标权人的中文商标，虽未割裂"BALLANTINE'S"商标或"百龄坛"商标与原告商品的对应关系，但显然，原告才有权决定在具体的商品上使用哪枚商标及如何使用商标。商标的使用亦是原告的经营策略，他人非经授权不得作商标性使用。因此，百加得商行未经商标权利人许可，在同类产品上使用含有原告中文商标（第3230516号"百龄坛"）相同的标识"百龄坛"的中文标签，属于违背了商标权权利人意愿的使用行为。从涉诉商品本身的标识可知，商标权利人在涉诉商品发售国并无在该商品上使用"百龄坛"商标的意愿，而经营者亦无使用该商标的合法、合理理由，故而百

---

❶ 参见浙江省杭州市余杭区人民法院（2015）杭余知初字第416号民事判决书。类似案例还有浙江五芳斋实业股份有限公司与郫都区力源副食经营部侵害商标权纠纷案，参见四川省高级人民法院（2021）川民再385号民事判决书。

加得商行的行为客观上损害了商标权利人在商标不使用方面的权益。第二，被告在涉诉产品上磨掉产品识别码的行为构成"给他人的注册商标专用权造成其他损害的情形"，理由在于：百加得商行磨去产品识别码，其主观上有隐藏商品来源、将其与国内使用"Ballantine's"商标的有着其他生产、销售来源的同类酒产品相混淆的恶意。这不仅影响了商标的识别功能，导致相关公众对真实商品来源产生混淆，而且妨碍了商标权人对产品质量的追踪管理，干扰了商标权人控制产品质量的权利，加大了商标权人的商誉等商标权益有受到危害的风险。❶

（3）平行进口商自行任意翻译与注册商标权利人中文商标不一致的标识。浙江省高级人民法院在 2020 年审理百威投资（中国）公司、厦门古龙进出口公司侵害商标权纠纷案时认为："我国现行法律法规中并没有关于经营者必须将进口商品的外文商标翻译为中文的强制性规定，一审法院关于'在报关、报检材料中使用中文商标系古龙公司应当遵守的相关规则'的认定有误，古龙公司并没有使用'卡罗娜'中文标识的合法、合理理由。百威公司通过长期诚信经营和大量宣传投入，使中文'科罗娜'与英文'Coronita Extra 及图形'商标建立起紧密的对应关系，两者均指向同一商品来源。现古龙公司在标有英文'Coronita Extra 及图形'标识的涉案啤酒及进口货物报关单、入境货物检验检疫证明上使用'卡罗娜'标识，破坏了'科罗娜'商标与英文'Coronita Extra 及图形'商标之间的对应性，割裂了'科罗娜'商标与商品之间的对应关系，削弱了'科罗娜'商标的来源识别作用，亦使得百威公司为提高'科罗娜'商标知名度，开拓国内市场所作出的努力受到损害，属于《商标法》第 57 条第（7）项规定的给他人的注册商标专用权造成其他损害的情形，侵害了涉案商标专用权。"❷

---

❶ 参见湖南省长沙市中级人民法院（2016）湘 01 民初 1463 号民事判决书。涉及擅自"磨码""去码""刮码"的案例还有美国安利公司、安利（中国）日用品公司与成华区张某某商贸部侵害商标权及不正当竞争纠纷案，参见《成都市中级人民法院发布 2019 成都法院知识产权十大典型案例》（发布日期：2020－04－25）。

❷ 浙江省高级人民法院（2020）浙民终 326 号民事判决书。

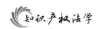

（三）间接商标侵权

1. 教唆型共同侵权

《民法典》第 1169 条第 1 款规定，教唆他人实施侵权行为的，应当与行为人承担连带责任。据此，诱导、劝说、挑拨、刺激、怂恿、授意、收买、命令、请求、威胁行为人实施直接商标侵权行为，为他人作出加害决定发挥了影响力的，其教唆行为与商标权被侵害之间存在因果关系。为消除受害人证明教唆行为与损害结果之间的责任范围因果关系（原因力大小），更好地保障受害人的赔偿请求权得以实现，法律将这种行为视为共同侵权，从而让教唆人与行为人承担连带责任。❶任何人都负有不得教唆他人实施侵权行为的不作为注意义务，行为人违反该注意义务而教唆他人实施直接侵权行为，即存在过错，故而应为被教唆人的直接侵权行为向受害人承担连带侵权责任。

2. 帮助型共同侵权

依据《商标法》第 57 条第（6）项及《商标法实施条例》第 75 条规定，故意为侵犯他人商标专用权行为提供仓储、运输、邮寄、印制、隐匿、经营场所、网络商品交易平台等便利条件，帮助他人实施侵犯商标专用权行为的，侵犯注册商标专用权。《民法典》第 1169 条第 1 款规定，帮助他人实施侵权行为的，应当与行为人承担连带责任。据此，通过提供信息、提供工具、出谋划策、指导方法、指示目标、放哨警戒、以特定身份作掩护，以及帮助销售、保管、搬运商标侵权商品或收受侵权销售价款等方法，从物质上或精神上帮助他人实施直接商标侵权行为，其帮助行为与商标权被侵害之间具有因果关系。为消除受害人证明教唆行为与损害结果之间的责任范围因果关系（原因力大小），更好地保障受害人的赔偿请求权得以实现，法律将这种行为视为共同侵权，从而使教唆人与行为人承担连带责任。❷当有人知道他人准备或者正在实施商标直接侵权行为时，其

---

❶ 程啸. 侵权责任法［M］. 6 版. 北京：法律出版社，2021：374 – 375，392.
❷ 邹海林，朱广新. 民法典评注：侵权责任编 1［M］. 北京：中国法制出版社，2020：49 – 50.

负有采取不对他人直接商标侵权行为提供实质性帮助（例如，仓储、运输、邮寄、印制、隐匿、经营场所、平台等便利条件）的措施以避免商标权人遭受损害的注意义务，如果其违反了该注意义务且因此造成商标权人的损害，其应当就该损害与商标直接侵权人承担连带责任。❶

《商标法》第 57 条第（4）项规定，伪造、擅自制造他人注册商标标识或者销售伪造、擅自制造的注册商标标识的，侵犯注册商标专用权。这些行为是直接侵权预备阶段的帮助侵权行为，该条款是为了防止直接侵权，或者避免直接侵权的损害结果扩大。据此，如果伪造、擅自制造他人注册商标标识未经商标权人许可而被使用于商业活动中，那么，该商标使用行为本身构成商标侵权，伪造、擅自制造行为起到了次要和辅助的帮助作用，在从事伪造、擅自制造行为的承揽人具有过错的情形下，其应承担帮助型共同侵权责任。换言之，如果承揽人在提供印刷、广告等服务时明知或应知定作人意图借助所委托的印刷注册商标标识服务实施商标侵权行为，而仍然制造注册商标标识，则构成帮助型共同侵权。在注册商标的知名度、定作人提供的证明可信度、承揽人以往接受委托的经历等因素表明定作人委托承揽人制造注册商标标识专门用于在商业活动中使用的情形，承揽人即应该知道定作人意图实施商标侵权行为。❷ 国家市场监督管理总局 2020 年发布的第三次修订的《商标印制管理办法》规定：对于印刷、制作商标标识的"商标印制"行为，商标印制委托人应当出示营业执照副本或者合法的营业证明或者身份证明，以及《商标注册证》。商标使用许可合同的被许可人作为委托人的，还应出示商标使用许可合同文本；商标注册人单独授权被许可人印制商标的，还应当出示授权书。商标印制单位应当对商标印制委托人提供的证明文件和商标图样进行核查。如果商标印制委托人没有提供上述证明文件，商标印制单位不得承接印制，否则其印制与他人注册商标相同或者近似商标的行为构成《商标法》第 57 条第（6）项规定的商标侵权。

在网络环境中，依据《电子商务法》第 42 条和第 45 条、《民法典》

❶ 刘自钦. 论网络交易平台商间接商标侵权责任认定标准之完善［J］. 人民法治，2021（13）：43.

❷ 王迁. 知识产权法教程［M］. 6 版. 北京：中国人民大学出版社，2019：519－520.

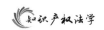

第 1195 条和第 1197 条的规定，当网络平台商一开始不知道直接商标侵权行为而在接到他人通知后知道商标直接侵权行为时，或者平台商一开始即知道商标直接侵权行为时，其负有采取删除、屏蔽、断开链接、终止交易和服务等必要措施以避免商标权人遭受损害的注意义务，如果其违反了该注意义务且因此造成商标权人的损害，其应当就该损害与商标直接侵权人承担连带责任。2009 年《侵权责任法》第 36 条第 2 款仅规定了"通知 - 删除"实体性规则，而没有操作层面的程序性规则。《电子商务法》第42—45 条构建了知识产权权利人、电商平台、平台内经营者之间关于知识产权侵权投诉的互动机制，即"通知 - 删除 - 反通知 - 选择期间"规制。较之于侵权责任法的"通知 - 删除"规则，电子商务法的规定不仅更为详细、具有可操作性，而且顾及了电子商务行业各方利益及其相互关系。《电子商务法》规定的新进展有：（1）配置与通知权相对应的反通知权，保障争议双方当事人在表达自由方面的利益均衡；（2）规定错误行使通知权的后果责任规则，防止通知权的滥用；（3）规定行使通知权与反通知权的程序，包括有关证据的要求。《民法典》第 1194—1197 条进一步将《电子商务法》第 42—45 条的网络知识产权侵权"通知 - 删除"程序性规则扩张为网络民事权益侵权"通知 - 删除"程序性规则。❶

二、侵害在先使用商标专有权

（一）侵害未注册驰名商标专有权

《商标法》第 13 条第 2 款规定："就相同或者类似商品申请注册的商标是复制、摹仿或者翻译他人未在中国注册的驰名商标，容易导致混淆的，不予注册并禁止使用。"这赋予了未注册驰名商标所有人禁止他人混淆性使用其商标的排他权即专有权。《最高人民法院关于审理商标民事纠纷案件适用法律若干问题的解释》第 2 条规定："依据商标法第十三条第二款的规定，复制、摹仿、翻译他人未在中国注册的驰名商标或其主要部分，在相同或者类似商品上作为商标使用，容易导致混淆的，应当承担停

止侵害的民事法律责任。"因此，行为人在相同或类似商品上使用与他人
驰名商标相同或近似的商标，容易导致混淆的，构成对未注册驰名商标专
有权的侵害。鉴于驰名商标是为我国境内相关公众（包括与使用商标所标
示的某类商品有关的消费者，生产前述商品的其他经营者以及经销渠道中
所涉及的销售者和相关人员等）所熟知的商标，故而经营相同或类似商品
的竞争对手应当知道未注册驰名商标的存在，其未经许可混淆使用该未注
册驰名商标的行为具有过错，在这种行为造成损害的情形还应当承担侵权
损害赔偿责任。

与本节一·（二）·3—5 原理相同，将未注册驰名商标作为商品名称
或商品装潢、企业名称字号、域名混淆性使用，也属于类似于混淆性使用
未注册驰名商标的侵害未注册驰名商标专有权行为。

（二）侵害在先使用有一定影响商标（未注册知名商标）专有权

对于在先使用有一定影响的商标，立法者仅在《商标法》第 32 条规
定了禁止抢注条款予以保护，而未在《商标法》中赋予该知名商标所有人
禁止他人混淆性使用的权利。但是，《反不正当竞争法》第 6 条第（1）项
明确赋予有一定影响的商品名称、包装、装潢的所有人禁止他人混淆性使
用这些商业标识的排他权即专有权，而商品名称、包装、装潢的构成要素
与商标标志的文字、图形、三维标志、颜色组合等构成要素相同，在商业
活动中通常也被相关公众视为识别商品来源的商标。因此，《反不正当竞
争法》赋予有一定影响即知名商标的所有人禁止他人混淆性使用这些商标
的排他权即专有权。❶ 退一步讲，即便将商品名称、包装、装潢视为不同
于商标的商业标识，由于二者在标识构成要素上都是由文字、图形、三维
形状、颜色组合等组成，《反不正当竞争法》已经赋予有一定影响的商品
名称、包装、装潢的所有人禁止他人混淆性使用的排他权即专有权，自然
也应赋予有一定影响的未注册商标禁止他人混淆性使用的排他权即专
有权。

在侵权构成要件方面，依据《最高人民法院关于适用〈中华人民共和

---

❶ 孔祥俊. 商标与不正当竞争法：原理和判例［M］. 北京：法律出版社，2009：28 - 30.

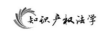

国反不正当竞争法〉若干问题的解释》第 10 条、第 12 条规定,《反不正当竞争法》意义上的商业标识"使用"与《商标法》意义上的商标使用在定义方面完全相同,都是有关标识用于商品、商品包装或者容器以及商品交易文书上,或者广告宣传、展览以及其他商业活动中,用于识别商品来源的行为;《反不正当竞争法》意义上的"标识相同或近似""混淆"与《商标法》意义上的"商标相同或近似""混淆"在实质上并无差异。

《最高人民法院关于适用〈中华人民共和国反不正当竞争法〉若干问题的解释》第 4 条规定:"具有一定的市场知名度并具有区别商品来源的显著特征的标识,人民法院可以认定为反不正当竞争法第六条规定的'有一定影响的'标识。人民法院认定反不正当竞争法第六条规定的标识是否具有一定的市场知名度,应当综合考虑中国境内相关公众的知悉程度,商品销售的时间、区域、数额和对象,宣传的持续时间、程度和地域范围,标识受保护的情况等因素。"在先使用有一定影响商标的知名度,使得人们得以推定在后使用的竞争性经营者知道或应当知道其他商业标识权益的存在。如果竞争性经营者的混淆性使用行为造成商业标识所有人的商事竞争预期利益损失,结合在后第三人的主观认知和客观行为,即可以认定在后第三人具有过错,从而应当承担侵权损害赔偿责任。

此外,《最高人民法院关于适用〈中华人民共和国反不正当竞争法〉若干问题的解释》也规定了类似于《商标法》第 57 条第(3)项规定的"销售侵犯注册商标专用权的商品"这种侵害注册商标专用权的侵害在先使用知名商标专有权行为,以及《商标法》第 57 条第(6)项规定的帮助型共同侵权行为。该司法解释第 14 条第 1 款规定:"经营者销售带有违反反不正当竞争法第六条规定的标识的商品,引人误认为是他人商品或者与他人存在特定联系,当事人主张构成反不正当竞争法第六条规定的情形的,人民法院应予支持。"第 15 条规定:"故意为他人实施混淆行为提供仓储、运输、邮寄、印制、隐匿、经营场所等便利条件,当事人请求依据民法典第一千一百六十九条第一款予以认定的,人民法院应予支持。"

与本节一·(二)·3—5 原理相同,将在先使用有一定影响即知名商标作为商品名称或商品装潢、企业名称字号、域名混淆性使用,也属于类似于混淆性使用未注册知名商标的侵害未注册知名商标专有权行为。

第二节 商标侵权的抗辩

一、商标侵权行为成立抗辩

1. 对缺乏固有显著性标志和地名标志的正当使用

《商标法》第 59 条第 1 款规定："注册商标中含有的本商品的通用名称、图形、型号，或者直接表示商品的质量、主要原料、功能、用途、重量、数量及其他特点，或者含有的地名，注册商标专用权人无权禁止他人正当使用。"依据《商标法》第 11 条规定，通用标志（商品的通用名称、图形、型号）、描述性标志（直接表示商品特点的标志）属于缺乏固有显著性的标志，只有经过使用获得显著性（"第二含义"）才能作为商标注册。依据《商标法》第 10 条第 2 款规定，县级以上行政区划的地名或者公众知晓的外国地名本属于公共资源，不得作为商标，但是地名具有其他含义或者作为集体商标、证明商标组成部分的除外。可见，缺乏固有显著性的通用名称、描述性用语和地名都属于公有领域的词汇，任何人都可以在由这些词汇所构成之商标所具有的"第二含义"范围之外自由地使用相应的词汇指称自己的商品或服务，以降低各经营者告知消费者他们销售同类产品的成本，降低消费者对获取商品信息的知情成本，如果在该商标"第二含义"之外赋予商标所有人对商品使用这些词汇的排他性权利，则会赋予其对这些词汇的垄断地位，进而使得他对词汇所指称商品具有一定的垄断地位，这会剥夺其他经营者使用相同词汇指称有关商品的权利，造成妨碍竞争并提高消费者成本的后果。❶ 因此，法律有必要对此类注册商标专用权人的权利作出限制，即注册商标中含有的本商品的通用名称、描述性用语和地名，注册商标专用权人无权禁止他人正当使用，以免权利范

---

❶ McCarthy J T. McCarthy on Trademarks and Unfair Competition [Z]. 5th Ed. Westlaw, 2022: 11. 15, 11. 18, 12. 1 – 12. 2.

围超出本身的界限而产生权利滥用，损害正常的商标秩序和市场竞争秩序。❶

对于侵害在先使用商标专有权的行为，《反不正当竞争法》也规定了与《商标法》类似的抗辩。《最高人民法院关于适用〈中华人民共和国反不正当竞争法〉若干问题的解释》第 6 条规定："因客观描述、说明商品而正当使用下列标识，当事人主张属于反不正当竞争法第六条规定的情形的，人民法院不予支持：（一）含有本商品的通用名称、图形、型号；（二）直接表示商品的质量、主要原料、功能、用途、重量、数量以及其他特点；（三）含有地名。"第 7 条规定："反不正当竞争法第六条规定的标识或者其显著识别部分属于商标法第十条第一款规定的不得作为商标使用的标志，当事人请求依据反不正当竞争法第六条规定予以保护的，人民法院不予支持。"

2. 对立体商标中功能性形状的正当使用

《商标法》第 59 条第 2 款规定："三维标志注册商标中含有的商品自身的性质产生的形状、为获得技术效果而需有的商品形状或者使商品具有实质性价值的形状，注册商标专用权人无权禁止他人正当使用。"依据《商标法》第 12 条，具有实用价值或美学价值的商品特征即立体形状不得注册。但是，在上述形状之外再结合其他要素组合成新的标志，则可以作为商标进行注册。上述形状原本属于社会公共资源，社会成员可以自由使用，会因注册人取得注册商标专用权而可能产生使用上的冲突。因此，法律上有必要限制此类注册商标专用权人的权利，不能允许其享有禁止他人正当使用的权利。❷ 对于保护功能性立体形状与其他显著特征的三维标志商标，权利人不得禁止其他经营者用在自己的商品上，以实现这些形状所具有的实用价值或美学价值。

---

❶ 中华人民共和国商标法释义（2013 年修改）："第 59 条"［EB/OL］.（2013 – 12 – 14）［2022 – 04 – 22］. http：//www. npc. gov. cn/npc/c22754/201312/52947ec97f864c5399 223296fed912f3. shtml.

❷ 中华人民共和国商标法释义（2013 年修改）："第 59 条"［EB/OL］.（2013 – 12 – 14）［2022 – 04 – 22］. http：//www. npc. gov. cn/npc/c22754/201312/52947ec97f864c5399 223296fed912f3. shtml.

3. 先用权抗辩

《商标法》第 59 条第 3 款规定："商标注册人申请商标注册前，他人已经在同一种商品或者类似商品上先于商标注册人使用与注册商标相同或者近似并有一定影响的商标的，注册商标专用权人无权禁止该使用人在原使用范围内继续使用该商标，但可以要求其附加适当区别标识。"该条款是 2013 年修订的《商标法》新增的内容，意在赋予使用在先的商标继续使用的先用权。保护在先权利，是商标法律制度中的一项重要原则。我国实行自愿与强制相结合的商标注册制度，使用未注册的商标，为法律所允许，虽不能产生注册商标专用权，但可能因为使用获得一定影响而取得在先使用知名商标专有权。同时，既然法律允许使用未注册的商标，就不能因为后来被人注册了相同或者近似的商标，就禁止在先使用人在原有范围内继续使用，否则会剥夺在先使用人通过诚实经营所积累的商誉，对于在先使用人不公平。❶ 因此，法律上有必要对这种情形下的注册商标专用权人的权利做出限制。

4. 权利销售用尽（权利穷竭）

根据商标权销售用尽原则，商标权人或者被许可人使用注册商标的商品售出后，他人再行销售的，无须得到商标权人的许可，不侵犯注册商标专用权。商标权的权利客体为无形的商标标识，有形商品上的商标标识不过是商标标识的载体。因此，当受商标权保护的商品经合法转让后，商标权人无权禁止买方再次转让带有商标标识的商品。如果允许权利人无限地控制商品流转途径中的后手对相应商品的处分行为，超出了商标权的内容范围，构成权利滥用。这会使得商标权人可以从生产、批发、零售等环节无限控制商品，造成对商品自由流通的限制，以及统一市场的人为分割，阻碍国内统一大市场的建设。

5. 历史形成的商标共存

《最高人民法院关于审理商标授权确权行政案件若干问题的意见》第 1

---

❶ 王迁. 知识产权法教程［M］. 6 版. 北京：中国人民大学出版社，2019：539；中华人民共和国商标法释义（2013 年修改）："第 59 条"［EB/OL］.（2013－12－14）［2022－04－22］. http：//www. npc. gov. cn/npc/c22754/201312/52947ec97f864c539922 3296fed912f3. shtml.

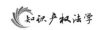

条规定，在审理商标授权确权行政案件时，在审查判断商标近似和商品类似等授权确权条件及处理与在先商业标志冲突上，"对于使用时间较长、已建立较高市场声誉和形成相关公众群体的诉争商标，应当准确把握商标法有关保护在先商业标志权益与维护市场秩序相协调的立法精神，充分尊重相关公众已在客观上将相关商业标志区别开来的市场实际，注重维护已经形成和稳定的市场秩序"。这虽然是关于商标注册阶段对在先权利保护的规定，但其"尊重相关公众已在客观上将相关商业标志区别开来的市场实际，注重维护已经形成和稳定的市场秩序"的精神，同样适用于商标侵权案件中对商标权的保护。

二、商标侵权赔偿责任抗辩

1. 三年未使用侵权赔偿责任抗辩

商标专用权属于知识产权范畴，保护商标权是为了保护商标所承载的经营者商誉以及经营者的商事营业竞争利益。我国虽然实行商标专用权注册取得制度，但注册商标的保护应当回归以使用为目的的制度本源，突出商标的使用价值，弥补严格实行注册原则可能造成的不公平后果。对于长期不使用的注册商标，其商业价值会在市场竞争活动中显著降低，也难以发挥识别来源的功能，更难谓权利人的正当竞争利益遭受损害。有鉴于此，《商标法》第64条第1款规定："注册商标专用权人请求赔偿，被控侵权人以注册商标专用权人未使用注册商标提出抗辩的，人民法院可以要求注册商标专用权人提供此前三年内实际使用该注册商标的证据。注册商标专用权人不能证明此前三年内实际使用过该注册商标，也不能证明因侵权行为受到其他损失的，被控侵权人不承担赔偿责任。"

2. 销售者不知道侵权商品且证明合法取得并说明提供者

销售侵犯注册商标专用权的商品的，属于侵犯注册商标专用权的行为。如果行为人明知或者应当知道其所销售的商品，是属于侵犯他人注册商标专用权的，仍然进行销售，则属于主观上具有故意或者过失的过错，应当依法承担相应责任。但是，如果行为人在销售侵权商品时，不存在主观上的过错，即不知道或者不应当知道自己所销售的商品侵犯他人注册商标专用权，如果规定其也要承担相应的法律责任，对该行为人而言，则是要求其承担了其能力范围内所不能承担的责任，同时也会为整个社会的商业交易带来巨大的成本。因此，《商标法》第 64 条第 2 款规定："销售不知道是侵犯注册商标专用权的商品，能证明该商品是自己合法取得并说明提供者的，不承担赔偿责任。"所谓能证明该商品是自己合法取得，是指销售者能够提供进货商品的发票、付款凭证以及其他证据，从而证明该商品是通过合法途径取得的。所谓说明提供者，是指销售者能够说明进货商品的提供者的姓名或者名称、住所以及其他线索，并且能够查证属实的。

《最高人民法院关于适用〈中华人民共和国反不正当竞争法〉若干问题的解释》第 14 条规定：经营者销售带有违反《反不正当竞争法》第 6 条规定的标识的商品，销售不知道是该条规定的侵权商品，能证明该商品是自己合法取得并说明提供者，经营者主张不承担赔偿责任的，法院应予支持。据此，销售侵害未注册驰名商标专有权、侵害在先使用有一定影响商标（未注册知名商标）专有权这两种侵权在先使用商标专有权的商品，也适用善意销售并提供合法来源侵权赔偿责任抗辩制度。

第三节　商标侵权的法律责任

一、民事责任

商标权本质上是一种私权，属于无体财产权。商标侵权行为发生后，商标权人有权获得私法救济即民事救济。《民法典》第 176 条规定："民事主体依照法律规定和当事人约定，履行民事义务，承担民事责任。"行为人实施了本章第一节规定的各种侵害注册商标专用权以及侵害在先使用商标专有权行为后，即应当依法承担民事责任。相应地，《民法典》第 179 条进一步规定了停止侵害、排除妨碍、消除危险、返还财产、恢复原状、赔偿损失、赔礼道歉和消除影响、恢复名誉等民事责任的承担方式。其中，返还财产、恢复原状是侵害有体物行为的侵权责任承担方式；赔礼道歉和消除影响、恢复名誉是侵害人格权行为的民事责任承担方式。

商标权作为财产权，一般不涉及赔礼道歉、消除影响、恢复名誉等侵

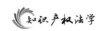

害人格权行为的法律责任。因此，商标侵权的民事救济主要包括停止侵害、排除妨碍、消除危险、赔偿损失这四种方式。民事救济旨在实现对侵权行为的矫正，使得权利人恢复权利被侵害之前的状态。具体而言，各种救济措施发挥着不同的功能：其一，停止侵害、排除妨碍、消除危险等救济措施的作用在于停止正在进行或者将来还会继续进行的侵权行为，预防未来侵权行为的发生，恢复商标权这一绝对权的圆满状态；其二，赔偿损失这种救济措施的作用在于填补侵权行为对商标权人造成的实际损失，使得商标权人的财产状况恢复到损害未发生的状态。

（一）停止侵害、排除妨碍、消除危险责任

由于注册商标专用权和在先使用商标专用权都是绝对性的财产权，因此，只要行为人实施了本章第一节规定的各种侵害注册商标专用权以及侵害在先使用商标专有权行为后，无论是否造成损害后果，都应当承担停止侵害、排除妨碍、消除危险的责任。《商标法》第 63 条第 4—5 款规定："人民法院审理商标纠纷案件，应权利人请求，对属于假冒注册商标的商品，除特殊情况外，责令销毁；对主要用于制造假冒注册商标的商品的材料、工具，责令销毁，且不予补偿；或者在特殊情况下，责令禁止前述材料、工具进入商业渠道，且不予补偿。假冒注册商标的商品不得在仅去除假冒注册商标后进入商业渠道。"《最高人民法院关于审理商标民事纠纷案件适用法律若干问题的解释》第 21 条规定："人民法院在审理侵犯注册商标专用权纠纷案件中，依据民法典第一百七十九条、商标法第六十条的规定和案件具体情况，可以判决侵权人承担停止侵害、排除妨碍、消除危险、赔偿损失、消除影响等民事责任，还可以作出罚款，收缴侵权商品、伪造的商标标识和主要用于生产侵权商品的材料、工具、设备等财物的民事制裁决定。罚款数额可以参照商标法第六十条第二款的有关规定确定。行政管理部门对同一侵犯注册商标专用权行为已经给予行政处罚的，人民法院不再予以民事制裁。"

（二）民事赔偿责任

行为人主动从事混淆性商标使用行为或者淡化性注册驰名商标使用行

为，多数情况下对权利人的商标之存在都处于明知或应知的认知状态，而主动从事相应行为追求损害后果的发生，故而都具有故意的主观过错。因此，在侵权行为导致损害后果发生时，行为人应当为其过错行为承担侵权赔偿责任。❶

1. 侵害注册商标专用权的民事赔偿责任

（1）填补性赔偿：损害赔偿。

填补性赔偿即损害赔偿责任的目的是填平受害人所遭受的损害，恢复到侵权行为未发生时的状态。《商标法》第 63 条第 1 款规定："侵犯商标专用权的赔偿数额，按照权利人因被侵权所受到的实际损失确定；实际损失难以确定的，可以按照侵权人因侵权所获得的利益确定；权利人的损失或者侵权人获得的利益难以确定的，参照该商标许可使用费的倍数合理确定。赔偿数额应当包括权利人为制止侵权行为所支付的合理开支。"《最高人民法院关于审理商标民事纠纷案件适用法律若干问题的解释》第 17 条规定："商标法第六十三条第一款规定的制止侵权行为所支付的合理开支，包括权利人或者委托代理人对侵权行为进行调查、取证的合理费用。人民法院根据当事人的诉讼请求和案件具体情况，可以将符合国家有关部门规定的律师费用计算在赔偿范围内。"此外，《商标法》还规定了商标侵权法定赔偿制度。其中第 63 条第 3 款规定："权利人因被侵权所受到的实际损失、侵权人因侵权所获得的利益、注册商标许可使用费难以确定的，由人民法院根据侵权行为的情节判决给予五百万元以下的赔偿。"

一方面，由于商标侵权行为是对权利人的商事竞争利益或正当竞争利益造成损害的行为，权利人遭受的损失不是像侵害有形财产权那样造成既有利益损失，而是因侵权行为导致权利人本应获得的交易机会丧失而产生的预期利益损失，这是一种纯经济损失。他人未经许可对商标予以混淆性使用或者淡化性使用，造成相关公众混淆或者误认，导致相关公众转而购买其商品，造成商标所有人正当竞争利益即预期利益的损失，是法律上应予以赔偿的纯经济损失。具体而言，这种正当竞争利益即预期利益的损

---

❶ 来小鹏，刘自钦. 我国商标侵权惩罚性赔偿制度的理解和适用［EB/OL］. （2020 - 04 - 03）［2022 - 04 - 23］. https：//www.zhichanli.com/p/34800375.

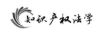

失，指的是权利人因侵权所造成商品销售量减少而遭受的利润损失。《最高人民法院关于审理商标民事纠纷案件适用法律若干问题的解释》第15条规定："商标法第六十三条第一款规定的因被侵权所受到的损失，可以根据权利人因侵权所造成商品销售减少量或者侵权商品销售量与该注册商标商品的单位利润乘积计算。"有法院认为，商标权人除了会遭受因其商品销售量流失而造成的利润损失，还可能遭受因价格侵蚀而遭受的利润损失，这指的是侵权商品的竞争迫使其降低商品售价或者无法实现以较高的价格销售商品而遭受的销售利润损失。❶ 但是，这种因价格侵蚀而损失的利润，是侵权产品的价格竞争而非侵害商标权造成消费者混淆转而购买侵权商品而导致的权利人的正当竞争利益损失，同商标侵权行为之间具有较远的因果关系，从侵权责任构成要件和公共政策两个角度看，似乎都难以认定为侵权行为人应予以赔偿的损失。

另一方面，商标侵权行为导致消费者转而购买侵权人的商品，侵权人的侵权商品销售量挤占了本属于权利人的商品销售量，侵权人的侵权商品销售利润系以权利人的预期商品销售利润损失为代价，这在本质上属于权益侵害型不当得利，而这种侵权得利也可作为衡量权利人所遭受之实际损失的替代方案。《最高人民法院关于审理商标民事纠纷案件适用法律若干问题的解释》第14条规定："商标法第六十三条第一款规定的侵权所获得的利益，可以根据侵权商品销售量与该商品单位利润乘积计算；该商品单位利润无法查明的，按照注册商标商品的单位利润计算。"

值得注意的是，商标权保护的是商标权人的正当竞争利益，这与保护法定垄断利益的专利权、版权存在很大不同。由于商标侵权人能够向消费者销售侵权商品的主要原因，是其对权利人商标的混淆性或者淡化性使用造成消费者混淆，从而使得本来有意购买权利人商品的消费者转而购买侵权商品。因此，法院在确定商标侵权赔偿数额时，不会像在确定专利侵权赔偿数额那样，考虑商标对相关商品价值的贡献率这一问题。

（2）惩罚性赔偿。

惩罚性赔偿制度属于填补性赔偿暨损害赔偿制度以外的侵权赔偿救济

---

❶ 江苏省高级人民法院（2017）苏民终1297号民事判决书。

制度。其目的不在于填平受害人所遭受的损害，而在于威慑侵权人和第三人、预防侵权人或者第三人将来实施侵权行为。《商标法》第 63 条第 1 款第 2 句规定，"对恶意侵犯商标专用权，情节严重的，可以在按照上述方法确定数额的一倍以上五倍以下确定赔偿数额"。所谓"按照上述方法确定数额"，即《商标法》第 63 条第 1 款第 1 句所规定的实际损失、侵权得利、许可使用费合理倍数这三种商标侵权赔偿数额。以侵权损害赔偿数额的 1—5 倍为计算基准的商标侵权赔偿，不仅突破了填补权利人所遭受的损害这一目的，而且关注行为人的主观可责难程度以及行为是否达到了值得科处惩罚的不法性程度，这在本质上属于侵权惩罚性赔偿。同时，我国商标侵权法定赔偿制度对惩罚性赔偿制度有补充作用。由于《商标法》已经确立损害赔偿制度应当坚持填补损失和惩罚侵权这两重目标，在无法以原告的损失、被告的获利以及商标许可使用费为基准确定惩罚性赔偿数额的情形下，作为计算损害赔偿兜底方式的法定赔偿制度，同样应兼具补偿和惩罚的双重功能。❶

依据我国法院司法实践以及《最高人民法院关于审理侵害知识产权民事案件适用惩罚性赔偿的解释》（法释〔2021〕4 号）规定，商标侵权惩罚性赔偿制度的具体适用标准如下。

其一，"恶意侵权"的认定。"恶意侵犯商标专用权"，即侵权法上的故意侵权。其中，"恶意"等同于主观过错中的"故意"，不仅包括行为人明知其行为会给权利人的商标权造成侵权的认识要素，还包括主动地从事混淆性商标使用行为或者淡化性注册驰名商标使用行为而追究该侵害后果发生的意愿要素。驰名商标在全国范围内的知名、商标局对注册商标的公告，形成相关公众知道相关商标的事实推定。基于这种事实推定，在后商标使用人负有提供证据证明其实际上不知道相关商标这一事实的证明责任。法院在判定行为人是否构成"恶意侵权"时，主要考虑以下因素：（1）原告商标的知名度；（2）原告和被告之间的特殊关系；（3）被告对商标的使用方式；（4）原告是否不顾权利人的侵权警告、无视市场监督管理部门的行政处罚或者拒不履行法院的生效停止侵权裁定，继续从事商标

---

❶　康成公司诉大润发公司侵害商标权纠纷案，上海市高级人民法院（2016）沪民终 409 号民事判决书。

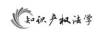

侵权行为。❶

其二，"情节严重"的认定。侵权赔偿制度以填补损害为原则，以惩罚威慑为例外。只有侵权人的行为方式相当恶劣，或者侵权行为造成的损害后果相当严重，行为对权益的侵害才会达到值得科处惩罚的程度，从而例外地适用惩罚性赔偿制度。对于引发惩罚性赔偿的商标侵权行为而言，其不仅必须造成商标权人的正当竞争利益即预期利益损失，而且其对商标权的侵害须达到值得科处惩罚的程度，这时商标侵权行为才满足引发侵权惩罚性赔偿责任的不法性要件。法院在判断商标恶意侵权行为是否情节严重时，分为两个方面对以下相关因素予以考量：一方面，在判断侵权人的行为方式是否相当恶劣时，主要考虑下列因素：（1）被告对商标的使用方式；（2）被告是否无视市场监督管理部门的行政处罚、拒不履行法院的生效停止侵权裁定，继续从事商标侵权行为；（3）被告是否存在重复侵权行为。另一方面，在判断侵权行为造成的后果是否相当严重时，主要考虑下列因素：（1）被告从事商业活动的时间；（2）被告的营业规模；（3）被告和原告之间是否存在特殊关系；（4）原告遭受的损害大小。❷

其三，惩罚性赔偿数额的认定。依据《商标法》第 63 条第 1 款第 2 句的规定，在确定惩罚性赔偿数额时，应以实际损失、侵权得利或者商标许可使用费合理倍数为计算基准，在这种损害赔偿数额的"一倍以上五倍以下"确定具体的数额。与 2013 年《商标法》规定的"一至三倍"赔偿相比，"一至五倍"赔偿提高了惩罚性赔偿数额的上限，强化了对商标权的保护，有利于我国营商环境的进一步优化，是推行创新驱动发展战略、

---

❶ 卡尔文·克雷恩商标托管诉厦门立帆公司、厦门塞瑞达电子商务公司等侵害商标权系列案，参见山东省青岛市中级人民法院（2015）青知民初字第 8 号、第 9 号、第 10 号、第 12 号、第 13 号民事判决书；巴洛克木业公司诉浙江巴洛克公司等侵害商标权及不正当竞争纠纷案，参见江苏省高级人民法院（2017）苏民终 1297 号民事判决书；弘奇永和公司诉江阴永和豆浆店、好和公司侵害商标权纠纷案，参见江苏省高级人民法院（2018）苏民终 49 号民事判决书。

❷ 卡尔文·克雷恩商标托管诉厦门立帆公司、厦门塞瑞达电子商务公司等侵害商标权系列案，参见山东省青岛市中级人民法院（2015）青知民初字第 8 号、第 9 号、第 10 号、第 12 号、第 13 号民事判决书；康成公司诉大润发公司侵害商标权纠纷案，参见上海市高级人民法院（2016）沪民终 409 号民事判决书；巴洛克木业公司诉浙江巴洛克公司等侵害商标权及不正当竞争纠纷案，参见江苏省高级人民法院（2017）苏民终 1297 号民事判决书；弘奇永和公司诉江阴永和豆浆店、好和公司侵害商标权纠纷案，参见江苏省高级人民法院（2018）苏民终 49 号民事判决书。

知识产权强国战略等公共政策的必然要求。另外，维持行为自由与权利保护之间的平衡，是侵权责任法的基本理念。在确定惩罚性赔偿数额时，应当避免过度威慑导致的"寒蝉效应"（亦称"冷淡效应"）。

法院在确定商标侵权的惩罚性赔偿数额时，应当遵循以下原则：（1）基于惩罚性赔偿制度的惩罚、威慑功能，确定的惩罚性赔偿数额应当与侵权行为的不法程度相适应。在我国《商标法》中，这指的是侵权行为的情节严重程度。在判断行为的不法程度时，应当主要考虑侵权行为的动机和目的、实施侵权行为的方式、实施商标侵权行为的次数、商标侵权规模（被侵权商品数量、市场范围和销售量等）、商标侵权造成的损害大小等关于行为方式和行为后果的因素。（2）为实现惩罚、威慑的作用，确定惩罚性赔偿数额时还应当考虑侵权的财务状况。对于财力薄弱者而言适当的惩罚性赔偿数额，往往难以触动财力雄厚者。❶ 在商标侵权人为盈利丰厚的企业或者大型公司时，较高倍数的惩罚性赔偿才能产生相应的威慑或者预防效应。（3）为避免过度惩罚，确定惩罚性赔偿数额时还应当考虑商标执法机关和司法机关对同一侵权行为的其他财产性制裁。如果商标侵权人因同一侵权行为还承担了行政责任或者刑事责任，而被判处行政罚款或者刑罚罚金，那么，根据一事不再罚的理念，应当限制或者降低惩罚性赔偿的数额。（4）类似案件的比较。由于我国各地经济发展水平仍然具有较大差异，对某个地区商标侵权案件确定的惩罚性赔偿数额，应当同当地的经济发展水平相适应。同时，为了保证我国司法裁判标准的统一，对于同一地区或者经济水平相当地区的商标侵权行为，应当确保惩罚性赔偿数额的一致。❷

2. 侵害在先使用商标专有权的民事赔偿责任

如前所述，我国法律中存在侵害未注册驰名商标专有权、侵害在先使用有一定影响商标（未注册知名商标）专有权这两种侵权在先使用商标专有权行为。

---

❶ McCarthy J T. McCarthy on Trademarks and Unfair Competition [Z]. 5th Ed. Westlaw, 2022：30. 96.

❷ 刘自钦. 著作权惩罚性赔偿制度在中国大陆的具体运用：从美国经验和中国实际出发 [J]. 澳门法学，2014（1）：146.

《商标法》第4条第1款规定:"自然人、法人或者其他组织在生产经营活动中,对其商品或者服务需要取得商标专用权的,应当向商标局申请商标注册。"据此,"商标专用权"在我国法律中专指"注册商标专用权"。《商标法》第七章的标题则为"注册商标专用权的保护"。因此,按照文义解释和体系解释,《商标法》规定的商标侵权赔偿责任制度并不适用未注册的在先使用商标权。

但是,商标法是广义反不正当竞争法的一部分,侵害在先使用专有权的行为同样也损害了权利人的商事竞争利益或正当竞争利益,造成后者正当竞争利益即预期利益的损失。因此,在反不正当竞争特别法即商标法并未对侵害未注册驰名商标专有权、侵害在先使用有一定影响商标(未注册知名商标)专有权规定侵权赔偿责任的情况下,可以适用反不正当竞争法。《反不正当竞争法》第17条第2款规定,"经营者的合法权益受到不正当竞争行为损害的,可以向人民法院提起诉讼"。经营者的未注册驰名商标专有权、未注册知名商标专有权以及相应的正当竞争利益,当然属于"经营者的合法权益"。《反不正当竞争法》第17条第3—4款规定了类似于《商标法》第63条第1款、第3款的填补性赔偿责任制度、惩罚性赔偿制度以及法定赔偿制度。❶ 关于填补性赔偿制度、惩罚性赔偿制度和法定赔偿制度的适用标准,自然也类似于《商标法》规定的注册商标专用权侵权赔偿责任。

二、行政责任

知识产权保护部门直接执法与法院并行的"双轨制"保护,是我国特有的知识产权保护模式。行政执法较之司法保护具有适时、快速、便捷的特点,是司法保护的良好补充,有助于在司法终局制下实现知识产权"严

---

❶ 《反不正当竞争法》第17条第3款规定:"因不正当竞争行为受到损害的经营者的赔偿数额,按照其因被侵权所受到的实际损失确定;实际损失难以计算的,按照侵权人因侵权所获得的利益确定。经营者恶意实施侵犯商业秘密行为,情节严重的,可以在按照上述方法确定数额的一倍以上五倍以下确定赔偿数额。赔偿数额还应当包括经营者为制止侵权行为所支付的合理开支。"第4款规定:"经营者违反本法第六条、第九条规定,权利人因被侵权所受到的实际损失、侵权人因侵权所获得的利益难以确定的,由人民法院根据侵权行为的情节判决给予权利人五百万元以下的赔偿。"

保护、大保护、快保护、同保护"的政策目标，有利于良好营商环境的塑造。

对于侵害注册商标专用权的行为，《商标法》第 60 条第 1—2 款规定：有侵犯注册商标专用权行为之一，引起纠纷的，由当事人协商解决；不愿协商或者协商不成的，商标注册人或者利害关系人可以向人民法院起诉，也可以请求工商行政管理部门处理。市场监督管理部门处理时，认定侵权行为成立的，责令立即停止侵权行为，没收、销毁侵权商品和主要用于制造侵权商品、伪造注册商标标识的工具，违法经营额 5 万元以上的，可以处违法经营额 5 倍以下的罚款，没有违法经营额或者违法经营额不足 5 万元的，可以处 25 万元以下的罚款。对 5 年内实施两次以上商标侵权行为或者有其他严重情节的，应当从重处罚。销售不知道是侵犯注册商标专用权的商品，能证明该商品是自己合法取得并说明提供者的，由市场监督管理部门责令停止销售。第 61 条规定：对侵犯注册商标专用权的行为，市场监督管理部门有权依法查处；涉嫌犯罪的，应当及时移送司法机关依法处理。

对于侵害在先使用商标专有权的行为，《反不正当竞争法》第 18 条第 1 款规定："经营者违反本法第六条规定实施混淆行为的，由监督检查部门责令停止违法行为，没收违法商品。违法经营额五万元以上的，可以并处违法经营额五倍以下的罚款；没有违法经营额或者违法经营额不足五万元的，可以并处二十五万元以下的罚款。情节严重的，吊销营业执照。"第 25 条规定："经营者违反本法规定从事不正当竞争，有主动消除或者减轻违法行为危害后果等法定情形的，依法从轻或者减轻行政处罚；违法行为轻微并及时纠正，没有造成危害后果的，不予行政处罚。"第 27 条规定："经营者违反本法规定，应当承担民事责任、行政责任和刑事责任，其财产不足以支付的，优先用于承担民事责任。"

三、刑事责任

我国《刑法》第 213—215 条分别规定了假冒注册商标罪、销售假冒注册商标商品罪以及非法制造、销售非法制造的注册商标标识罪。这些条款位于《刑法》第二编"分则"·第三章"破坏社会主义市场经济秩序罪"·第七节"侵犯知识产权罪"之中，表明这些罪行侵害的法益是注册商标专用权以及注册商标专用权法律关系所保护的市场经济秩序。❶

《刑法》第 213 条规定："未经注册商标所有人许可，在同一种商品、服务上使用与其注册商标相同的商标，情节严重的，处三年以下有期徒刑，并处或者单处罚金；情节特别严重的，处三年以上十年以下有期徒刑，并处罚金。"第 214 条规定："销售明知是假冒注册商标的商品，违法所得数额较大或者有其他严重情节的，处三年以下有期徒刑，并处或者单处罚金；违法所得数额巨大或者有其他特别严重情节的，处三年以上十年以下有期徒刑，并处罚金。"第 215 条规定："伪造、擅自制造他人注册商标标识或者销售伪造、擅自制造的注册商标标识，情节严重的，处三年以下有期徒刑，并处或者单处罚金；情节特别严重的，处三年以上十年以下有期徒刑，并处罚金。"《最高人民检察院公安部关于公安机关管辖的刑事案件立案追诉标准的规定（二）》（公通字〔2010〕23 号）第 69—71 条分别规定了假冒注册商标罪、销售假冒注册商标的商品罪以及非法制造、销售非法制造的注册商标标识罪的"情节严重"标准。对于这些罪行，全国人大常委会 2020 年 12 月发布的《中华人民共和国刑法修正案（十一）》删除了原有的"管制""拘役"刑罚，并且将徒刑上限由原有的"七年"提高到"十年"。这表明我国立法机关认为侵犯注册商标专用权等知识产权罪行并不属于可适用"管制""拘役"的"罪行较轻、危害小"（管制）、"犯罪性质比较轻微、社会危害性不大"（拘役）的犯罪。❷ 我国严厉打击侵害知识产权罪行，对知识产权提供更高水平的保护，能够更好地维护市场经济秩序。这符合创新驱动发展战略和知识产权强国战略，有利于营造良好营商环境，为国家经济发展转型升级保驾护航。

行为人侵害在先使用商标专有权的，也可能承担刑事责任。《反不正当竞争法》第 31 条规定："违反本法规定，构成犯罪的，依法追究刑事责任。"《刑法》第二编"分则"·第三章"破坏社会主义市场经济秩序

---

❶ 周光权. 刑法各论［M］. 4 版. 北京：中国人民大学出版社，2021：236 – 238，344 – 348.

❷ 周光权. 刑法总论［M］. 4 版. 北京：中国人民大学出版社，2021：236 – 238，426 – 428.

罪"·第八节"扰乱市场秩序罪"第 225 条第（4）项规定，违反国家规
定，"其他严重扰乱市场秩序的非法经营行为"，扰乱市场秩序，情节严重
的，处 5 年以下有期徒刑或者拘役，并处或者单处违法所得一倍以上五倍
以下罚金；情节特别严重的，处 5 年以上有期徒刑，并处违法所得一倍以
上五倍以下罚金或者没收财产。所谓"其他严重扰乱市场秩序的非法经营
行为"，是发生在生产流通领域，违反法律、行政法规的规定，严重扰乱
市场秩序的行为。侵害在先使用商标专有权，情节严重的，也具有与《刑
法》第 225 条规定的"未经许可经营法律、行政法规规定的专营、专卖物
品或者其他限制买卖的物品""买卖进出口许可证、进出口原产地证明以
及其他法律、行政法规规定的经营许可证或者批准文件""未经国家有关
主管部门批准非法经营证券、期货、保险业务的，或者非法从事资金支付
结算业务"这三项非法经营行为相当的社会危害性、刑事违法性和刑事处
罚必要性，因而构成非法经营罪。❶

---

❶　周光权. 刑法各论［M］. 4 版. 北京：中国人民大学出版社，2021：236 - 238，373 -
374.

第四编

专利法

第十三章　专利法基础理论研究

第一节　专利权法律制度概述

一、专利制度的起源与发展

早在 1474 年，威尼斯共和国颁布了世界上第一部专利法，正式名称为《发明人法规》（Inventor Bylaws），依法颁发了世界上第一个专利，该国以法律的形式给某些机器与技术的发明人授予 10 年的特权。❶ 这是最早的与专利相近似的法律制度。

英国女王伊丽莎白一世在 1601 年将独占使用权授予发明人，后在 1624 年英国实施的《垄断法规》（The Statute of Monopolies）中明确将独占使用权赋予发明人，❷ 这是世界上第一部法律明确将"专利"这一概念纳入法律范畴，也被认为近代意义上的第一部专利法。这部法律明确了专利权的主体、专利权的客体、专利权的取得要件以及专利权的丧失等具体内容。这些明确规定为以后的其他国家的专利立法提供了有效的参考。

在资产阶级革命后，为了改进本国的专利制度，英国再次对其专利制度进行修改，将专利法的内容进行细化，并要求发明人必须对其发明进行相应的论述，同时将相关技术文件公之于众，以公开换保护，以公开换取

---

❶　张晓都. 郑成思知识产权文集　专利和技术转让卷［C］. 北京：知识产权出版社，2017：3.

❷　该法规是在 1623 年提交英国国会并通过，于 1624 年开始实施，故有些文献中称为"1623 年《垄断法规》"。

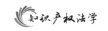

独占使用的权利。这一制度打破了传统封建社会对于技术的封锁与垄断，有利于实现技术的交流与科技的传播，对于科学技术的进步起到了积极的推动作用。

在英国推行专利制度之后，美国在 1790 年、法国在 1791 年、荷兰在 1817 年、德国在 1877 年、日本在 1885 年都先后颁行了自己的专利法。到 1900 年，40 多个国家建立起了专利制度。为了满足世界范围内专利制度的发展，1883 年 3 月 20 日，英国、法国、意大利等 14 个国家在巴黎签署了《保护工业产权巴黎公约》（Paris Convention for the Protection of Industrial Property）（以下简称《巴黎公约》），该公约保障了成员国的工业产权在所有其他成员国都得到保护。我国于 1985 年 3 月加入该公约。

随着国际化的不断深化，专利制度逐渐趋于完善，与专利有关的国际组织随之成立，国际条约随着时代的发展不断修改完善，各国的专利法也日趋成熟，国际化的趋势逐渐显现。经过时间的积淀，专利制度已经成为一项系统化、成熟的法律制度。迄今为止，全世界已经有 160 多个国家和地区制定了专利法，专利制度的运用已经遍及世界各地。

二、专利制度的概念与作用

（一）专利制度的概念

专利制度是指为了保护专利权人的根本权利，根据《专利法》以及专利的申请、公开、使用、保护和管理而建立起来的一系列制度的总称。设立专利制度主要是为了鼓励发明创造，推动社会创新，提高社会创新能力，从而促进社会整体技术发展与经济进步。

作为一种促进科技进步与发展的制度，各国的专利制度都是为了适应本国的经济情况，其主要具有以下相同特征。

（1）公开专利技术。世界各国均将专利的技术方案对社会大众公布（特殊情况下需要保密的除外）。通过专利说明书的描述将其所要申请的专利技术向社会大众公开，一方面可以使社会了解现阶段的技术进展情况，另一方面社会大众可以对相关技术进行监督，避免出现授权错误。

（2）受到法律保护。专利制度的核心就是通过法律保护专利权人的独占使用权。在法律范围内明确专利权的范围，确定专利权人的基本权利，通过法律手段保障权利人公开的技术能够正常使用，不被他人所随意侵害，保障专利权人的合法利益，实现专利制度的建立初衷。

（3）严格审查制度。专利权的申请都需要经过严格的审查流程，不仅需要全面审查，而且要通过实质审查。通过对专利技术的审查，核实其是否符合新颖性、创造性和实用性三个特征。拟申请专利必须符合这三个必要条件且经过公示无异议之后，方可被授予专利权。

（二）专利制度的作用

专利制度为推动社会科技进步，促进生产力发展以及综合国力提升方面起到了重要作用，其表现在以下几个方面。

（1）提高社会的创新能力。专利制度的核心是通过法律手段来维护专利权人的基本权益，专利制度不仅保障专利权人的独占使用权，同时也保障专利权人获得经济利益的权利。对于权利人的双重保障可以有效激励创新意识，提高社会的整体创新能力。专利是人类智力成果的结晶，保护专利就是在保障人类的智力成果。专利制度在法律上确认了专利权人的合法利益，是对人类智力成果的保障，同时专利制度赋予专利权人制造、使用、销售专利产品获取收益的权利。在保障专利权人物质利益的基础之上，同时对于专利权人赋予了较高的精神利益，如可以在专利证书上署名，对于贡献度特别大的专利技术还能获得国家级的奖项，使发明人同时获得物质奖励和精神上的鼓励，这样可以大幅度提高个人和单位对于发明创造的积极性，有利于社会整体创新能力的提升。

（2）保障权利人的合法权利。专利制度赋予专利权人合法权利，通过行政手段和司法手段保障专利权人的权利不受非法侵犯，并保证专利权人的经济利益能够正常实现。我国《专利法》明确了专利权人的生产、制造、销售等多项权利为专利权人的独占权利，其他任何人未经权利人许可不得擅自使用相关专利技术，保障专利权人的合法利益。同时，我国《专利法》也明确规定，未经专利权人许可擅自侵犯专利权人权利的处罚措施，如停止侵权、赔偿损失、消除影响等一系列措施来保障专利权人的合法权利。

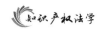

（3）促进社会经济发展。专利的新颖性要件体现出专利是先进生产力的代表，专利技术的不断发展有助于我国整体科学技术水平的革新。科技的革新能够带来技术的不断发展与进步，通过专利制度对专利权人的保护，又能够促进专利权人的创新意识提升，反作用于科技的进步。专利制度的申请流程需要将专利技术进行公开，公开的信息和技术便于公众关注前沿科技，既方便同产业内的技术交流与发展，同时也可以避免重复研究导致的资源浪费。同时，技术信息的公开可以节约研发时间与成本，有利于更快更好地推动技术革新与进步。科学技术的不断更新带来的是生产力的快速发展，生产力的提高有助于推动社会整体经济水平的提升，有助于我国经济的发展。

（4）保障技术交流与合作。专利制度是科学技术发展的必然产物。专利制度保障专利权人的基本权利的前提是专利技术的公开，技术的公开能够促进知识的共享与技术的交流。通过专利制度对专利权人的保护，不同国家的专利权人可以通过技术出口，在他国申请专利权后将相关技术应用在世界上需要该技术的国家。国际技术流通，使得世界上先进的技术可以不断交流融合，促进技术的不断更新与进步。

第二节　专利与专利权

一、专利的概念与特征

（一）专利的概念

"专利"一词源自拉丁语"Litterae patentes"，后发展为"patent"，其指专有的权利和利益，是一种特殊权利的证明。后经不断地发展，现代意义上的专利主要是指专利权、发明创造以及记载专利技术的文件总和，其在日常使用中主要是指专利权。❶专利权是基于发明人的智力成果，由申

---

❶ 吴汉东. 知识产权法［M］. 6 版. 北京：中国政法大学出版社，2012：129.

请人通过向国家专利行政部门进行申请后，经过依法审查并公示，社会大众无异议后授予的一种独占使用权。

专利作为一种法律术语，其在日常主要是指已经通过国家专利行政部门审核并授予相应权利的发明、实用新型和外观设计等专有技术。同时，获得专利也证明该专有技术具有专利法所要求的新颖性、创造性和实用性要件。所以，一旦说某项技术为专利时，该项技术已经通过国家专利行政部门的初审并符合《中华人民共和国专利法》规定情况，可以授予专利权。

（二）专利的特征

专利作为发明人智力成果的结晶，具有以下三方面的特征。

（1）专利的客体是知识成果的结晶，具有无形性特点，不具有实体的物质特点；但是专利的成果是以实体物质的特征展现出来，如专利产品等。

（2）专利必须通过国家授权方可取得。专利的取得必须通过国家专利行政部门的审查公示并授权后方可取得。未经国家专利行政管理部门授权的任何发明创造均无法作为专利受到法律保护。

（3）专利是发明创造的外在表现。人类智慧结晶的表现形式有很多种，专利作为其中一种外在的表现形式常常被发明人所使用。由于其采用通过公开技术文件换取法律保护的方式被大部分发明人所接受，部分发明人则采用技术秘密的形式来保护自身的权利。相对于采用技术秘密来保护自身专有技术来说，专利所具有的独占和公开的特点对发明人的保护力度更大。

（三）专利与其他概念的区别

专利与有些概念十分相似，与有的概念则截然不同，为了更好地理解专利这一概念，将专利与发明、科学理论、技术改进以及技术秘密等名词加以区分，以便能够更加深入地理解专利这一基本概念。

1. 专利与发明

能够获得专利授权的技术一定是一项发明，但是并不是所有的发明都

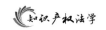

是专利，发明在符合专利的申请要件并经过国家专利行政主管机关授权之后才能够成为专利。日常人们所说的发明有时候并不具备新颖性，只是对某些现有技术的改进，并不能成为专利。如人们所常说的，某某发明了某种技术的新方法。这里所说的发明就是专利，因为其符合专利的新颖性特征，能够提高现有的生产力水平。有时候人们所说的发明却不能成为专利，如"居里夫人发明了镭"，这里的发明并不是专利意义上的发明，只是一种发现，是对现实存在的科学规律的发现。

即使某些发明符合专利法上发明的含义，也不一定会取得专利。虽然世界各国对于专利的要求除了必须符合新颖性、创造性和实用性这三个必要特征外，还有些取得专利的例外，如违反社会公共利益的是被禁止授予专利的。有些国家则规定，涉及原子能、国防领域以及治疗方法的是不能获得专利的。

2. 专利与合理化建议和技术改进

根据国务院 1986 年 6 月 4 日修订的《合理化建议和技术改进奖励条件》第 2 条规定：合理化建议，是指有关改进和完善企业、事业单位生产技术和经营管理方面的办法和措施；所称技术改进，是指对机器设备、工具、工艺技术等方面所作的改进和革新。

合理化建议和技术改进的内容是：

（1）工业产品质量和工程质量的提高，产品结构的改进，生物品种的改良和发展，新产品的开发；

（2）更有效地利用和节约能源、原材料，以及利用自然条件；

（3）生产工艺和试验、检验方法、劳动保护、环境保护、安全技术、医疗、卫生技术、物资运输、储藏、养护技术以及设计、统计、计算技术等方面的改进；

（4）工具、设备、仪器、装置的改进；

（5）科技成果的推广，企业现代化管理方法、手段的创新和应用，引进技术、进口设备的消化吸收和革新。❶

---

❶ 国务院关于修订发布《合理化建议和技术改进奖励条件》的通知（国发〔1986〕59 号）（现已废止）第 2 条。

从上述规定可以看出，对于技术的合理化建议和改进基本上通过对于现有技术的吸收消化与革新，改进的技术是否能够满足专利法的意义上新颖性要件本身就存在一定的问题，如果对于技术的革新或者合理化建议过度依赖原技术，则不符合专利法所要求的新颖性条件，这些技术也就不属于发明。但是如果对于技术革新或者合理化建议已经突破原有技术范畴，其改革方案或技术符合专利法中的新颖性要件，那么该技术或者方案可以作为单独的技术去申请专利。

总的来说，大部分改革方案或者合理化建议都是在原有专利技术之上进行完善或者提高，其是原有技术的一部分，但是在某些情况下，改革方案或者合理化建议在突破原有技术方案时，可以单独作为专利进行申请。

3. 专利与科学理论

首先需要明确的是，科学理论是无法成为专利的，因为科学理论与专利技术是两个范畴。通过科学理论形成的科学技术是可以申请成为专利的，但是，单纯的科学理论是无法作为专利的。因为科学理论解决的是自然现象或者自然规律，它解决的是"为什么"的问题，而不是"怎么做"的问题，但是专利则要求解决"怎么做"的问题。专利往往走在科学理论之前，如我国古代发明了火药，但是当时人们并不知道火药的分子式以及物质发生变换的科学原理。所以在申请专利时，只要求发明人写明技术细节，该技术如何使用，并不要求权利人写明该项技术适用哪些科学原理。所以科学原理不可以成为专利，如果将科学原理纳入专利的范畴，那么世界上的知识的传播也会受到限制，阻碍科技的进步与发展。如果将"元素周期表"与众多物理、数学或者化学公式都列入专利范畴之中，可能我们的社会依然是停滞不前的。

4. 专利与技术秘密

专利技术与技术秘密的差距仅仅在于技术内容是否公开。专利是公之于众的，而技术秘密是一项秘密技术，除权利人外的其他人并不知道该项技术的具体操作流程或者配方等内容。现代专利制度不断进步与完善的原因之一就是因为发明技术被不断地公开，各国也在公开的内容与范围间不断地细化专利法的相关内容，以期达到对于发明人权利更加完善的保护。而技术秘密的权利人只能依靠保密措施来保障自身的技术不被他人侵害，

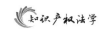

一旦其所拥有的技术秘密被公开或者被他人破解，那么其权利也将灭失。

二、专利权的概念与特征

专利权是指国家根据发明人或设计人的申请，以发明创造对社会具有符合法律规定的利益为前提，向社会公开发明创造的内容后，根据法定程序在一定期限内授予发明人或设计人的一种排他性权利。

专利权作为知识产权法律制度重要的组成部分，除具有知识产权所具有的时间性、地域性、无形性和专有性之外，还具有以下几个方面的专有特征。

（1）具有鲜明的独占性。专利权是一种对世权，其效力及于其他不特定的任何人，除专利权人外，其他人都均为义务人，任何人未经法律许可，均不得侵犯专利权人的专有权利。专利权具有垄断性，根据我国《专利法》的规定，未经许可，其他任何单位和个人均不得擅自使用，否则即侵犯专利权人的专有权利。

（2）专利权客体必须公开。专利权的取得是以向社会公开其权利内容和技术要件为前提，申请人想要取得专利权必须在专利申请文件中清楚、明晰地将权利内容公开，通过公开权利内容明确权利边界获取国家授予其独占使用权。专利权的获得是以公开为代价的。设立专利权是为了公开先进技术，促进科技的进步与发展，通过赋予权利人独占使用权，激励社会的创新意识。专利权作为一种财产权，必须让社会公众知道其权利边界和权利范围，所以专利权必须要向社会公开才能够有效避免社会公众在不知情的情况下侵犯权利人的专属权利，有效提高打击侵权行为的力度，有助于维护权利人的合法权益，促进技术的不断进步与经济的健康发展。

（3）专利权必须依法取得。专利权作为知识产权的一种，需要通过法定程序的审理、公示，在符合法定条件后方可取得。虽然世界不同国家对于专利授予条件不尽相同，但是，所有国家的专利权均需要申请人向本国专利行政主管部门依法提出申请，经过相关部门审查合格后，方可授予专利权。与著作权完成即自动取得不同，专利权完成后必须经过申请、审查和批准授权而产生。所以，专利权的取得方式有且仅有一种，即通过申请并经专利主管部门审查无误后授权方可取得。

（4）专利权具有地域性限制。世界各国对于专利的授权条件并不相同，所以，当申请人在 A 国通过专利行政主管机关通过审核并授予专利权后，其在 A 国以外的其他国家和地区并不自然获得专利权，申请人必须按照其他国家和地区的专利申请制度所需文件进行单独申请，方可在不同国家和地区取得专利权。

（5）专利权具有时间性限制。专利权的行使并非永久有效，其作为一种无形财产，权利人仅在法定期限内对该项权利享有独占许可权。如根据我国《专利法》规定，发明专利专利权人在 20 年内对发明专利享有独占使用权，实用新型专利权在 10 年内对该项权利享有独占使用权，外观设计专利权的期限为 15 年。在法定期限届满后，该项技术即进入公有领域，可以被公众免费使用。

（6）专利权的使用例外。虽然专利权人对其所拥有的技术具有独占使用的权利，但是世界各国为了平衡专利权人与社会公共利益之间的关系，均对专利权人的权利进行了相应的限制。如根据我国《专利法》第六章的规定，在面临国家利益、社会公共利益以及出于公共健康目的的情况下，国家可以强制许可使用某些专利。

三、我国专利制度的产生与发展

（一）我国专利制度的产生

早在我国古代社会就有许多发明创造，如活字印刷术、造纸术、指南针和火药这四大发明，而且在封建社会中，官方对于盐、茶等物资的垄断性管控经营其实质上就是专营制度，与专利的独占使用类似，但是其为官方的垄断经营，并非个人的独占使用。我国首次提出专利制度是在 1859 年太平天国时期，当时洪仁玕在《资政新篇》中提出："倘若能造如外邦火轮车，一日夜能行七八千里，准以自专其利，限准他人仿效。""兴舟楫之利，以坚固轻便捷巧为妙，或用火用力用风，任乎智者自创。""兴器皿技艺，有能造精奇信利者，准其自售；他人仿造，罪而罚之。"并主张"器小者，尝五年，大者尝十年，益民多者，年数加多"。这是我国第一次提出专利制度这一概念，但是由于太平天国的失败，最终没有顺利实施。

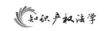

第一次以法律形式出现的专利制度是在 1898 年，在戊戌变法期间颁行的《振兴工艺给奖章程》，该章程主要是为了奖励科学发明，促进工商业发展，但是由于戊戌变法的失败而最终夭折。

我国历史上第一部专利法在 1944 年 5 月由国民党政府颁布，该法律将专利分为发明专利、新型专利和新样式专利三种，对于专利的申请主体、条件和审查审批程序进行了具体的规定。

（二）新中国的专利制度

自中华人民共和国成立到 1984 年我国第一部《专利法》颁行前，我国主要是依靠各类对于发明奖励的条例对我国发明专利技术进行保护。如1950 年国务院颁布的《保障发明权与专利权暂行条例》。该条例共 22 条，其中对于取得专利的条件，专利权人的权利范围，专利权的期限等内容都作出了具体的规定。由于该条例实施时间过短，影响范围较小，所以对我国的专利制度的发展并没有起到较大的作用。

1954 年颁布的《关于生产的发明、技术改进及合理化建议的奖励暂行条例》，1963 年颁布的《发明奖励条例》和《技术改进奖励条例》，取消了专利制度。1978 年年底，国务院重新修订并发布《发明奖励条例》，并在 1979 年批准起草《专利法》。1982 年 3 月颁行《合理化建议和技术改进奖励条例》。这五部条例均明确了专利需要具备新颖性、实用性和先进性的特征，该规定与世界上其他国家的规定一致。同时，这五部条例的奖励措施均是以精神奖励为主。

1984 年 3 月 12 日，第六届全国人民代表大会第四次会议通过《中华人民共和国专利法》（以下简称《专利法》）。本法共计 8 章 69 条，其主要目的是保护和鼓励发明创造并推广应用，促进科学技术与经济的发展，适应四个现代化建设的需要。1985 年 2 月，国务院颁布《中华人民共和国专利法实施细则》（以下简称《专利法实施细则》）。我国《专利法》和《专利法实施细则》的颁布并实施，标志着我国的专利制度正式形成并开始积极运行，我国专利制度也步入了一个新的时代。

随着改革开放以及经济的发展，我国的专利法及实施细则已经不能满足社会的需要，为了适应社会的需求，《专利法》分别在 1992 年、2000

年、2008 年、2010 年和 2020 年进行了修正，《专利法实施细则》也于 1992 年修改，后在 2001 年，国务院重新颁行了《专利法实施细则》并分别于 2002 年、2010 年进行了修订。

1. 1985 年《专利法》

1985 年《专利法》是我国第一部《专利法》，在颁行当年，我国就受理了 14327 件专利。❶ 在专利法颁行当年专利受理量破万，由此可见，我国市场上对于专利的需求是极其旺盛的。1985 年《专利法》对于我国生产力的进步，加速我国现代化建设起到了十分重要的作用，实现了该法的立法目的："为了保护发明创造专利权，鼓励发明创造，有利于发明创造的推广应用，促进科学技术的发展，适应社会主义现代化建设的需要。"

我国第一部《专利法》主要借鉴了国外的成熟经验和国际惯例，特别是《巴黎公约》的规定，如我国《专利法》第 29 条的内容与《巴黎公约》第 4 条关于优先权的规定完全一致。与国际惯例相一致不仅有助于我国加强国际交流与合作，同时可以减少加入相关国际公约的阻碍。

1985 年《专利法》并没有学习苏联的专利体制，而是实行单一专利保护制度，分别规定了职务发明和非职务发明的权利归属，这种保护模式与国际惯例相一致，有利于兼顾国家、社会和个人的利益。在我国《专利法》中明确发明创造包含发明专利、实用新型和外观设计专利三种，将这三种专利的申请、取得与维护规定在一部法律中。这种立法方式有可能为将三种专利在一部法律中进行保护开辟出一条新的路径。如美国是将发明专利和外观设计专利规定在一部法律中，法国是将发明专利与实用新型专利规定在一部法律之中，将这三种权利均放在一部法律之中进行规定的国家比较少。

在我国第一部《专利法》中，对于专利申请人的资格未作特殊限制。当时我国《专利法》的主要目的是引进外国先进技术，虽然允许外国人在我国申请专利，但是法律规定，外国人必须通过我国代理机构申请专利。对于专利审查采用全面审查原则，明确了早期公开、迟延审查和登记制度。结合我国国情，对于专利许可制度分为计划许可和强制许可制度并

---

❶ 吴汉东. 知识产权法［M］. 6 版. 北京：中国政法大学出版社，2012：136.

存。许可制度是结合我国全民所有制和集体所有制等形式，计划许可制度为我国专利制度的特色，强制许可制度是国际惯例。计划许可与强制许可制度相结合，这样的制度设计不仅有助于处理好国家利益、社会利益与个人利益之间的关系，同时也遵循国际条约与惯例。

此外，我国第一部《专利法》虽然没有明文规定专利文献的归类方法，但是在实际操作中，我国已经采用了国际专利分类法，建立起与国际分类相统一的方法，对于引进外国先进技术有着较好的作用。

2. 1992 年《专利法》第一次的修改

根据 1988 年中美知识产权谈判的约定，我国对《专利法》进行了多次论证，并最终在 1992 年 9 月 4 日第七届全国人民代表大会通过《关于修改〈中华人民共和国专利法〉的决定》，本次的修改主要涉及以下几方面的内容。

（1）对第 11 条原内容进行修改，同时新增一款，明确了进口权。即："在专利权被授予后，除法律另有规定的以外，专利权人有权阻止他人未经专利权人许可，为上两款所述用途进口其专利产品或者进口依照其专利方法直接获得的产品。"❶

（2）扩大专利权客体范围。将原《专利法》中不在授权范围内的"食品、饮料和调味品"和"药品和用化学方法获得的物质"纳入专利权的保护范围，扩大了我国专利保护的客体范围，与国际标准靠拢。

（3）设立本国优先权。1992 年修订后的《专利法》第 29 条将外国申请人删除，仅保留申请人，这表明不仅外国申请人在我国享有优先权，我国申请人一样享有优先权："申请人自发明或者实用新型在中国第一次提出专利申请之日起十二个月内，又向专利局就相同主题提出专利申请的，可以享有优先权。"第 30 条明确了申请优先权所需的文件及申请方式。

（4）明确了对于专利文件的修改范围。第 33 条规定："申请人可以对其专利申请文件进行修改，但是，对发明和实用新型专利申请文件的修改不得超出原说明书和权利要求书记载的范围，对外观设计专利申请文件的修改不得超出原图片或者照片表示的范围。"

---

❶ 《中华人民共和国专利法》（1992 年）（现已被修订）第 11 条第 3 款。

（5）明确专利权的公布时间。将原《专利法》中"自申请日起十八个月内，予以公布"修改为"自申请日起满十八个月，即行公布"。原法中的 18 个月内，可以是 18 个月的任意一天，具有不确定性，而满 18 个月，即 18 个月的最后一天，提高了法律的确定性。

（6）明确了专利的授予条件。当专利局在受理专利申请后，经过初审如果发现没有驳回的理由，专利局就应当作出授予发明专利权、实用新型专利或者外观设计专利的决定，并颁发证书，同时进行登记和公告。

（7）延长专利权期限。新修订的《专利法》第 45 条将发明专利的专利权由 15 年延长到 20 年，实用新型专利和外观设计专利由 5 年加三年延长为 10 年，但是到期不可延期。

（8）扩大了专利复审委的审查范围。将复审范围由对"驳回申请"不服可以申请复议，现在扩大为对于"驳回申请""撤销"或者"维持"不服的，均可以申请复议。

（9）除"宣告无效"的专利视为自始不存外，"被撤销"的专利也被视为自始不存在。

（10）对于强制许可的条件进行了重新定义。新《专利法》第 51—52 条，对于强制许可的范围及使用时间进行了明确的规定，该规定内容与国际相接轨。

（11）对于专利侵权案件中的举证责任转移有了新的规定。新《专利法》第 60 条第 2 款规定："在发生侵权纠纷的时候，如果发明专利是一项新产品的制造方法，制造同样产品的单位或者个人应当提供其产品制造方法的证明。"

1992 年修订的《专利法》结合当时的政治背景和时代特点进行了相关修改，虽然该修改中依然存在一定的不足，但是相比较 1985 年《专利法》有着较大的进步和完善。

3. 2000 年《专利法》修改

2000 年 8 月 25 日第九届全国人民代表大会常务委员会第十七次会议《关于修改〈中华人民共和国专利法〉的决定》第二次修正的决议通过。这次修订主要是为了使我国《专利法》与世界贸易组织 TRIPS 协议相一致。我国《专利法》在本次修改中主要有以下几方面的变动。

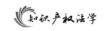

（1）首先将立法目的作出了相应的修改，立法目的由"促进科学技术的发展，适应社会主义现代化的需要"变为"促进科学技术进步和创新，适应社会主义现代化建设的需要"。

（2）对于职务发明的规定更加细化。如由"利用本单位的物质条件所完成的职务发明创造"修改为"执行本单位的任务或者主要是利用本单位的物质技术条件所完成的发明创造"。同时明确，对于职务发明人不应当积极给予"奖励"，应当给予"报酬"。

（3）发明专利与使用新型专利的排他范围更广泛。新法由"任何单位或者个人未经专利权人许可，不得为生产经营目的制造、使用、销售其专利产品，或者使用其专利方法以及使用、销售依照该专利方法直接获得的产品"变更为"任何单位或者个人未经专利权人许可，都不得实施其专利，即不得为生产经营目的制造、使用、许诺销售、销售、进口其专利产品，或者使用其专利方法以及使用、许诺销售、销售、进口依照该专利方法直接获得的产品"。

（4）新法将条文中的"专利局"都修改为"国务院专利行政部门"。

（5）将使用或者销售不知道是未经专利权人许可而制造并售出的专利产品由不侵权行为变更为侵权行为，但是善意侵权人无须承担赔偿责任。

（6）新法第61条增诉前临时措施和财产保全措施。

（7）明确侵权赔偿额度的计算方式以及法定赔偿标准。

（8）简化且完善了专利审批流程以及维权程序，简化专利权转让的手续以及申请外国专利的手续。

（9）取消专利复审委的终审权，改为由法院终审。

上述修改内容主要是为了使我国《专利法》能够与TRIPS协议保持一致，满足"入世"条件。但是在加入世界贸易组织后，我国发现面对西方发达国家对于专利的保护，我国企业无论是从重视程度抑或保护理念上都与竞争对手有着较大的差距，加之我国《专利法》中的相关规定仍然存在一定的不足，所以我国决定第三次对《专利法》进行相应的修改。

4. 2008年《专利法》的修改

《全国人民代表大会常务委员会关于修改〈中华人民共和国专利法〉的决定》由中华人民共和国第十一届全国人民代表大会常务委员会第六次

会议于 2008 年 12 月 27 日通过，新修订的《专利法》于 2009 年 10 月 1 日起生效。本次修改不是由外而内的修改，而是为了更好地满足我国经济的发展与社会的需要而进行的修改工作。本次修改主要有以下几方面内容。

（1）立法目的再次进行修改，由"为了保护发明创造专利权，鼓励发明创造，有利于发明创造的推广应用，促进科学技术进步和创新，适应社会主义现代化建设的需要"变为"为了保护专利权人的合法权益，鼓励发明创造，推动发明创造的应用，提高创新能力，促进科学技术进步和经济社会发展"。由此也可以看出，我国《专利法》第三次修改的主要目的是促进我国科学进步与社会经济的发展。

（2）分别对发明专利、实用新型专利与外观设计专利进行了更加细化的定义。

（3）对于在先申请原则进行了更加细化的规定。

（4）对于专利的授权标准也进行了相应的修改，新颖性明确要求不属于现有技术，创造性也不是要求与申请日前的技术进行对比，而是与现有技术进行对比，同时对现有技术进行了明确的定义。

（5）细化了专利请求书的内容，对于专利代理进行了相应的修改。

（6）加大了对社会公共卫生的保障。如新增第 50 条："为了保障公共健康目的，对取得专利权的药品，国务院专利行政部门可以给予制造并将其出口到符合中华人民共和国参加的有关国际条约规定的国家或者地区的强制许可。"

（7）将半导体技术纳入强制许可的范围之内。

（8）增加惩罚性赔偿并提高了法定赔偿的标准。

（9）加大了对专利权滥用的规制。

（10）细化了诉前保全的内容及申请流程。

《专利法》第三次修改主要目的是完善《专利法》的相关规定，同时提升我国的综合国际竞争力，落实相关国际宣言的精神，加大对公共利益的保护，有效遏制专利权人的权利滥用。此次修改完善了我国的专利制度，提高了企业对于专利的重视程度。但是随着国际竞争的愈发激烈，2010 年国务院启动"打击侵犯知识产权和制售假冒伪劣商品"专项行动，2014 年下半年，《专利法》第四次全面修改的研究准备工作开启，2015 年

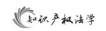

7 月送审稿报送国务院并在 2018 年 12 月国务院常务会议中审议通过。2018—2020 年，经过全国人大常委会的三次审议，2020 年 10 月 17 日，第十三届全国人民代表大会常务委员会第二十二次会议通过《关于修改〈中华人民共和国专利法〉的决定》（第四次修正）的决议。

5. 2020 年《专利法》修改

2020 年《专利法》第四次修改主要是由于习近平总书记就完善知识产权保护法律体系、加大知识产权保护力度等工作多次作出重要批示指示，指出"加强知识产权保护。这是完善产权保护制度最重要的内容，也是提高中国经济竞争力最大的激励"❶，强调要"着力营造尊重知识价值的营商环境，全面完善知识产权保护法律体系"❷"要加大知识产权侵权违法行为惩治力度，让侵权者付出沉重代价"❸。所以，本次《专利法》修改主要有以下几方面内容。

（1）加强对专利权人的权利保护，提高故意侵权行为的惩罚力度，设置了 1—5 倍的惩罚性赔偿额度，同时也将法定赔偿额度提高到 500 万元。同时，对举证责任进行进一步的完善，提高专利行政保护力度，加强行政执法权力。将诚实信用原则纳入专利法的内容，新增专利权期限补偿制度和药品专利纠纷早期解决程序有关条款等。

（2）进一步完善职务发明制度。职务发明法律制度是单位与发明人之间利益平衡的基本，是调整单位和发明人权利和利益分配的基础制度。进一步完善职务发明制度可以有效调动单位和研发人员的工作积极性，对于促进发明成果的转移转化和促进技术创新都起到重要作用。

为积极推动知识产权的运用实施，围绕我国现阶段激励创新制度环境建设需求，本次《专利法》修改新增了单位依法处置职务发明相关权利、国家鼓励被授予专利权的单位实行产权激励的相关规定，进一步鼓励发明

---

❶ 习近平在博鳌亚洲论坛 2018 年年会开幕式上的主旨演讲［EB/OL］.（2018 - 04 - 10）［2022 - 08 - 18］. http：//www. xinhuanet. com/politics/2018 - 04/10/c_1122659873. htm.

❷ 习近平在第二届"一带一路"国际合作高峰论坛开幕式上的主旨演讲［EB/OL］.（2019 - 04 - 26）［2022 - 08 - 18］. http：//www. xinhuanet. com/politics/2019 - 04/26/c_1124420187. htm.

❸ 营造稳定公平透明的营商环境　加快建设开放型经济新体制［N］. 光明日报，2017 - 07 - 18（1）.

创造的产生及其推广应用，让科技创新造福社会。

（3）加强专利信息公共服务。及时发布、传播和有效利用专利信息，对提高创新起点、减少重复研发、避免侵犯他人专利权、促进创新具有重要意义。为进一步满足社会需求，对专利信息应用与服务体系从制度上予以总体安排，本次《专利法》修改增加专利信息方面的规定，明确国务院专利行政部门负责专利信息公共服务体系建设的职责，规定其提供专利基础数据，并明确地方专利行政部门加强专利公共服务、促进专利实施和运用的职责。

（4）新增专利开放许可制度。开放许可制度是促进专利转化实施的一项重要法律制度，其核心在于鼓励专利权人向社会开放专利权，促进供需对接和专利实施，真正实现专利价值。本次《专利法》修改基于中国国情，借鉴国际成熟经验，规定了开放许可声明及其生效的程序要件、被许可人获得开放许可的程序和权利义务以及相应的争议解决路径，以期通过政府公共服务解决专利技术供需双方信息不对称问题，使任何单位和个人都可以便利地获得专利许可，降低交易成本，提高专利转化效率。

第十四章　专利权主体

专利权主体具有多样性特征，根据我国《专利法》规定，专利发明人、专利申请人、单位、个人、本国人和外国人等形形色色的主体都可以成为专利权关系的主体。但是只有能够享受专利权、获得专利权利益的所有人，才能够成为专利权的主体。

第一节　专利权主体概述

根据我国《专利法》第7条、第8条和第17条规定，我国专利权主体包括：发明人、设计人、单位和外国人。通过合同转让或者合法继受人也可以成为专利法的主体。专利权主体主要包括以下几类。

（1）发明人或设计人。《专利法》第7条规定："对发明人或者设计人的非职务发明创造专利申请，任何单位或者个人不得压制。"《专利法实施细则》第13条规定，发明人"是指对发明创造的实质性特点作出创造性贡献的人"。发明人或者设计人主要是指为发明创造做出实质贡献的人，且该贡献使得其发明或者创造不属于现有技术。而其他提供辅助帮助的人不能称为发明人或者设计人。发明人或设计人只可以是自然人，不可能为单位、法人、其他组织或者课题组。由于发明创造或者设计是智力成果的体现，所以其对自然人的年龄并没有限制，并不要求其具备完全民事行为能力，只要其对发明创造做出实质性贡献，无论是成年人还是未成年人，均可以成为发明人或者设计人。发明人应当使用本人真实姓名，不得使用笔名或者其他非正式的姓名，但是发明人可以请求专利局不公布其姓名。

（2）单位。《专利法》第 8 条规定："两个以上单位或者个人合作完成的发明创造、一个单位或者个人接受其他单位或者个人委托所完成的发明创造，除另有协议的以外，申请专利的权利属于完成或者共同完成的单位或者个人；申请被批准后，申请的单位或者个人为专利权人。"单位是职务发明的主体。职务发明主要是指发明人在执行本单位的任务或者是主要利用本单位的物质技术条件所完成的发明创造。虽然职务发明的权利人不属于发明人或者设计人，属于发明人或者设计人所在的单位，但是发明人或者设计人的地位并不会因为权利人的地位而改变。

（3）专利受让人。顾名思义，专利受让人就是通过合同继受取得专利权或者专利申请权。根据我国法律规定，专利受让人有两种，一种是发明人或者设计人可以通过合同转让专利权或者专利申请权，当专利权或者专利申请权转让后，受让人根据合同约定成为专利权主体。另一种是合作发明或者委托发明。合作发明是指两个以上的单位或者个人共同完成的发明创造，委托发明是指某个单位或者个人委托其他单位或者个人帮忙完成某项发明创造。在这两种情况下，如果存在合同约定，那么委托方将通过受让的方式取得专利权。

（4）外国人或者单位。根据《专利法》第 17 条规定："在中国没有经常居所或者营业所的外国人、外国企业或者外国其他组织在中国申请专利的，依照其所属国同中国签订的协议或者共同参加的国际条约，或者依照互惠原则，根据本法办理。"具有外国国籍的自然人或者法人如果在我国有经常居住地或者营业场所的外国人，享有与我国公民或者单位同样的专利申请权和专利权。在中国没有经常居所或者营业所的外国人、外国企业或者外国其他组织在中国申请专利的，依照其所属国同中国签订的协议或者共同参加的国际条约，或者依照互惠原则，也可以申请专利。申请人是外国人、外国企业或者外国其他组织的，应当填写其姓名或者名称、国籍或者注册的国家或者地区。在确认申请人是在中国没有经常居所或者营业所的外国人、外国企业或者外国其他组织后，应当审查请求书中填写的申请人国籍、注册地是否符合下列三个条件之一：①申请人所属国同我国签订有相互给予对方国民以专利保护的协议；②申请人所属国是《巴黎公约》成员或者世界贸易组织成员；③申请人所属国依互惠原则给外国人以

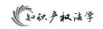

专利保护。

第二节　专利权主体的权利

1. 使用权

我国《专利法》第 11 条规定："发明和实用新型专利权被授予后，除本法另有规定的以外，任何单位或者个人未经权利人许可，都不得实施其专利，即不得为生产经营目的制造、使用、许诺销售、销售、进口其专利产品，或者使用其专利方法以及使用、许诺销售、销售、进口依照该专利方法直接获得的产品。外观设计专利权被授予后，任何单位或者个人未经专利权人许可，都不得实施其专利，即不得为生产经营目的制造、许诺销售、销售、进口其外观设计专利产品。"这表明专利权人对于该项权利享有排他的使用权。专利权人的使用权包括以下几方面内容。

（1）依据专利权进行生产制造的权利。专利权人可以依照自己的专利申请文件中记载的方法按照自身的需求进行生产制造。他人在未经权利人许可情况下，禁止使用与专利权人相同的方法或者技术生产相同的产品，无论采用何种设备或者装置，也不论生产数量的多少，只要用同种方法生产同种产品，就对专利权人的权利造成了侵害，侵害了专利权人的独占使用的权利。如果他人采用了类似的方法对同种产品进行生产制造，如果该方法只要有部分内容落入权利要求书中，那么也可能存在侵犯权利人专属权利的风险。

（2）专利权人使用自己方法和产品的权利。专利权人可以自行决定如何适用自己的专利产品或者专利方法，未经权利人许可，其他任何第三人不得使用其专利产品或者专利方法，否则就是侵权行为。但是专利权的使用同样具有例外，权利人自己制造或者许可他人制造的产品在第一次销售给他人后，该产品上的使用权就灭失了，如果第三人转售该产品，那么不构成侵权。如果产品使用人能够证明其是不知道该产品属于专利权人的产品，而且能够证明其通过合法渠道取得该产品的，那么产品使用人不承担赔偿责任。

（3）专利权人可以销售其产品的权利。专利权人获得专利权的目的是盈利，其生产出来的产品主要是为了销售来获取相关的利益，这种销售行为应当是实际的销售行为，存在合理的买卖合同，将专利产品销售给权利人以外的其他人。专利权人的销售权仅在第一次销售时受法律保护，当权利人将专利产品通过合法途径销售给其他人后，专利产品购买人便可以自由处分该产品。

（4）许诺他人销售自己的产品，即许诺销售（offering for sale），亦称提供销售或为销售而提供，简言之，就是明确表示愿意出售某种产品的行为。许诺销售，是以做广告、在商店橱窗中陈列或者在展销会上展出等方式作出的销售商品的意思表示。许诺销售属于销售的一种，是世界贸易组织 TRIPS 协议所确立的原则之一，我国是在《专利法》第三次修改时才将许诺销售权扩大到外观设计中。

（5）专利权人进口专利产品的权利，是指专利权人以生产经营为目的将专利产品或者通过专利方法生产出来的产品从国外运送至国内的权利。专利权人可以通过进口这一方式直接将产品生产后运输至专利授权国，而无须直接在专利权国内进行生产制造。这是世界各国贸易国际化的体现，也有利于促进国际交流与合作，同时也能够消除相应的贸易壁垒。

2. 许可实施权

许可实施是指专利权人依照《专利法》第 11 条规定，通过签订合同的方式允许他人在特定条件下使用其已经获得的专利权，可以是许可实施全部专利，也可以是许可实施部分专利。

专利权人通过许可的方式将自己的专利授权他人使用，在这种情况下，专利权人的权利归属并没有改变，只是专利权人将更加省心地获取相应的利润。根据《专利法实施细则》的规定，专利权人与他人订立的专利实施许可合同，应当自合同生效之日起 3 个月内向国务院专利行政部门备案。

他人通过许可方式取得专利的应当向专利权人支付许可费用，而且应当签订实施许可合同，没有专利权人的同意，被许可人禁止授权其他任何单位或者个人实施该专利。如果专利权人为多人时，即专利权属是共有的状态下，专利权人是否能够许可第三方使用该专利，要看专利权人之间是

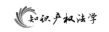

否存在相关约定：如果有约定，那么依照约定办理；如果没有约定，专利权的共有人可以单独许可他人使用该专利，但是应当向其他专利权人支付相应的费用。

专利实施许可存在多种方式，如独占许可、普通许可、交叉许可等，具体采用何种许可方式主要是以许可方和被许可方双方协商一致确定，因为许可方式关乎双方的根本利益以及许可费用的高低。专利实施许可合同的签订以《专利法》为指引，合同的具体实施则是根据《民法典》合同编中的相关内容进行调整。

3. 转让权

《专利法》第 10 条第 1 款规定："专利申请权和专利权可以转让。"转让权包括发明人或者设计人转让专利申请权或者直接转让专利权。转让申请权或者专利权的直接后果即导致专利权人的变动。

转让分为通过合同的方式进行转让，也可以通过法定继承的方式取得。通过合同的方式取得即专利权人与受让人签订合同，如买卖合同、赠与合同等形式将专利权转让给他人，从而产生专利权人变动的结果。通过继承方式取得专利权的一般发生在权利人死亡后，其继承人依法继承其专利权。

《专利法》第 10 条第 2 款规定："中国单位或者个人向外国人、外国企业或者外国其他组织转让专利申请权或者专利权的，应当依照有关法律、行政法规的规定办理手续。"专利权的转让可以发生在国内主体之间，也可以发生在中国主体与外国主体之间。无论在何种主体之间转让，必须履行相应的转让手续。

《专利法》第 10 条第 3 款规定："转让专利申请权或者专利权的，当事人应当订立书面合同，并向国务院专利行政部门登记，由国务院专利行政部门予以公告。专利申请权或者专利权的转让自登记之日起生效。"当事人必须通过书面合同来完成专利申请权的转让或专利权的转让，同时向国务院专利行政部门登记并由国务院专利行政部门进行公告。

4. 收益权

《专利法》第 12 条规定："任何单位或者个人实施他人专利的，应当与专利权人订立实施许可合同，向专利权人支付专利使用费。被许可人无权允许合同规定以外的任何单位或者个人实施该专利。"第 13 条也明确："发明专利申请公布后，申请人可以要求实施其发明的单位或者个人支付适当的费用。"根据我国法律规定，专利权人在将专利许可他人使用后，被许可人应当按照双方约定向权利人支付相应费用，专利权人有权向被许可人收取相应的费用。

第三节　专利权主体的义务

没有无权利的义务，也没有无义务的权利，权利与义务总是相对的。专利权人拥有上述权利的前提是其同时要履行其基本义务，若专利权人不积极履行自身义务，那么其也将会丧失专利权。

1. 缴费的义务

《专利法》第 81 条规定："向国务院专利行政部门申请专利和办理其他手续，应当按照规定缴纳费用。"发明人或者设计人在申请专利时要缴纳各种费用，即使在授权后，也需按照法律法规的规定缴纳各种费用。如"申请人应当自申请日起 2 个月内或者在收到受理通知书之日起 15 日内缴纳申请费、公布印刷费和必要的申请附加费；期满未缴纳或者未缴足的，其申请视为撤回。"❶ "当事人请求实质审查或者复审的，应当在专利法及本细则规定的相关期限内缴纳费用；期满未缴纳或者未缴足的，视为未提出请求。"❷ "申请人办理登记手续时，应当缴纳专利登记费、公告印刷费和授予专利权当年的年费；期满未缴纳或者未缴足的，视为未办理登记手续。"❸ "授予专利权当年以后的年费应当在上一年度期满前缴纳。专利权人未缴纳或者未缴足的，国务院专利行政部门应当通知专利权人自应当缴纳年费期满之日起 6 个月内补缴，同时缴纳滞纳金；滞纳金的金额按照每超过规定的缴费时间 1 个月，加收当年全额年费的 5% 计算；期满未缴纳

---

❶ 《中华人民共和国专利法实施细则》第 95 条第 1 款。
❷ 《中华人民共和国专利法实施细则》第 96 条。
❸ 《中华人民共和国专利法实施细则》第 97 条。

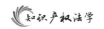

的，专利权自应当缴纳年费期满之日起终止。"❶

让专利权人按照规定缴纳年费主要作用在于，让发明人在申请专利前进行深思熟虑，该项专利的申请是否可以给其带来预期收益，另外，每年的年费缴纳有助于督促权利人放弃部分已经不存在商业价值的专利，让其流入市场，促进技术的流动与更新。

2. 禁止权利滥用

《专利法》第 20 条规定："申请专利和行使专利权应当遵循诚实信用原则。不得滥用专利权损害公共利益或者他人合法权益。滥用专利权，排除或者限制竞争，构成垄断行为的，依照《中华人民共和国反垄断法》处理。"专利权是权利人的专有权利，也是一种独占使用的垄断权，是国家为了鼓励发明创造而赋予发明人的一种合法垄断权。为了防止专利权人滥用其权利从而产生阻碍科技进步、影响国家利益、社会公共利益以及危害公共健康的事项出现，《专利法》第 20 条明确规定，专利权人应当合法使用其权利，如果权利人滥用专利权，其行为将受到《中华人民共和国反垄断法》的规制。

专利权人应当在《专利法》规定的范围内合理使用其权利，如果专利权人滥用权利，那么将会产生一系列不良的影响，如阻碍技术进步，导致市场的恶性竞争，不利于市场经济的健康有序发展等。所以，专利权人的权利应当被限制，其应当合理使用，如其滥用专利权，那么将受到相应的法律制裁。

---

❶ 《中华人民共和国专利法实施细则》第 98 条。

第十五章 专利权客体

专利权的客体是专利制度的重要组成部分，专利法保护的对象，就是受到专利法保护的发明创造。专利的客体包括三类：发明、实用新型和外观设计。下面就专利权的三个客体分别加以研究。

第一节 发 明

我国《专利法》第 2 条第 2 款规定，"发明，是指对产品、方法或者其改进所提出的新的技术方案"。《日本专利法》第 2 条规定："发明是指利用任何自然规律的技术构思的高度创造。"《美国专利法》第 101 条将发明定义为："任何新颖而使用的制发、机器、制造品、物质的组合，或者任何新颖而使用的改进。"世界知识产权组织对于专利给出的定义是："发明是发明人的一种思想，是利用自然规律解决实践中各种问题的技术方案。"根据世界各国及世界知识产权组织对于发明的定义可知，发明一般是指通过智力劳动创造或者设计出的新的产品或者技术方案。专利法上的发明主要分为三种类型。

1. 产品发明

产品发明主要是指人们通过智力劳动创造出来的各种成品或者产品的发明，包括但不限于机器、设备、工具等。产品发明针对的是某种具体的产品，这种产品或者成品是之前并不存在的，是人们通过自然规律的特征，并结合自身需求所创造出来的成果。这个成果可以是最终形态的产品，也可以是中间部分的某个成品。虽然产品发明的最终性能可能适用在

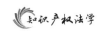

不同领域内，但是其都对该领域内的技术进步起到了一定的推动作用。

关于产品发明，《专利审查指南》第三章中提到，应当注意的是：一个设备，由于它是通过一种方法制造的，可以看作一件产品。术语"设备"是与某种预期用途或目的联系在一起的，例如，用于产生气体的设备、用于切割的设备。但术语"产品"只用来表示某一方法的结果，而不管该产品的功能如何，例如，某化学方法或制造方法的最终产品。材料本身就可以构成产品。

2. 方法发明

方法发明主要是指把一种物品变为另一种物品所使用的或者制造一种产品的具有特性的方法和手段。该方法可以是化学方法、机械方法、通信方法、生物方法等。在有些专利申请文件中，其名称就是一种××的方法，如一种制造烤鸭的方法、一种分离牛肉的方法。方法发明中的方法包括：聚合、发酵、分离、成形、输送、纺织品的处理、能量的传递和转换、建筑、食品的制备、试验、设备的操作及其运行、信息的处理和传输。

方法发明的保护在19世纪中叶形成，但是目前世界各国对于方法发明的保护强度不同。比如美国，仅仅保护方法发明的方法，禁止他人使用该方法，但是对于通过方法发明产生的产品，不做保护。但是德国对于方法发明不仅保护其方法本身，同时保护通过方法而产生的产品。我国对于方法发明的保护方式采用了与德国相同的方式，即不仅保护方法本身，也保护通过方法制造出来的产品。

3. 改进发明

改进发明主要是指对原有的产品发明或方法发明，在保持其原有性质的基础上，通过改进使其获得新的性质而作出的发明。这种发明既可以是针对产品的技术改进，也可以是针对方法的技术改进。改进发明与产品发明和方法发明的不同之处在于，产品发明和方法发明是从无到有的过程，而改进发明是从有到好的过程，其是建立在原有的产品或者方法之上对于某些技术进行改善，提高原有产品或者技术的效率。如恩格尔巴特和比尔·英格利希一起发明了鼠标，后续乔布斯对鼠标进行了改进，便形成了现在我们所常用的鼠标。但是其改进并没有突破原有的技术范围。

第二节　实用新型

实用新型是指对产品的形状、构造或者其结合所提出的适于实用的新的技术方案。[1] 即实用新型专利只保护产品。所述产品应当是经过产业方法制造的，有确定形状、构造且占据一定空间的实体。一切方法（包括产品的制造方法、使用方法、通信方法、处理方法、计算机程序以及将产品用于特定用途等）以及未经人工制造的自然存在的物品不属于实用新型专利保护的客体。

一项发明创造可能既包括对产品形状、构造的改进，也包括对生产该产品的专用方法、工艺或构成该产品的材料本身等方面的改进。但是实用新型专利仅保护针对产品形状、构造提出的改进技术方案。产品的形状是指产品所具有的、可以从外部观察到的确定的空间形状。无确定形状的产品，例如气态、液态、粉末状、颗粒状的物质或材料，其形状不能作为实用新型产品的形状特征。

应当注意的是，首先，不能以生物的或者自然形成的形状作为产品的形状特征。例如，不能以植物盆景中植物生长所形成的形状作为产品的形状特征，也不能以自然界中所固有的形状作为产品的形状特征。其次，不能以摆放、堆积等方法获得的非确定的形状作为产品的形状特征。再次，允许产品中的某个技术特征为无确定形状的物质，如气态、液态、粉末状、颗粒状物质，只要其在该产品中受该产品结构特征的限制即可，例如，对温度计的形状构造所提出的技术方案中允许写入无确定形状的汞。最后，产品的形状可以是在某种特定情况下所具有的确定的空间形状。例如，一种用于钢带运输和存放的钢带包装壳，由内钢圈、外钢圈、捆带、外护板以及防水复合纸等构成，若其各部分按照技术方案所确定的相互关系将钢带包装起来后形成确定的空间形状，这样的空间形状不具有任意性，则钢带包装壳属于实用新型专利保护的客体。

---

[1] 《中华人民共和国专利法》第 2 条第 3 款。

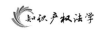

虽然实用新型与发明专利均属于专利权的客体，二者虽然有相同之处，但是二者间也存在诸多差异。首先，二者对于创造性的要求不同，发明专利对于创造性的要求显著高于实用新型专利，发明要求突破现有技术，要有显著的进步。而实用新型对于创造性的要求仅仅是相对于现有技术要有实质性的进步。其次，二者的保护范围不同。发明专利的保护范围要宽于实用新型专利。发明专利既可以是方法发明，也可以是产品发明，除专利法规定不得申请专利的内容外，其他都可以成为发明专利。但是使用新型专利的保护范围相较于发明专利要窄很多，其仅仅对产品的形状、构造或者其结合所提出的适用于实用的新的技术方案。再次，二者的申请审批程序不同，实用新型的专利审查相较于发明专利手续简便很多，实用新型专利只是初步审查通过即可，而发明专利不仅需要初步审查，而且要进行实质审查，还要经过公开后方可授予专利权。最后，二者的保护期限不同，发明专利保护期限为申请之日起 20 年，实用新型专利的保护期限为10 年。

第三节　外观设计

我国《专利法》第 2 条第 4 款规定："外观设计，是指对产品的整体或者局部的形状、图案或者其结合以及色彩与形状、图案的结合所作出的富有美感并适于工业应用的新设计。"❶ 授予专利权的外观设计，应当不属于现有设计；也没有任何单位或者个人就同样的外观设计在申请日以前向国务院专利行政部门提出过申请，并记载在申请日以后公告的专利文件中。授予专利权的外观设计与现有设计或者现有设计特征的组合相比，应当具有明显区别。授予专利权的外观设计不得与他人在申请日以前已经取得的合法权利相冲突。❷

外观设计专利权的保护范围以表示在图片或者照片中的该产品的外观设计为准，简要说明可以用于解释图片或者照片所表示的该产品的外观设

---

❶ 《中华人民共和国专利法》第 2 条第 4 款。
❷ 《中华人民共和国专利法》第 23 条。

计。申请人提交的有关图片或者照片应当清楚地显示要求专利保护的产品的外观设计。如果外观设计是立体产品，产品设计要点涉及六个面的，应当提交六面正投影视图；产品设计要点仅涉及一个或几个面的，应当至少提交所涉及面的正投影视图和立体图。如果外观设计是平面产品的，产品设计要点涉及一个面的，可以仅提交该面正投影视图；产品设计要点涉及两个面的，应当提交两面正投影视图。必要时，申请人还应当提交该外观设计产品的展开图、剖视图、剖面图、放大图以及变化状态图。

外观设计必须具有美感，外观设计的目的是美化产品，是相关产品能够抓住人们的眼球，吸引人的注意以更好地销售商品。外观设计需要与具体的商品结合使用，无法单独进行申请，其主要作用是对产品进行美化，让人们能够欣赏这种"美"。

第四节　不能授予专利的客体

1. 违反法律、社会公德或者妨害公共利益的发明创造

我国《专利法》第5条第1款规定："对违反法律、社会公德或者妨害公共利益的发明创造，不授予专利权。"违反法律是指违反由全国人民代表大会或者全国人民代表大会常务委员会依照立法程序制定和颁布的法律。发明创造与法律相违背的，不能被授予专利权。例如，用于赌博的设备、机器或工具；吸毒的器具；伪造国家货币、票据、公文、证件、印章、文物的设备等都属于违反法律的发明创造，不能被授予专利权。发明创造并没有违反法律，但是由于其被滥用而违反法律的，则不属此列。例如，用于医疗的各种毒药、麻醉品、镇静剂、兴奋剂和用于娱乐的棋牌等。

《专利法实施细则》第10条规定："专利法第五条所称违反法律的发明创造，不包括仅其实施为法律所禁止的发明创造。"其含义是，如果仅仅是发明创造的产品的生产、销售或使用受到法律的限制或约束，则该产品本身及其制造方法并不属于违反法律的发明创造。例如，用于国防的各种武器的生产、销售及使用虽然受到法律的限制，但这些武器本身及其制

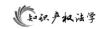

造方法仍然属于可给予专利保护的客体。

社会公德是指公众普遍认为是正当的，并被接受的伦理道德观念和行为准则。它的内涵基于一定的文化背景，随着时间的推移和社会的进步不断地发生变化，而且因地域不同而各异。中国《专利法》中所称的社会公德限于中国境内。发明创造与社会公德相违背的，不能被授予专利权。例如，带有暴力凶杀或者淫秽的图片或者照片的外观设计，非医疗目的的人造性器官或者其替代物，人与动物交配的方法，克隆的人或克隆人的方法，人胚胎的工业或商业目的的应用，可能导致动物痛苦而对人或动物的医疗没有实质性益处的改变动物遗传同一性的方法等，上述发明创造违反社会公德，不能被授予专利权。但是，如果发明创造是利用未经过体内发育的受精14天以内的人类胚胎分离或者获取干细胞的，则不能以"违反社会公德"为理由拒绝授予专利权。

妨害公共利益，是指发明创造的实施或使用会给公众或社会造成危害，或者会使国家和社会的正常秩序受到影响。发明创造以致人伤残或损害财物为手段的，如一种使盗窃者双目失明的防盗装置及方法，不能被授予专利权；发明创造的实施或使用会严重污染环境、严重浪费能源或资源、破坏生态平衡、危害公众健康的，不能被授予专利权；但是，如果发明创造因滥用而可能造成妨害公共利益的，或者发明创造在产生积极效果的同时存在某种缺点的，例如对人体有某种副作用的药品，则不能以"妨害公共利益"为理由拒绝授予专利权。

一件专利申请中含有违反法律、社会公德或者妨害公共利益的内容，而其他部分是合法的，则该专利申请称为部分违反《专利法》第5条第1款的申请。对于这样的专利申请，专利审查部门在审查时应当通知申请人进行修改，删除违反《专利法》第5条第1款的部分。如果申请人不同意删除违法的部分，就不能被授予专利权。如果申请人将违法部分删除后，仍符合专利授予条件，则可以授予专利权。

2. 违反法律、行政法规的规定获取或者利用遗传资源，并依赖该遗传资源完成的发明创造

《专利法》第5条第2款规定："对违反法律、行政法规的规定获取或者利用遗传资源，并依赖该遗传资源完成的发明创造，不授予专利权。"

"专利法所称遗传资源，是指取自人体、动物、植物或者微生物等含有遗传功能单位并具有实际或者潜在价值的材料；专利法所称依赖遗传资源完成的发明创造，是指利用了遗传资源的遗传功能完成的发明创造。"❶ 遗传功能是指生物体通过繁殖将性状或者特征代代相传或者使整个生物体得以复制的能力。遗传功能单位是指生物体的基因或者具有遗传功能的 DNA 或者 RNA 片段。取自人体、动物、植物或者微生物等含有遗传功能单位的材料，是指遗传功能单位的载体，既包括整个生物体，也包括生物体的某些部分，如器官、组织、血液、体液、细胞、基因组、基因、DNA 或者 RNA 片段等。

发明创造利用了遗传资源的遗传功能是指对遗传功能单位进行分离、分析、处理等，以完成发明创造，实现其遗传资源的价值。违反法律、行政法规的规定获取或者利用遗传资源，是指遗传资源的获取或者利用未按照我国有关法律、行政法规的规定事先获得有关行政管理部门的批准或者相关权利人的许可。例如，按照《中华人民共和国畜牧法》和《中华人民共和国畜禽遗传资源进出境和对外合作研究利用审批办法》的规定，向境外输出列入中国畜禽遗传资源保护名录的畜禽遗传资源应当办理相关审批手续，某发明创造的完成依赖于中国向境外出口的列入中国畜禽遗传资源保护名录的某畜禽遗传资源，未办理审批手续的，该发明创造不能被授予专利权

3. 科学发现

根据我国《专利法》第 25 条第 1 款第（1）项的规定，"科学发现"不能授予专利权。科学发现，是指对自然界中客观存在的物质、现象、变化过程及其特性和规律的揭示。科学理论是对自然界认识的总结，是更为广义的发现。它们都属于人们认识的延伸。这些被认识的物质、现象、过程、特性和规律不同于改造客观世界的技术方案，不是专利法意义上的发明创造，因此不能被授予专利权。例如，发现卤化银在光照下有感光特性，这种发现不能被授予专利权，但是根据这种发现制造出的感光胶片以及此感光胶片的制造方法则可以被授予专利权。又如，从自然界找到一种

---

❶ 《中华人民共和国专利法实施细则》第 26 条第 1 款。

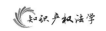

以前未知的以天然形态存在的物质，仅仅是一种发现，不能被授予专利权。

4. 智力活动的规则和方法

根据我国《专利法》第25条第1款第（2）项的规定，"智力活动的规则和方法"不能授予专利。这里所说的智力活动，是指人的思维运动，它源于人的思维，经过推理、分析和判断产生出抽象的结果，或者必须经过人的思维运动作为媒介，间接地作用于自然产生结果。智力活动的规则和方法是指导人们进行思维、表述、判断和记忆的规则和方法。由于其没有采用技术手段或者利用自然规律，也未解决技术问题和产生技术效果，因而不构成技术方案。它既不符合《专利法》第2条第2款的规定，又属于第25条第1款第（2）项规定的情形。因此，指导人们进行这类活动的规则和方法不能被授予专利权。

在判断涉及智力活动的规则和方法的专利申请要求保护的主题是否属于可授予专利权的客体时，应当遵循以下原则。

（1）如果一项权利要求仅仅涉及智力活动的规则和方法，则不应当被授予专利权。如果一项权利要求，除其主题名称以外，对其进行限定的全部内容均为智力活动的规则和方法，则该权利要求实质上仅仅涉及智力活动的规则和方法，也不应当被授予专利权。如组织、生产、商业实施和经济等方面的管理方法及制度；图书分类规则、字典的编排方法、情报检索的方法、专利分类法；教学、授课、训练和驯兽的方法等。

（2）如果一项权利要求在对其进行限定的全部内容中既包含智力活动的规则和方法的内容，又包含技术特征，则该权利要求就整体而言并不是一种智力活动的规则和方法，不应当依据《专利法》第25条排除其获得专利权的可能性。但是涉及商业模式的权利要求，如果既包含商业规则和方法的内容，又包含技术特征，则其具有授予专利权的可能性。

5. 疾病的诊断和治疗方法

根据我国《专利法》第25条第1款第（3）项的规定，"疾病的诊断和治疗方法"不能授予专利。这里所说的疾病诊断和治疗方法，是指以有生命的人体或者动物体为直接实施对象，进行识别、确定或消除病因或病灶的过程。出于人道主义的考虑和社会伦理的原因，医生在诊断和治疗过

程中应当有选择各种方法和条件的自由。另外，这类方法直接以有生命的
人体或动物体为实施对象，无法在产业上利用，不属于专利法意义上的发
明创造。因此，疾病的诊断和治疗方法不能被授予专利权。但是，用于实
施疾病诊断和治疗方法的仪器或装置，以及在疾病诊断和治疗方法中使用
的物质或材料属于可被授予专利权的客体。

虽然诊疗方法无法被授予专利，但是药品、医疗器械本身如果符合专
利授予条件的情况下是可以被授予专利权的。

6. 动物和植物品种

根据我国《专利法》第 25 条第 1 款第（4）项的规定，"动物和植物
品种"不能授予专利。《专利法》所称的动物不包括人，所述动物是指不
能自己合成，而只能靠摄取自然的碳水化合物及蛋白质来维系其生命的生
物。我国《专利法》所称的植物，是指可以借助光合作用，以水、二氧化
碳和无机盐等无机物合成碳水化合物、蛋白质来维系生存，并通常不发生
移动的生物。动物和植物品种可以通过专利法以外的其他法律法规保护，
例如，植物新品种可以通过《植物新品种保护条例》给予保护。根据《专
利法》第 25 条第 2 款的规定，对动物和植物品种的生产方法，可以授予专
利权。

一种方法是否属于"主要是生物学的方法"，取决于在该方法中人的
技术介入程度。如果人的技术介入对该方法所要达到的目的或者效果起了
主要的控制作用或者决定性作用，则这种方法不属于"主要是生物学的方
法"。例如，采用辐照饲养法生产高产牛奶的乳牛的方法，改进饲养方法
生产瘦肉型猪的方法等属于可被授予发明专利权的客体。所谓微生物发明
是指利用各种细菌、真菌、病毒等微生物去生产一种化学物质（如抗生
素）或者分解一种物质等的发明。微生物和微生物方法可以获得专利
保护。

7. 原子核变换方法以及用原子核变换方法获得的物质

根据我国《专利法》第 25 条第 1 款第（5）项的规定，"原子核变换
方法以及用原子核变换方法获得的物质"不能授予专利。原子核变换方法
以及用该方法所获得的物质，主要是指用加速器、反应堆以及其他核反应
装置生产、制造的各种放射性同位素，这些同位素不能被授予发明专利

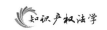

权。因为这些同位素关系到国家的经济、国防、科研和公共生活的重大利益，不宜为单位或私人垄断，因此不能被授予专利权。但是这些同位素的用途以及使用的仪器、设备属于可被授予专利权的客体。如日常医院所用的 CT 设备、核磁共振设备，日常人们出行在机场车站常见的安检设备等。

8. 对平面印刷品的图案、色彩或者二者的结合作出的主要起标识作用的设计

根据我国《专利法》第 25 条第 1 款第（6）项的规定，"对平面印刷品的图案、色彩或者二者的结合作出的主要起标识作用的设计"不能授予专利。我国外观设计的载体主要就是平面图案或者色彩，但是如果仅仅是印刷品并不与具体的产品相结合，那么该平面印刷品并不符合授予专利的要件，不享有专利权，但是该印刷品可以通过著作权进行保护。

第五节　专利权的授予要件

一、发明专利与实用新型专利的授权要件

我国《专利法》第 22 条第 1 款规定："授予专利权的发明和实用新型，应当具备新颖性、创造性和实用性。"所以，发明专利和实用新型专利必须符合新颖性、创造性和实用性三个特征方可授予相关专利。

1. 新颖性

根据我国《专利法》第 22 条第 2 款规定，新颖性是指该发明或者实用新型不属于现有技术；也没有任何单位或者个人就同样的发明或者实用新型在申请日以前向国务院专利行政部门提出过申请，并记载在申请日以后（含申请日）公布的专利申请文件或者公告的专利文件中。

根据我国《专利法》第 22 条第 5 款规定，现有技术是指申请日以前在国内外为公众所知的技术。现有技术包括在申请日（有优先权的，指优先权日）以前在国内外出版物上公开发表、在国内外公开使用或者以其他方式为公众所知的技术。现有技术应当是在申请日以前公众能够得知的技术内容。换句话说，现有技术应当在申请日以前处于能够为公众获得的状

态，并包含有能够使公众从中得知实质性技术知识的内容。应当注意，处于保密状态的技术内容不属于现有技术。所谓保密状态，不仅包括受保密规定或协议约束的情形，还包括社会观念或者商业习惯上被认为应当承担保密义务的情形，即默契保密的情形。然而，如果负有保密义务的人违反规定、协议或者默契泄露秘密，导致技术内容公开，使公众能够得知这些技术，这些技术也就构成了现有技术的一部分。

现有技术公开方式包括出版物公开、使用公开和以其他方式公开三种，这三种方式无地域限制。（1）出版物公开。专利法意义上的出版物是指记载有技术或设计内容的独立存在的传播载体，并且应当表明或者有其他证据证明其公开发表或出版的时间。符合上述含义的出版物可以是各种印刷的、打字的纸件，例如专利文献、科技杂志、科技书籍、学术论文、专业文献、教科书、技术手册、正式公布的会议记录或者技术报告、报纸、产品样本、产品目录、广告宣传册等，也可以是用电、光、磁、照相等方法制成的视听资料，例如缩微胶片、影片、照相底片、录像带、磁带、唱片、光盘等，还可以是以其他形式存在的资料，例如存在于互联网或其他在线数据库中的资料等。出版物不受地理位置、语言或者获得方式的限制，也不受年代的限制。出版物的出版发行量多少、是否有人阅读过、申请人是否知道是无关紧要的。印有"内部资料""内部发行"等字样的出版物，确系在特定范围内发行并要求保密的，不属于公开出版物。出版物的印刷日视为公开日，有其他证据证明其公开日的除外。印刷日只写明年月或者年份的，以所写月份的最后一日或者所写年份的 12 月 31 日为公开日。（2）使用公开。由于使用而导致技术方案的公开，或者导致技术方案处于公众可以得知的状态，这种公开方式称为使用公开。使用公开的方式包括能够使公众得知其技术内容的制造、使用、销售、进口、交换、馈赠、演示、展出等方式。只要通过上述方式使有关技术内容处于公众想得知就能够得知的状态，就构成使用公开，而不取决于是否有公众得知。但是，未给出任何有关技术内容的说明，以致所属技术领域的技术人员无法得知其结构和功能或材料成分的产品展示，不属于使用公开。如果使用公开的是一种产品，即使所使用的产品或者装置需要经过破坏才能够得知其结构和功能，也仍然属于使用公开。此外，使用公开还包括放置在

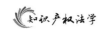

展台上、橱窗内公众可以阅读的信息资料及直观资料，例如招贴画、图纸、照片、样本、样品等。使用公开是以公众能够得知该产品或者方法之日为公开日。（3）为公众所知的其他方式，主要是指口头公开等。例如，口头交谈、报告、讨论会发言、广播、电视、电影等能够使公众得知技术内容的方式。口头交谈、报告、讨论会发言以其发生之日为公开日。公众可接收的广播、电视或电影的报道，以其播放日为公开日。

在发明或者实用新型新颖性的判断中，由任何单位或者个人就同样的发明或者实用新型在申请日以前向专利局提出并且在申请日以后（含申请日）公布的专利申请文件或者公告的专利文件损害该申请日提出的专利申请的新颖性。为描述简便，在判断新颖性时，将这种损害新颖性的专利申请，称为抵触申请。抵触申请还包括满足以下条件的进入中国国家阶段的国际专利申请，即申请日以前由任何单位或者个人提出，并在申请日之后（含申请日）由专利局作出公布或公告的且为同样的发明或者实用新型的国际专利申请。另外，抵触申请仅指在申请日以前提出的，不包含在申请日提出的同样的发明或者实用新型专利申请。

在对新颖性进行判断时，主要通过以下两种方式进行：（1）同样的发明或者实用新型被审查的发明或者实用新型专利申请与现有技术或者申请日前由任何单位或者个人向专利局提出申请并在申请日后（含申请日）公布或公告的（以下简称"申请在先公布或公告在后的"）发明或者实用新型的相关内容相比，如果其技术领域、所解决的技术问题、技术方案和预期效果实质上相同，则认为两者为同样的发明或者实用新型。需要注意的是，在进行新颖性判断时，首先应当判断被审查专利申请的技术方案与对比文件的技术方案是否实质上相同，如果专利申请与对比文件公开的内容相比，其权利要求所限定的技术方案与对比文件公开的技术方案实质上相同，所属技术领域的技术人员根据两者的技术方案可以确定两者能够适用于相同的技术领域，解决相同的技术问题，并具有相同的预期效果，则认为两者为同样的发明或者实用新型。（2）单独对比判断新颖性时，应当将发明或者实用新型专利申请的各项权利要求分别与每一项现有技术或申请在先公布或公告在后的发明或实用新型的相关技术内容单独地进行比较，不得将其与几项现有技术或者申请在先公布或公告在后的发明或者实用新型内容的组合，或者与一份对比文件中的多项技术方案的组合进行对比。即判断发明或者实用新型专利申请的新颖性适用单独对比的原则。这与发明或者实用新型专利申请创造性的判断方法有所不同。

我国《专利法》第 24 条规定，"申请专利的发明创造在申请日以前六个月内，有下列情形之一的，不丧失新颖性：（一）在国家出现紧急状态或者非常情况时，为公共利益目的首次公开的；（二）在中国政府主办或者承认的国际展览会上首次展出的；（三）在规定的学术会议或者技术会议上首次发表的；（四）他人未经申请人同意而泄露其内容的"。在这四种情况下，新颖性并不丧失。其中，在中国政府主办或者承认的国际展览会是指国际展览会公约规定的在国际展览局注册或者由其认可的国际展览会；学术会议或者技术会议，是指国务院有关主管部门或者全国性学术团体组织召开的学术会议或者技术会议。在上述展览会上或学术会议上首次出现的信息，申请人应当在提出专利申请时声明，并自申请日起 2 个月内提交有关国际展览会或者学术会议、技术会议的组织单位出具的有关发明创造已经展出或者发表，以及展出或者发表日期的证明文件。

2. 创造性

根据我国《专利法》第 22 条第 3 款规定，创造性是指与现有技术相比，该发明与现有技术相比，具有突出的实质性特点和显著的进步。

发明有突出的实质性特点，是指对所属技术领域的技术人员来说，发明相对于现有技术是非显而易见的。如果发明是所属技术领域的技术人员在现有技术的基础上仅仅通过合乎逻辑的分析、推理或者有限的试验可以得到的，则该发明是显而易见的，也就不具备突出的实质性特点。

发明有显著的进步，是指发明与现有技术相比能够产生有益的技术效果。例如，发明克服了现有技术中存在的缺点和不足，或者为解决某一技术问题提供了一种不同构思的技术方案，或者代表某种新的技术发展趋势。

发明是否具备创造性，应当基于所属技术领域的技术人员的知识和能力进行评价。所属技术领域的技术人员，也可称为本领域的技术人员，是指一种假设的"人"，假定他知晓申请日或者优先权日之前发明所属技术领域所有的普通技术知识，能够获知该领域中所有的现有技术，并且具有

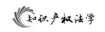

应用该日期之前常规实验手段的能力，但他不具有创造能力。如果所要解决的技术问题能够促使本领域的技术人员在其他技术领域寻找技术手段，他也应具有从该其他技术领域中获知该申请日或优先权日之前的相关现有技术、普通技术知识和常规实验手段的能力。

判断某项发明是否具有创造性，一般从以下三方面进行。

（1）确定最接近的现有技术。最接近的现有技术，是指现有技术中与要求保护的发明最密切相关的一个技术方案，它是判断发明是否具有突出的实质性特点的基础。最接近的现有技术，例如可以是与要求保护的发明技术领域相同，所要解决的技术问题、技术效果或者用途最接近和（或）公开了发明的技术特征最多的现有技术，或者虽然与要求保护的发明技术领域不同，但能够实现发明的功能，并且公开发明的技术特征最多的现有技术。应当注意的是，在确定最接近的现有技术时，应首先考虑技术领域相同或相近的现有技术。

（2）确定发明的区别特征和发明实际解决的技术问题。在审查中应当客观分析并确定发明实际解决的技术问题。为此，首先应当分析要求保护的发明与最接近的现有技术相比有哪些区别特征，然后根据该区别特征在要求保护的发明中所能达到的技术效果确定发明实际解决的技术问题。从这个意义上说，发明实际解决的技术问题，是指为获得更好的技术效果而需对最接近的现有技术进行改进的技术任务。

（3）判断要求保护的发明对本领域的技术人员来说是否显而易见，要从最接近的现有技术和发明实际解决的技术问题出发，判断要求保护的发明对本领域的技术人员来说是否显而易见。判断过程中，要确定的是现有技术整体上是否存在某种技术启示，即现有技术中是否给出将上述区别特征应用到该最接近的现有技术以解决其存在的技术问题（发明实际解决的技术问题）的启示，这种启示会使本领域的技术人员在面对所述技术问题时，有动机改进该最接近的现有技术并获得要求保护的发明。如果现有技术存在这种技术启示，则发明是显而易见的，不具有突出的实质性特点。

在评价发明是否具有显著的进步时，主要应当考虑发明是否具有有益的技术效果。如果存在下述四种情况时，通常应当认为发明具有有益的技术效果，具有显著的进步：（1）该发明与现有技术相比具有更好的技术效果，例如，质量改善、产量提高、节约能源、防治环境污染等；（2）发明提供了一种技术构思不同的技术方案，其技术效果能够基本上达到现有技术的水平；（3）发明代表某种新技术发展趋势；（4）尽管发明在某些方面有负面效果，但在其他方面具有明显积极的技术效果。

由于对于创造性的判断带有一定的主观因素，并不像新颖性那么直接，如何在审查专利申请时做到客观公正地进行判断，我国《专利审查指南》给出了具体的参考标准。

（1）开拓性发明。开拓性发明，是指一种全新的技术方案，在技术史上未曾有过先例，它为人类科学技术在某个时期的发展开创了新纪元。开拓性发明同现有技术相比，具有突出的实质性特点和显著的进步，具备创造性。例如，中国的四大发明———指南针、造纸术、活字印刷术和火药。此外，作为开拓性发明的例子，还有蒸汽机、雷达、激光器、利用计算机实现汉字输入等。

（2）组合发明。组合发明，是指将某些技术方案进行组合，构成一项新的技术方案，以解决现有技术客观存在的技术问题。在进行组合发明创造性的判断时通常需要考虑：组合后的各技术特征在功能上是否彼此相互支持、组合的难易程度、现有技术中是否存在组合的启示以及组合后的技术效果等。组合发明又分为：①显而易见的组合。如果要求保护的发明仅仅是将某些已知产品或方法组合或连接在一起，各自以其常规的方式工作，而且总的技术效果是各组合部分效果之总和，组合后的各技术特征之间在功能上无相互作用关系，仅仅是一种简单的叠加，则这种组合发明不具备创造性。②非显而易见的组合。如果组合的各技术特征在功能上彼此支持，并取得了新的技术效果；或者说组合后的技术效果比每个技术特征效果的总和更优越，则这种组合具有突出的实质性特点和显著的进步，发明具备创造性。其中组合发明的每个单独的技术特征本身是否完全或部分已知并不影响对该发明创造性的评价。

（3）选择发明。选择发明，是指从现有技术中公开范围中，有目的地选出现有技术中未提到的窄范围或个体的发明。在进行选择发明创造性的判断时，选择所带来的预料不到的技术效果是考虑的主要因素。如果发明仅是从一些已知的可能性中进行选择，或者发明仅仅是从一些具有相同可能性的技术方案中选出一种，而选出的方案未能取得预料不到的技术效果，则该发明不具备创造性。如果发明是在可能的、有限的范围内选择具体的尺寸、温度范围或者其他参数，而这些选择可以由本领域的技术人员通过常规手段得到并且没有产生预料不到的技术效果，则该发明不具备创造性。

3. 实用性

根据我国《专利法》第 22 条第 4 款规定，实用性是指发明或者实用新型申请的主题必须能够在产业上制造或者使用，并且能够产生积极效果。

发明或者实用新型专利申请是否具备实用性，应当在新颖性和创造性审查之前首先进行判断。因为授予专利权的发明或者实用新型，必须是能够解决技术问题，并且能够应用的发明或者实用新型。换言之，如果申请的是一种产品（包括发明和实用新型），那么该产品必须在产业中能够制造，并且能够解决技术问题；如果申请的是一种方法（仅限发明），那么这种方法必须在产业中能够使用，并且能够解决技术问题。只有满足上述条件的产品或者方法专利申请才可能被授予专利权。

所谓产业，包括工业、农业、林业、水产业、畜牧业、交通运输业以及文化体育、生活用品和医疗器械等行业。在产业上能够制造或者使用的技术方案，是指符合自然规律、具有技术特征的任何可实施的技术方案。这些方案并不一定意味着使用机器设备，或者制造一种物品，还可以包括例如驱雾的方法，或者将能量由一种形式转换成另一种形式的方法。

能够产生积极效果，是指发明或者实用新型专利申请在提出申请之日，其产生的经济、技术和社会的效果是所属技术领域的技术人员可以预料到的。这些效果应当是积极的和有益的。

在对实用性进行判断时，应当坚持两个原则：（1）以申请日提交的说明书（包括附图）和权利要求书所公开的整体技术内容为依据，而不仅仅局限于权利要求所记载的内容；（2）实用性与所申请的发明或者实用新型是怎样创造出来的或者是否已经实施无关。

我国专利法对于实用性的要求为"能够制造或者使用"，是指发明或者实用新型的技术方案具有在产业中被制造或使用的可能性。满足实用性要求的技术方案不能违背自然规律并且应当具有再现性。因不能制造或者使用而不具备实用性是由技术方案本身固有的缺陷引起的，则不具备实用性特点。这也就要求实用性应当满足以下条件：（1）可以重复使用。即所属技术领域的技术人员，根据公开的技术内容，能够重复实施专利申请中为解决技术问题所采用的技术方案。这种重复实施不得依赖任何随机的因素，并且实施结果应该是相同的。（2）不违背自然规律。违背自然规律的发明或者实用新型专利申请是不能实施的，当然也就谈不上实用性这一特点。（3）不能利用特有的条件进行生产制造。发明或者实用新型专利申请不得是由自然条件限定的独一无二的产品。利用特定的自然条件建造的自始至终都是不可移动的唯一产品不具备实用性。应当注意的是，不能因为上述利用独一无二的自然条件的产品不具备实用性，而认为其构件本身也不具备实用性。（4）必须具备积极效果。具备实用性的发明或者实用新型专利申请的技术方案应当能够产生预期的积极效果。明显无益、脱离社会需要的发明或者实用新型专利申请的技术方案不具备实用性。

二、外观设计专利的授权要件

根据我国《专利法》第 23 条规定："授予专利权的外观设计，应当不属于现有设计；也没有任何单位或者个人就同样的外观设计在申请日以前向国务院专利行政部门提出过申请，并记载在申请日以后公告的专利文件中。授予专利权的外观设计与现有设计或者现有设计特征的组合相比，应当具有明显区别。授予专利权的外观设计不得与他人在申请日以前已经取得的合法权利相冲突。本法所称现有设计是指申请日以前在国内外为公众所知的设计。"第 27 条规定："申请外观设计专利的，应当提交请求书、该外观设计的图片或者照片以及对该外观设计的简要说明等文件。申请人提交的有关图片或者照片应当清楚地显示要求专利保护的产品的外观设计。"第 64 条第 2 款规定："外观设计专利权的保护范围以表示在图片或者照片中的该产品的外观设计为准，简要说明可以用于解释图片或者照片所表示的该产品的外观设计。"通过上述法律规定可以看出，外观设计在申请时应当符合下述要件方可授予专利权。

（1）要求申请的外观设计与已有设计不同。这是能够授予外观设计权

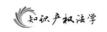
的首要条件。这也要求外观设计具有新颖性，该新颖性相对于发明专利与使用新型专利的要求相同，也是要求绝对的新颖性。外观设计是产品的外观设计，其载体应当是产品。不能重复生产的手工艺品、农产品、畜产品、自然物不能作为外观设计的载体。

（2）不得与其他外观设计相近似。这就要求构成外观设计的是产品的外观设计要素或要素的结合，其中包括形状、图案或者其结合以及色彩与形状、图案的结合，均不能与已有的设计相雷同。可以构成外观设计的组合有：产品的形状；产品的图案；产品的形状和图案；产品的形状和色彩；产品的图案和色彩；产品的形状、图案和色彩不与其他同类产品有着相近似的外观设计。

（3）外观设计需要具有工业美感。外观设计适于工业应用，是指该外观设计能应用于产业上并形成批量生产。富有美感，是指在判断是否属于外观设计专利权的保护客体时，关注的是产品的外观给人的视觉感受，而不是产品的功能特性或者技术效果。设计人将形状、图案、色彩的组合符合法律规定，同时使人看到之后感到舒适。

（4）外观设计权利人不得与他人的在先合法权利相冲突。如果他人在外观设计申请日前已经取得了某项合法权利，无论是商标权、肖像权或者是著作权，在未经权利人许可的情况下使用了某些他人已经合法拥有的权利，那么该外观设计人的权利就与其他已经在先取得权利的权利人发生了冲突。在这种情况下，一般国家专利行政管理机构是不会授予相关的外观设计权。

我国《专利法》第2条第4款规定："外观设计，是指对产品的整体或者局部的形状、图案或者其结合以及色彩与形状、图案的结合所作出的富有美感并适于工业应用的新设计。"当出现下述情况时，国家专利行政管理部门将不会授予申请人外观设计专利：

（1）取决于特定地理条件、不能重复再现的固定建筑物、桥梁等，例如包括特定的山水在内的山水别墅。

（2）因其包含有气体、液体及粉末状等无固定形状的物质而导致其形状、图案、色彩不固定的产品。

（3）产品的不能分割或者不能单独出售且不能单独使用的局部设计，

例如袜跟、帽檐、杯把等。

（4）对于由多个不同特定形状或者图案的构件组成的产品，如果构件本身不能单独出售且不能单独使用，则该构件不属于外观设计专利保护的客体。例如，一组由不同形状的插接块组成的拼图玩具，只有将所有插接块共同作为一项外观设计申请时，才属于外观设计专利保护的客体。

（5）不能作用于视觉或者肉眼难以确定，需要借助特定的工具才能分辨其形状、图案、色彩的物品。例如，其图案是在紫外灯照射下才能显现的产品。

（6）要求保护的外观设计不是产品本身常规的形态，例如手帕扎成动物形态的外观设计。

（7）以自然物原有形状、图案、色彩作为主体的设计，通常指两种情形，一种是自然物本身；另一种是自然物仿真设计。

（8）纯属美术、书法、摄影范畴的作品。

（9）仅以在其产品所属领域内司空见惯的几何形状和图案构成的外观设计。

（10）文字和数字的字音、字义不属于外观设计保护的内容。

（11）游戏界面以及与人机交互无关的显示装置所显示的图案，例如，电子屏幕壁纸、开关机画面、与人机交互无关的网站网页的图文排版。

第十六章　专利权取得、消灭与限制

专利权需要发明人向国家专利行政管理部门申请，经审核通过后方可授予专利权。专利权的授权过程是个行政行为，其取得过程、授权时间、授权费用、救济措施等都作出了具体规定。虽然这种具体而烦琐的细节性规定对于专利权人取得权利的过程带来了相应的阻碍，但是这种细节性的规定在保障权利人的基本利益的时候，也给予了权利人制度的保障，平衡了各方的利益，保障了各方的权益。

第一节　专利的申请原则

1. 书面原则

我国《专利法》第 26 条第 1 款规定："申请发明或者实用新型专利的，应当提交请求书、说明书及其摘要和权利要求书等文件。"专利申请人在申请专利时应当按照法律规定的形式提交书面材料。专利申请材料应当提交书面材料，书面申请是各国通行的一项原则。根据法律规定向专利行政主管机关提交请求书、说明书等文件。申请文件的撰写也应当符合相关法律法规的要求，如我国《专利法实施细则》第 16 条就明确规定："发明、实用新型或者外观设计专利申请的请求书应当写明下列事项：（一）发明、实用新型或者外观设计的名称；（二）申请人是中国单位或者个人的，其名称或者姓名、地址、邮政编码、组织机构代码或者居民身份证件号码；申请人是外国人、外国企业或者外国其他组织的，其姓名或者名称、国籍或者注册的国家或者地区；（三）发明人或者设计人的姓名；（四）申请人委托专利代理机构的，受托机构的名称、机构代码以及该机构指定的专利代理人的姓名、执业证号码、联系电话；（五）要求优先权的，申请人第一次提出专利申请（以下简称在先申请）的申请日、申请号以及原受理机构的名称；（六）申请人或者专利代理机构的签字或者盖章；（七）申请文件清单；（八）附加文件清单；（九）其他需要写明的有关事项。"另外，申请文件应当使用中文，采用规范词汇，如果是外国人在我国申请专利，应当附有中文译本。

书面申请原则不仅要求申请人在申请专利时采用书面形式进行申请，同时要求申请人在文件中明确权利人、权利名称、权利内容等我国法律法规规章等要求的内容。要求使用书面材料首先可以明确文件内容，所有申请事项有具体的文字说明。其次，书面材料在申请人与国家专利行政机关发生争议时，可以作为证据使用。最后，采用书面形式申请专利也符合公文文书规范的要求。

2. 单一性原则

我国《专利法》第 31 条明确规定，无论是发明专利、实用新型专利或者外观设计专利，均需要遵循单一性原则。所谓单一性原则是指一件发明或者实用新型专利申请应当限于一项发明或者实用新型，属于一个总的发明构思的两项以上发明或者实用新型，可以作为一件申请提出。也就是说，如果一件申请包括几项发明或者实用新型，则只有在所有这几项发明或者实用新型之间有一个总的发明构思使之相互关联的情况下才被允许。

根据我国《专利法实施细则》第 34—35 条规定，一件专利申请应当仅在发明专利、实用新型专利或者外观设计专利中选择一个进行申请，不得进行重复申请。如果多件专利的构思属于同一类型或者同一个构想的，可以合并申请。

专利申请应当符合单一性要求主要有两方面原因，首先是经济上的原因，为了防止申请人只支付一件专利的费用而获得几项不同发明或者实用新型专利的保护。其次是技术上的原因，为了便于专利申请的分类、检索和审查。但是，专利的有效性不受单一性的影响。

判断一件专利申请中要求保护的两项以上发明是否满足发明单一性的要求，就是要看权利要求中记载的技术方案的实质性内容是否属于一个总

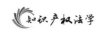

的发明构思，即判断这些权利要求中是否包含使它们在技术上相互关联的一个或者多个相同或者相应的特定技术特征。这一判断是根据权利要求的内容来进行的，必要时可以参照说明书和附图的内容。

3. 优先权原则

优先权是《巴黎公约》成员国的工业产权所有人依照公约所享有的，各缔约国要互相承认对方国家国民优先权，在申请工业产权时应当承认对方国家的优先权。根据我国法律规定，优先权可以分为本国优先权和外国优先权两种。

我国《专利法》第29条第2款规定："申请人自发明或者实用新型在中国第一次提出专利申请之日起十二个月内，或者自外观设计在中国第一次提出专利申请之日起六个月内，又向国务院专利行政部门就相同主题提出专利申请的，可以享有优先权。"所以，本国优先权是指申请人就相同主题的发明或者实用新型在中国第一次提出专利申请之日起12个月内，又以该发明专利申请为基础向专利局提出发明专利申请或者实用新型专利申请的，或者又以该实用新型专利申请为基础向专利局提出实用新型专利申请或者发明专利申请的，可以享有优先权。申请人要求本国优先权的，在请求书中写明在先申请的申请日和申请号的，可以视为提交了在先申请文件副本。

我国《专利法》第29条第1款规定："申请人自发明或者实用新型在外国第一次提出专利申请之日起十二个月内，或者自外观设计在外国第一次提出专利申请之日起六个月内，又在中国就相同主题提出专利申请的，依照该外国同中国签订的协议或者共同参加的国际条约，或者依照相互承认优先权的原则，可以享有优先权。"外国优先权是指申请人就相同主题的发明或者实用新型在外国第一次提出专利申请之日起12个月内，或者就相同主题的外观设计在外国第一次提出专利申请之日起6个月内，又在中国提出申请的，依照该国同中国签订的协议或者共同参加的国际条约，或者依照相互承认优先权的原则，可以享有优先权。根据我国《专利法实施细则》第31条第1款规定，要求外国优先权的，申请人需要提交经原受理机构证明的申请文件副本，同时依照国务院专利行政部门与该受理机构签订的协议，国务院专利行政部门通过电子交换等途径获得在先申请文件副本的，视为申请人提交了经该受理机构证明的在先申请文件副本。如果外观设计专利申请的申请人要求外国优先权，其在先申请未包括对外观设计的简要说明，申请人按照《专利法实施细则》第 28 条规定提交的简要说明未超出在先申请文件的图片或者照片表示的范围的，不影响其享有优先权。

根据我国《专利法》第 30 条规定，申请人要求优先权的，应当在提出专利申请的同时在请求书中声明；未在请求书中提出声明的，视为未要求优先权。申请人在要求优先权声明中应当写明作为优先权基础的在先申请的申请日、申请号和原受理机构名称；但请求书中漏写或者错写在先申请的申请日、申请号和原受理机构名称中的一项或者两项内容的，国务院专利行政部门应当通知申请人在指定期限内补正；期满未补正的，视为未要求优先权。如果要求多项优先权的，应当提交全部优先权副本。申请人要求优先权之后，也可以撤回优先权要求。申请人要求多项优先权之后，可以撤回全部优先权要求，也可以撤回其中某一项或者几项优先权要求。

申请人在一件专利申请中，可以要求一项或者多项优先权；要求多项优先权的，该申请的优先权期限从最早的优先权日起计算。

申请人要求本国优先权，在先申请是发明专利申请的，可以就相同主题提出发明或者实用新型专利申请；在先申请是实用新型专利申请的，可以就相同主题提出实用新型或者发明专利申请。但是，提出后一申请时，在先申请的主题有下列情形之一的，不得作为要求本国优先权的基础：(1) 已经要求外国优先权或者本国优先权的；(2) 已经被授予专利权的；(3) 属于按照规定提出的分案申请的。

4. 先申请原则

我国《专利法》第 9 条的规定："同样的发明创造只能授予一项专利权。但是，同一申请人同日对同样的发明创造既申请实用新型专利又申请发明专利，先获得的实用新型专利权尚未终止，且申请人声明放弃该实用新型专利权的，可以授予发明专利权。两个以上的申请人分别就同样的发明创造申请专利的，专利权授予最先申请的人。"同样的发明只能授予一项专利权，如果有两个申请人同时申请同一项专利，那么专利将授予先申请的人。如果两人在同一天申请，两人在收到国务院专利行政部门的通知

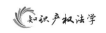

后二人自行协商确定。如果双方无法协商一致，那么将会驳回申请。确定申请的先后顺序一般是根据申请日来确定，申请日是指申请文件递交到国务院专利行政部门的日期。

确定先申请原则可以提高申请人申请专利的积极性，节约社会创新成本，有利于推动社会的创新。同时采用先申请原则比较容易确定权利的归属，降低识别权利人的成本。

第二节 专利审查

专利申请人提交申请申请文件后，就进入了专利审查阶段。根据我国《专利法》的规定，专利审查分为初步审查、实质审查和专利复审三个阶段。

1. 初步审查

我国《专利法》第34条的规定："国务院专利行政部门收到发明专利申请后，经初步审查认为符合本法要求的，自申请日起满十八个月，即行公布。国务院专利行政部门可以根据申请人的请求早日公布其申请。"因此，发明专利申请的初步审查是受理发明专利申请之后、公布该申请之前的一个必要程序。

初步审查的主要任务是：（1）审查申请人提交的申请文件是否符合专利法及其实施细则的规定，发现存在可以补正的缺陷时，通知申请人以补正的方式消除缺陷，使其符合公布的条件；发现存在不可克服的缺陷时，发出审查意见通知书，指明缺陷的性质，并通过驳回的方式结束审查程序。（2）审查申请人在提出专利申请的同时或者随后提交的与专利申请有关的其他文件是否符合专利法及其实施细则的规定，发现文件存在缺陷时，根据缺陷的性质，通知申请人以补正的方式消除缺陷，或者直接作出文件视为未提交的决定。（3）审查申请人提交的与专利申请有关的其他文件是否在专利法及其实施细则规定的期限内或者专利局指定的期限内提交；期满未提交或者逾期提交的，根据情况作出申请视为撤回或者文件视为未提交的决定。（4）审查申请人缴纳的有关费用的金额和期限是否符合专利法及其实施细则的规定，费用未缴纳或者未缴足或者逾期缴纳的，根据情况作出申请视为撤回或者请求视为未提出的决定。

在初步审查阶段，参与审查的工作人员应当遵循保密原则，对于尚未公布的专利申请文件及其他所有内容进行保密。同时，审查人员应当采用书面审理的方式对申请人提交的材料进行审查，原则上不能与当事人有直接接触。如果审查人员认为申请的事项无法授予专利权，在作出驳回决定之前，应当将驳回所依据的事实、理由和证据通知申请人，至少给申请人一次陈述意见和（或）修改申请文件的机会。审查员作出驳回决定时，驳回决定所依据的事实、理由和证据，应当是已经通知过申请人的，不得包含新的事实、理由和（或）证据。在符合规定的情况下，审查员应当尽可能提高审查效率，缩短审查过程。对于存在可以通过补正克服的缺陷的申请，审查员应当进行全面审查，并尽可能在一次补正通知书中指出全部缺陷。对于申请文件中文字和符号的明显错误，审查员可以依职权自行修改，并通知申请人。对于存在不可能通过补正克服的实质性缺陷的申请，审查员可以不对申请文件和其他文件的形式缺陷进行审查，在审查意见通知书中可以仅指出实质性缺陷。

在初步审查通过之后，审查人员发出初步审查合格通知书，之后进入公布程序，对于实用新型专利和外观设计专利，一旦通过初步审查，专利局就会授予专利权，专利权自公告之日起生效。

2. 实质审查

根据我国《专利法》第35条对于实质审查的规定："发明专利申请自申请日起三年内，国务院专利行政部门可以根据申请人随时提出的请求，对其申请进行实质审查；申请人无正当理由逾期不请求实质审查的，该申请即被视为撤回。国务院专利行政部门认为必要的时候，可以自行对发明专利申请进行实质审查。"

当发明专利通过初步审查后，国家专利行政管理机关并不会对其进行实质审查。申请人应当在申请之日起3年内，向国务院专利行政部门提出实质审查的请求；申请人无正当理由逾期不请求实质审查的，该申请即被视为撤回。如果国务院专利行政部门认为有必要的，也可以自行决定对某项专利进行实质审查。对发明专利申请进行实质审查的目的在于确定发明专利申请是否应当被授予专利权，特别是确定其是否符合专利法有关新颖性、创造性和实用性的规定。

在实质审查阶段，审查人员应当遵循如下原则：（1）请求原则。除专利法及其实施细则另有规定外，实质审查程序只有在申请人提出实质审查请求的前提下才能启动。审查人员只能根据申请人依法正式呈请审查（包括提出申请时、依法提出修改时或者答复审查意见通知书时）的申请文件进行审查。（2）听证原则。在实质审查过程中，审查员在作出驳回决定之前，应当给申请人提供至少一次针对驳回所依据的事实、理由和证据陈述意见和（或）修改申请文件的机会，即审查员作出驳回决定时，驳回所依据的事实、理由和证据应当在之前的审查意见通知书中已经告知过申请人。（3）程序节约原则。在对发明专利申请进行实质审查时，审查员应当尽可能地缩短审查过程。换言之，审查员要设法尽早地结案。因此，除非确认申请根本没有被授权的前景，审查员应当在第一次审查意见通知书中，将申请中不符合专利法及其实施细则规定的所有问题通知申请人，要求其在指定期限内对所有问题给予答复，尽量地减少与申请人通信的次数，以节约程序。但是，审查人员不得以节约程序为理由而违反请求原则和听证原则。

在实质审查阶段，审查人员首先要核对申请的国际专利分类号，然后开始对文档进行实质审查，审查申请文档中是否有实质审查请求书，其提交的时间是否在自申请日起三年之内，以及实质审查所需要的文件（包括原始申请文件及公布的申请文件，如果申请人对申请文件进行了主动修改或在初审期间应专利局的要求作过修改，还应当包括经修改的申请文件）是否齐全。申请人要求外国优先权的，审查人员应当查对申请文档中是否有要求优先权声明以及经受理在先申请的国家或者政府间组织的主管部门出具的在先申请文件的副本；申请人要求本国优先权的，审查人员应当查对申请文档中是否有要求优先权声明以及在中国第一次提出的专利申请文件的副本。发明已在外国提出过专利申请的，审查人员应当查对申请文档中是否有申请人提交的该国为审查其申请进行检索的资料或者审查结果的资料。审查人员在审查过程中如果发现文件缺失，应当及时通知申请人在两个月内提交相关资料，逾期无理由不提交的，视为撤回申请。

在实质审查阶段通过后发出授权通知前，审查部门还会进行防止重复授权的检索工作，避免出现重复授权的情况发生。

在经过实质审查后，如果国家专利行政部门认为该申请符合《专利法》的规定，将作出授予专利权的决定，专利权自公告之日起生效。如果国家专利行政部门认为申请人的申请不符合《专利法》的规定，会要求申请人修改专利申请，如果在修改后仍不符合法律规定，则会作出驳回申请的决定。

3. 专利复审

根据我国《专利法》第 41 条的规定，如果申请人在收到国家专利行政部门驳回申请的决定后，不服该决定的可以自收到通知后的 3 个月内向国务院专利行政部门提出复审请求。请求复审的，应当提交复审请求书，说明理由，必要时还应当附具有关证据。国家知识产权局设立复审和无效审理部，对复审请求进行受理和审查，并作出决定。复审请求案件包括对初步审查和实质审查程序中驳回专利申请的决定不服而请求复审的案件。

在接到复审申请后，复审和无效审理部应当由 3 人或 5 人组成的合议组负责审查，其中包括组长 1 人、主审员 1 人、参审员 1 人或 3 人。当发生在国内或者国外有重大影响的案件；或涉及重要疑难法律问题的案件；或涉及重大经济利益的案件时应当由 5 人组成合议庭。复审和无效审理部在审理复审案件时应当遵循合法原则、公正执法原则、请求原则、依职权审查原则、听证原则和公开原则。

复审和无效审理部在复审是有个前置审查程序，即当复审和无效审理部收到复审请求时，应当将受理的复审请求书转交国务院专利行政部门原审查部门进行审查。原审查部门根据复审请求人的请求，同意撤销原决定的，复审和无效审理部应当据此作出复审决定，并通知复审请求人。除特殊情况外，前置审查应当在收到案卷后 1 个月内完成。如果原审查部门不同意撤销原决定，则复审和无效审理部应当对该决定进行复审。

针对一项复审请求，合议组可以采取书面审理、口头审理或者书面审理与口头审理相结合的方式进行审查。针对合议组发出的复审通知书，复审请求人应当在收到该通知书之日起 1 个月内针对通知书指出的缺陷进行书面答复；期满未进行书面答复的，其复审请求视为撤回。复审请求人提

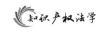

交无具体答复内容的意见陈述书的，视为对复审通知书中的审查意见无反对意见。针对合议组发出的复审请求口头审理通知书，复审请求人应当参加口头审理或者在收到该通知书之日起 1 个月内针对通知书指出的缺陷进行书面答复；如果该通知书已指出申请不符合专利法及其实施细则和审查指南有关规定的事实、理由和证据，复审请求人未参加口头审理且期满未进行书面答复的，其复审请求视为撤回。

经过复审的案件决定有三种：（1）复审请求不成立，维持驳回决定。申请人收到驳回决定的通知后 3 个月内可以向法院起诉寻求救济。（2）复审请求成立，撤销驳回决定。如果是撤销原决定，那么原审查部门将继续进行审查程序。（3）专利申请文件经复审请求人修改，克服了驳回决定所指出的缺陷，在修改文本的基础上撤销驳回决定。

专利申请人对国务院专利行政部门的复审决定不服的，可以自收到通知之日起 3 个月内向人民法院起诉。

第三节　专利无效

1. 专利无效宣告概述

专利审查是一项极其烦琐复杂的技术活动。通过审查员对于专利申请书的审理及与以往的专利进行对比，判定其是否符合《专利法》中专利的构成要件。在人工审核的情况下，国家专利行政机关无法保证每件授权的专利都是正确的，为了避免出现错误授权的情况，设置专利无效宣告这一纠正程序，如我国《专利法》第 45 条规定："自国务院专利行政部门公告授予专利权之日起，任何单位或者个人认为该专利权的授予不符合本法有关规定的，可以请求国务院专利行政部门宣告该专利权无效。"这样在专利公告之后，任何单位或者个人认为该专利权的授予不符合《专利法》有关规定的，可以请求国务院专利行政部门宣告该专利权无效。

提请无效宣告的申请人应当向复审和无效审理部提交专利权无效宣告请求书和必要的证据一式两份。无效宣告请求书应当结合提交的所有证据，具体说明无效宣告请求的理由，并指明每项理由所依据的证据。无效宣告请求的主体应当是与已经授权的专利权人有利害关系的人。如在先权利人或者有权根据相关法律规定就侵犯在先权利的纠纷向人民法院起诉或者请求相关行政管理部门处理的人。无效宣告请求的客体应当是已经公告授权的专利，包括已经终止或者放弃（自申请日起放弃的除外）的专利。如果无效宣告程序针对的是尚未授权的专利，复审和无效审理部有权不予受理。

2. 专利无效宣告理由

无效宣告请求书中应当明确无效宣告的范围和理由，未明确的，复审和无效审理部应当通知请求人在指定期限内补正；期满未补正的，无效宣告请求视为未提出。

无效宣告的理由仅限于《专利法实施细则》第 65 条第 2 款规定的理由，请求无效宣告的理由应当属于以下内容：（1）被授予专利的发明创造不符合《专利法》第 2 条的规定；（2）滥用专利权；（3）发明专利或者实用新型专利不具有专利申请所必需的新颖性、实用性和创造性等特征；（4）外观设计专利不符合我国《专利法》第 23 条规定；（5）不符合我国《专利法》第 26 条第 3 款和第 4 款、第 27 条第 2 款、第 33 条或者《专利法实施细则》第 20 条第 2 款、第 43 条第 1 款的规定内容，或者根据我国《专利法》第 9 条无法取得专利权的；并且应当以专利法及其实施细则中有关的条、款、项作为独立的理由提出。其理由分为包含：不符合专利授权的实质性要件，如不属于专利法所保护的客体，不具备新颖性、创造性和实用性，没有充分公开等；也可以以授权违反程序性义务，如没有进行保密审查，违反遗传资源披露义务，对专利进行重复授权等。

3. 专利无效宣告后果

无效宣告请求审查决定分为下列三种类型：（1）宣告专利权全部无效；（2）宣告专利权部分无效；（3）维持专利有效。宣告专利权无效包括宣告专利权全部无效和部分无效两种情形。根据《专利法》第 47 条的规定，宣告无效的专利权视为自始即不存在。宣告专利权无效的决定，对在宣告专利权无效前人民法院作出并已执行的专利侵权的判决、调解书，已经履行或者强制执行的专利侵权纠纷处理决定，以及已经履行的专利实施许可合同和专利权转让合同，不具有追溯力。但是因专利权人的恶意给他

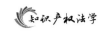

人造成的损失，应当给予赔偿。同时在无效宣告程序中，如果请求人针对一件发明或者实用新型专利的部分权利要求的无效宣告理由成立，针对其余权利要求（包括以合并方式修改后的权利要求）的无效宣告理由不成立，则无效宣告请求审查决定应当宣告上述无效宣告理由成立的部分权利要求无效，并且维持其余的权利要求有效。对于包含有若干个具有独立使用价值的产品的外观设计专利，如果请求人针对其中一部分产品的外观设计专利的无效宣告理由成立，针对其余产品的外观设计专利的无效宣告理由不成立，则无效宣告请求审查决定应当宣告无效宣告理由成立的该部分产品外观设计专利无效，并且维持其余产品的外观设计专利有效。例如，对于包含有同一产品两项以上的相似外观设计的一件外观设计专利，如果请求人针对其中部分项外观设计的无效宣告理由成立，针对其余外观设计的无效宣告理由不成立，则无效宣告请求审查决定应当宣告无效宣告理由成立的该部分外观设计无效，并且维持其余外观设计有效。

一项专利被宣告部分无效后，被宣告无效的部分应视为自始即不存在。但是被维持的部分（包括修改后的权利要求）也同时应视为自始即存在。

4. 无效宣告的救济

根据我国《专利法》第 46 条第 2 款的规定，当无效宣告请求人或者专利权人对于复审和无效审理部的决定不服的，可以自收到通知后的 3 个月内向人民法院起诉，通过司法手段来维护自身的合法权益。

法院在收到以复审和无效审理部为被告的专利无效宣告案件后，应当通知无效宣告请求程序的对方当事人作为第三人参加诉讼。这种做法能够有效地保障当事人双方的权益，同时将双方都纳入诉讼主体中来，可以有效减轻复审和无效审理部的诉讼压力。

法院在案件审理时，如果发现复审和无效审理部的审理意见存在问题，法院只能撤销复审和无效审理部的决定，判决复审和无效审理部重新作出裁定。这是因为对于专利的授权是行政权，法院是司法机关，不能够直接替代行政机关作出授权的决定。如果复审和无效审理部败诉，其应当撤销原决定，对于专利复审案件重新进行审理。

第四节　专利权限制

由于专利权具有独占性，未经专利权人的同意，任何单位和个人均不得以营利为目的实施该专利，否则就构成对权利人的侵权。专利权具有极强的排他性，为了平衡专利权人与国家利益、社会利益之间的关系，各国都在专利法中对于权利人的权利作出了限制，防止权利人的权利过度膨胀，危害国家利益和社会公众利益。我国《专利法》中也对专利权人的权利作出了相应限制。

一、强制许可

（一）强制许可的概念

强制许可是指国务院专利行政部门依照法律规定，在未经权利人同意的情况下允许他人实施权利人的发明专利或者实用新型专利的行政措施。这种措施无论权利人是否同意，均可以让第三人实施该专利，故称为强制许可，是一种行政强制措施。强制许可是平衡专利权人与国家利益与社会公共利益之间的一种行政手段，防止专利权人滥用权利，维护国家利益和社会公共利益。

强制许可是相对于自愿许可而言，世界上许多国家的专利法中都明确规定了强制许可这一制度。无论是《巴黎公约》还是 TRIPS 协议中都对强制许可作出了相应规定，其目的均是防止专利权人垄断专利技术，导致专利权垄断，损害国家和社会公共利益，阻碍技术的进步。我国强制许可制度仅仅针对发明专利和实用新型专利，并不适用于外观设计专利。国家知识产权局为规范强制许可的流程，于 2003 年颁行《专利实施强制许可办法》并于 2003 年 7 月 15 日起实施，后在 2012 年 3 月 15 日重新发布《专利实施强制许可办法》并于 2012 年 5 月 1 日起实施。强制许可制度仅在特定条件下方可实施，国务院专利行政部门不得擅自对专利权人的权利强制许可他人使用。

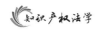

（二）强制许可的种类

发明专利和实用新型专利根据强制许可的根据不同，可以分为依申请的强制许可、根据国家利益或者公共利益需要的强制许可和根据专利之间关系给予的强制许可三大类。

1. 依申请的强制许可

我国《专利法》第53条规定："有下列情形之一的，国务院专利行政部门根据具备实施条件的单位或者个人的申请，可以给予实施发明专利或者实用新型专利的强制许可：（一）专利权人自专利权被授予之日起满三年，且自提出专利申请之日起满四年，无正当理由未实施或者未充分实施其专利的；（二）专利权人行使专利权的行为被依法认定为垄断行为，为消除或者减少该行为对竞争产生的不利影响的。"依申请给予强制许可实施某项专利权时必须具备上述的前提条件。首先，专利被授权之后3年或者从申请之日起算4年，专利权人一直不使用其权利。其次，申请人或者申请单位必须具备实施该项专利的条件，如具备相应的人员、设备、厂房等条件，保证申请人或者申请单位在取得许可后可以正常实施该项专利。再次，根据我国《专利法》第59条规定："申请强制许可的单位或者个人应当提供证据，证明其以合理的条件请求专利权人许可其实施专利，但未能在合理的时间内获得许可。"专利权人不实施该项专利没有正当理由或者怠于行使该项专利时，申请人已经向专利权人申请使用该专利，但是经过合理时间后，仍没有取得授权的。最后，申请人必须通过向国家专利行政部门进行申请，取得许可授权后，方可使用他人专利。通过申请强制许可来获得他人的专利权必须通过国家专利行政部门的审批后方可实施，否则也将产生侵害他人合法专利权的风险。

除了依照单位或个人申请外，如果专利权人行使权利的行为被认定为垄断行为，为了达到排除限制竞争的目的，也可以对专利权人所持有的专利给予强制许可，以维护正常的市场交易秩序。

2. 根据国家利益或者公共利益需要的强制许可

根据我国《专利法》第54条规定，当国家利益或者公共利益出现紧急情况时，为了维护国家利益和社会公共利益，国家专利行政管理部门可以对涉及国家利益或者社会公共利益的专利权进行强制许可使用，以维护社会的稳定和保障公众的利益。同时根据我国《专利法》第 55 条规定，出于公共健康的原因，对于专利药品，国务院专利行政管理部门可以给予制造并将其出口到符合中华人民共和国参加的有关国际条约规定的国家或者地区的强制许可。

出于国家利益或者公共利益需要对专利权人的强制许可也是由前提限制的，首先，是在国家出现紧急情况，如战争、灾害、社会动乱等不利于国家稳定或者安宁的状况，导致国家整体局面不稳定。其次，出于公共利益是指为了广大人民群众的公益进行使用，而非商业许可使用，如关系到国民生计的情况下的药品使用。这些药品是指解决公共健康问题所需的医药领域中的任何专利产品或者依照专利方法直接获得的产品，包括取得专利权的制造该产品所需的活性成分以及使用该产品所需的诊断用品。比如艾滋病、肺结核、SARS 或者新型冠状肺炎等情况下，国家专利行政机关可以对于某些药品专利给予强制许可，以保障民众的生命安全。

3. 根据专利之间关系给予的强制许可

我国《专利法》第 56 条规定："一项取得专利权的发明或者实用新型比前已经取得专利权的发明或者实用新型具有显著经济意义的重大技术进步，其实施又有赖于前一发明或者实用新型的实施的，国务院专利行政部门根据后一专利权人的申请，可以给予实施前一发明或者实用新型的强制许可。在依照前款规定给予实施强制许可的情形下，国务院专利行政部门根据前一专利权人的申请，也可以给予实施后一发明或者实用新型的强制许可。"

这种强制许可制度也称为依存专利之间的强制许可。顾名思义，当一项发明专利或者实用新型专利对于社会经济或者科技的发展可以起到重要作用，且该项发明专利或者实用新型专利有着重大的技术进步且符合《专利法》对于专利授权条件的规定，但是该专利的实施又有赖于某项在先专利的实施。在这种情况下，在后的申请人可以向国家专利行政部门申请强制许可，如果需要通过国家专利行政部门的审批，必须满足三个条件。首先，申请人，可以是单位也可以是个人，必须是将要实施专利技术的专利权人。其次，其要申请的专利必须与在先的专利之间存在互相依存的关

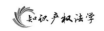

系，而且该项技术必须比在先专利技术更加先进，且拟申请的专利依赖于前一项技术。最后，必须是后一项技术的发明人向国家专利行政管理部门申请强制许可，在申请获得批准后，出于保护在先专利权人的考虑，在先专利权人也可以申请强制许可实施在后的专利。这一规定在保护权利人的根本利益之时，也促进了科技的进步与经济的发展。

（三）强制许可的程序

根据我国《专利法实施细则》第74条规定，申请强制许可应当向国务院专利行政部门提交强制许可请求书、说明理由并附具有关证明文件。国务院专利行政部门在收到请求文件后应当将强制许可请求书的副本转交给权利人，并通知权利人在规定时间内对该问题陈诉意见。权利人是否回复国务院专利行政部门意见并不影响国务院专利行政部门作出强制许可的决定。国务院专利行政部门认为符合强制许可条件的，应当作出决定给予强制许可，如果认为申请不符合条件的，可以驳回申请人的请求。国务院专利行政部门在作出驳回强制许可请求的决定或者给予强制许可的决定前，应当通知请求人和专利权人拟作出的决定及其理由。

我国的强制许可实施主要是为了保障我国的国内市场的基本供应。如果是涉及半导体技术的，强制许可仅能在维护公共利益的情况下使用。我国强制许可主要是指许可制造、销售或者进口专利新产品的数量以及使用专利技术的地域范围和时间范围。强制许可这一制度主要目的是将已获得授权实施或推广，避免专利申请后束之高阁且禁止他人使用而影响技术的更迭，影响经济的发展。

国务院专利行政部门在依照《专利法》第53—55条的规定作出强制许可决定，该决定应当同时符合中国缔结或者参加的有关国际条约关于为了解决公共健康问题而给予强制许可的规定。同时应当即时通知专利权人，并登记和公告。这样做的目的首先通知权利人使其知悉自身的权利现状，保障权利人的知情权。其次，有利于公众了解专利的现状，防止被许可人滥用权利，影响原权利人的利益。最后，原权利人可以向被许可人收取费用。

（四）强制许可的救济

我国《专利法》第 63 条规定："专利权人对国务院专利行政部门关于实施强制许可的决定不服的，专利权人和取得实施强制许可的单位或者个人对国务院专利行政部门关于实施强制许可的使用费的裁决不服的，可以自收到通知之日起三个月内向人民法院起诉。"

专利权人或者申请许可人在收到国务院专利行政部门关于实施强制许可决定不服的，可在 3 个月内向人民法院提起诉讼，通过司法程序来维护自身权益。通过司法手段来维护自身合法权利，一方面保障专利权人的合法权利不受非法侵害；另一方面可以防止行政权力的扩张，危害个人合法利益。

强制许可不服的救济方式与专利复审不服的救济方式相同，均可通过行政诉讼的方式来维护自身权利。

二、强制推广

1. 强制推广的概念

我国《专利法》第 49 条规定："国有企业事业单位的发明专利，对国家利益或者公共利益具有重大意义的，国务院有关主管部门和省、自治区、直辖市人民政府报经国务院批准，可以决定在批准的范围内推广应用，允许指定的单位实施，由实施单位按照国家规定向专利权人支付使用费。"

强制推广是指当国有企业或者事业单位作为专利权人的专利技术对国家利益或者社会公共利益有重大积极意义，需要将该技术进行推广的，按照法定程序报国务院批准后，可以在特定范围内，允许特定的单位实施该专利。

强制推广其实是国家利用行政权力对国有企事业单位作为专利权人的一种限制，该限制的目的是保障国家利益或者社会公众利益，保障国内社会的稳定，促进经济与技术的发展。

2. 强制推广的对象

根据我国法律规定，强制推广的内容主要包含以下几方面。

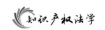

首先，强制推广的主体仅限于国有企事业单位。如果专利权人为个人、外国人或者其他类型的企业，那么强制推广不适用于这些企业。如果是非国有企事业单位拥有的专利技术对于国家利益或者社会公众利益有着显著的积极作用，可以适用强制许可制度进行推广，但是不得使用强制推广。

其次，强制推广的专利技术仅限于发明专利。当发明专利对于国家利益或者社会公众利益有着极其重要的作用时，可以使用强制推广。如果是外观设计专利或者实用新型专利仅仅是对某个具体的产品有着促进作用，并不会对国家利益或者社会公众利益产生重大影响。

最后，强制推广的发明专利必须对国家利益和社会公众利益有着重大意义。这里的国家利益和社会公共利益是指对经济建设、国家安全、社会进步、环境保护、防疫抗疫等影响国泰民安的事项有着重要作用，推广这些发明专利有利于我国的社会稳定和经济的发展。

强制推广的程序十分严格，为了防止行政权的滥用，强制推广必须由国务院主管部门或省、自治区、直辖市的人民政府报国务院批准，未经国务院批准，不得随意进行强制推广。

3. 强制推广中双方的权利与义务

根据法律规定，强制推广中的使用方应当向权利人支付使用费，费用由授权单位确定，即正常情况下的专利使用费。具体的专利使用费一般是由政府机关根据实际情况进行确定。专利权人需将专利授权给具有生产经营能力的被推广单位使用，被授权人需要按照约定向权利人支付相应的费用。

三、合理使用

专利的合理使用是指专利使用人可以在不经过权利人许可也不向专利权人支付费用的情况下使用其权利。我国《专利法》第75条规定："有下列情形之一的，不视为侵犯专利权：（一）专利产品或者依照专利方法直接获得的产品，由专利权人或者经其许可的单位、个人售出后，使用、许诺销售、销售、进口该产品的；（二）在专利申请日前已经制造相同产品、使用相同方法或者已经作好制造、使用的必要准备，并且仅在原有范围内继续制造、使用的；（三）临时通过中国领陆、领水、领空的外国运输工具，依照其所属国同中国签订的协议或者共同参加的国际条约，或者依照互惠原则，为运输工具自身需要而在其装置和设备中使用有关专利的；（四）专为科学研究和实验而使用有关专利的；（五）为提供行政审批所需要的信息，制造、使用、进口专利药品或者专利医疗器械的，以及专门为其制造、进口专利药品或者专利医疗器械的。"根据法律规定，合理使用主要包括以下五方面内容。

1. 权利用尽后的使用、销售或者许诺销售

根据我国《专利法》第75条第1款规定，专利权人在第一次将专利产品出售后，该产品上的权利即用尽，他人可以不经原权利人的许可便使用或者销售该产品。即专利产品一旦出售后，该产品上的权利即视为用尽。但是该规定仅适用于合法流入市场的专利产品。

权利用尽原则可以有效防止权利人滥用权利，妨碍商品的正常流通，阻碍经济发展。但是在实践中，权利用尽原则针对的是专利权人同意出售而流入市场的每一件产品，当购买者通过合法渠道购得该商品时，其任意使用或者处分行为均不会构成侵权。但是购买者在购买该产品后自行拆解后制造的行为，依然侵害原权利人的权利。如果专利权人同时在两个或两个以上的国家都拥有专利权，那么在一国的销售行为并不会引起其他国家同类商品的专利权用尽。

2. 先用权人的使用

根据我国《专利法》第75条第2款规定，在专利申请日前已经制造相同产品、使用相同方法或者已经作好制造、使用的必要准备，并且仅在原有范围内继续制造、使用的不构成侵权。由此可见，先用权人是在专利申请人之前已经拥有该项技术，但是先用权人并未申请专利，而就相同技术而言，其是第一个发明并使用的人。为了保障先用权的利益，先用权人在下述情况使用该技术并不构成侵权：

（1）先用权人所使用的发明创造与专利权人的技术相同，且是自己通过合法的方式获得的；

（2）先用权人必须在专利申请日以前已经拥有并使用的，如果该技术的使用时在申请日后，那么其不属于先用权人；

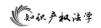

（3）先用权人必须就该技术已经具备相应的生产条件，如厂房、生产工具等；

（4）先用权人在原有的范围内继续使用，在专利权人获得专利权后如果自行扩大生产，那么存在侵权的可能性；

（5）先用权人只能自己使用该技术，无权许可他人使用该技术。但是先用权人可以在原有范围内转让该技术，但是不能脱离原有的生产实体单独转让。

3. 临时过境的交通工具上的使用

根据我国《专利法》第 75 条第 3 款规定，我国《专利法》对于临时过境的交通工具上对于专利的使用不视为侵权的规定符合国际惯例，符合《巴黎公约》规定的精神。临时通过中国领陆、领水、领空的外国运输工具，因其自身需要在装置和设备中使用我国的专利技术，可以不经过专利权人许可，也无须向其支付费用。但是在临时过境的交通工具上装有侵权产品的则视为侵权行为。

4. 专为科学研究和实验而使用有关专利的

根据我国《专利法》第 75 条第 4 款规定，专为"科学研究和实验"是指专门针对专利本身进行的研究和实验，该研究和实验的目的是了解专利技术本身的特点，对该专利技术进行分析，推动技术的进步与发展。这种使用方式不能出于商业目的，仅仅是为了科研需要，不会对专利权人的权利构成妨碍。这种使用方式既不能直接地带来盈利效果，也不能间接地导致权利人利益的减少。

5. 医药审批使用

根据我国《专利法》第 75 条第 5 款规定，为提供行政审批所需要的信息，制造、使用、进口专利药品或者专利医疗器械的，以及专门为其制造、进口专利药品或者专利医疗器械的，不属于专利侵权。该原则是国际通行的"药品和医疗器械实验例外规则"（也称为巴罗尔原则）。该规则是在瑞士罗士公司诉巴罗尔公司❶案中确定的，1983 年，巴罗尔公司为了赶

---

❶ Roche Products, Inc. v. Bolar Pharmaceutical Co., 733 F. 2d 858（Fed. Cir. 1984）.

在瑞士罗士公司药品专利到期前推出其仿制品，在瑞士罗士公司专利到期前从国外获取专利药品进行实验收集数据来完成仿制药品的报批手续。美国纽约东部地区法院认为，巴罗尔公司为满足美国食品药品管理局要求的试验而对瑞士罗士公司药品专利的使用属于实验使用，构成"侵权的例外"。但是美国联邦巡回上诉法院认为，巴罗尔公司的药品试验行为，未经专利权人授权并出于自身商业目的而进行试验，是对专利权人就其发明专利享有的排他使用权的侵害。因此，巴罗尔公司对瑞士罗士公司药品专利的使用不属于实验使用，侵犯了瑞士罗士公司的专利权。这一判决最终促成美国国会通过《药品价格竞争和专利期限恢复法案》，允许仿制药厂商在专利到期前进行临床式样来收集药品审批所需数据，该行为并不视为侵权。我国在《专利法》第三次修改之时将该原则纳入我国《专利法》的规定之中，在相关专利权保护期限届满之前，进行药品或医疗器械的实验和申请生产许可，这样做的目的是保障在药品专利到期后，可以有替代药品直接问世，保障社会公共利益。

6. 善意使用和现有技术抗辩

根据我国《专利法》第 77 条规定，对于善意使用或者销售专利产品的行为视为侵权行为，但是如果能够证明该产品具有合法来源，出于保护善意第三人的目的，善意的使用人不承担侵权赔偿责任，但是仍需承担如停止侵害等其他法律责任。

现有技术抗辩是指在专利侵权案件中，被控侵权人有证据证明专利权人的专利属于现有技术或者现有设计，即直接否定了专利权人的新颖性和创造性要件，否定了专利权人的基本权利的存在，即不构成侵犯专利权。现有技术抗辩认定中，被诉侵权技术方案的某一技术特征与现有技术方案中的相应技术特征构成本领域可直接置换的惯用手段，可以认定两个对应技术特征无实质差异。

如在佛山市顺德区华申电器制造有限公司、佛山市易豆科技有限公司与被上诉人浙江小智电器科技有限公司侵害实用新型专利权纠纷案❶中，最高人民法院二审认为，小智公司对 US1984047A（以下简称"047A 专

---

❶ （2019）最高法知民终 804 号民事判决书。

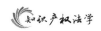

利")专利的真实性无异议,该专利申请公开于 1934 年 12 月 11 日,早于涉案专利申请日,故可以作为现有技术抗辩证据使用。涉案专利权利要求中涉及卡夹组件的技术特征是"卡夹组件的一端固定到盖体上,另一端沿径向弹性压靠在升降轴上"。被诉侵权技术方案的卡夹组件主要由弹簧和弹珠构成,弹簧一端抵住盖体,另一端通过弹珠和连接块抵住升降轴,整个结构位于盖体内部。047A 专利说明书以及附图 1 明确记载了相应的技术特征:扁平弹片 29 设置在中空部件 25 上并带有适于与主轴 26 中的凹槽 28 配合的小突起 30,且中空部件 25 位于盖子 5 及其延伸部分 6 之中。被诉侵权技术方案的弹簧、弹珠式卡夹结构与现有技术的弹片、突起式卡夹结构是能够直接替换的惯用手段,所属领域技术人员能够根据需要选用不同的弹性元件及其对应的结构,属于无实质性差异的情形。落入专利权保护范围的被诉侵权技术方案的全部技术特征,与 047A 专利方案中的相应技术特征均相同或者无实质性差异,华申公司、易豆公司的现有技术抗辩成立。

第十七章 专利权保护

我国《专利法》中明确规定了对于专利权的保护范围和保护原则，确定了民事责任、行政责任和刑事责任等具体法律责任形式。

第一节 专利权侵权

我国《专利法》第 11 条第 1 款规定："发明和实用新型专利权被授予后，除本法另有规定的以外，任何单位或者个人未经专利权人许可，都不得实施其专利，即不得为生产经营目的制造、使用、许诺销售、销售、进口其专利产品，或者使用其专利方法以及使用、许诺销售、销售、进口依照该专利方法直接获得的产品。"专利权侵权行为主要是指行为人未经权利人许可，以生产经营为目的侵犯专利权人的合法权益。侵权行为包括直接侵权和间接侵权两种方式。无论直接侵权还是间接侵权，均损害了权利人的合法利益。认定"以生产经营为目的"是判断专利权侵权十分重要的条件之一。既不能简单等同于从事营利性活动，也不能仅仅根据专利实施主体的机构性质认定，而应着眼于专利实施行为本身，考虑该行为是否属于市场活动、是否影响专利权人市场利益等因素综合判断。

如在焦某某与被中国农业科学院饲料研究所、北京市大兴区农业农村局侵害发明专利权纠纷案❶中，最高人民法院二审认为，专利法将"为生产经营目的"作为专利侵权构成的要件之一，系出于合理平衡专利权人和

---

❶ 最高人民法院（2020）最高法知民终 831 号民事判决书。

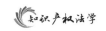

社会公众利益之目的。在专利侵权判定时，对"为生产经营目的"的理解，应着眼于具体的被诉侵权行为，综合考虑该行为是否属于参与市场活动、是否影响专利权人市场利益等因素综合判断，既不能将"为生产经营目的"简单等同于从事营利性活动，又不能仅仅根据实施主体的机构性质认定其是否具有生产经营目的。即使政府机关、事业单位等主体具有公共服务、公益事业等属性，其自身不以生产经营为目的，但其实施了市场活动、损害了专利权人市场利益的，仍可认定具备"为生产经营目的"之要件。

一、直接侵权

直接侵权是指行为人未经权利人许可，直接从事我国《专利法》第11条所规定内容。直接侵权主要有以下几种表现形式。

（1）直接制造专利产品。专利产品是指专利权人在发明专利或者实用新型专利申请书中所描述的产品，或者在外观设计专利申请文件中写明的产品。侵权行为人未经权利人许可，擅自使用专利申请书中的方法，以盈利为目的制造专利产品，无论侵权行为人是否知道该产品为专利产品，其行为均构成侵权。

（2）故意使用专利产品。即侵权人明知或应当知道该产品属于非法渠道获取的专利产品，仍以盈利为目的继续使用该产品。

（3）故意销售专利产品。即侵权人明知或应当知道该产品来源非法，未经权利人同意制造或销售的产品，仍然以生产经营为目的对外销售该产品。

（4）进口专利产品。即侵权人明知或应当知道专利产品未经专利权人同意制造或者销售的产品，仍然以盈利为目的从国外进口侵权产品到国内。

（5）使用其专利方法以及使用、许诺销售、销售、进口依照该专利方法直接获得的产品的行为。这种侵权行为主要针对的是方法专利。即侵权人明知或应当知道该专利方法通过非法手段获得，仍然以盈利为目的，使用该专利方法生产、制造或者进口通过该专利方法直接获得产品的行为。

（6）假冒专利。该行为是指在非专利产品或产品包装上加上专利权人的专利标记或者专利号，使公众误以为该产品为专利产品的行为。主要包括在未被授予专利权的产品上标注专利标识，专利权已经终止或者被宣告无效后仍然使用专利标识的；未经他人许可使用他人专利号的行为，以及将正在申请的专利注明为已获专利授权的行为等。

假冒专利的行为直接损害了专利权人的根本利益，而且对于正常的市场秩序产生极大的损害，严重损害社会公众利益，具有较大的社会危害性。

二、间接侵权

间接侵权主要是指行为人虽然没有直接损害专利权人的权益，但是通过诱导、教唆等行为指使他人实施侵犯专利权的行为，从而发生侵害专利权的行为。间接侵权理论来源于共同侵权理论。❶

间接侵权主要表现形式为引诱侵权和帮助侵权两种。引诱侵权主要是指向购买者销售专利产品的零部件，诱使购买者制造专利产品。或者按照专利产品的技术方案为他人提供设计方案，越权转让专利技术或者许可他人使用专利技术等。帮助侵权主要是指为侵权行为人提供直接的帮助，如提供侵权行为的场所、提供制造侵权产品的原材料或者零部件，或者直接销售侵权产品等行为。

间接侵权行为人在主观上有诱导他人侵犯专利权的估计，在客观上，直接为侵权行为提供了必要条件导致侵权行为的发生。间接侵权人因其行为导致了专利权人的权利受损或者导致直接侵权行为的发生，间接侵权行为人如与直接侵权行为人直接存在意思联络，那么间接侵权人与直接侵权人构成共同侵权。间接侵权的认定以直接侵权为前提。

三、侵权的认定原则

对于侵权行为的认定主要有以下两种原则。

1. 全面覆盖原则

全面覆盖原则是指被控侵权行为人所用的生产方法完全落入了专利权

---

❶　邓宏光. 专利间接侵权与共同侵权关系探析［J］. 电子知识产权，2006（4）：22–23.

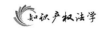

人的权利要求书中，与专利技术的全部特征相同，构成对专利权的侵权。

每个专利的申请文件中均有对自身技术特征的描述，如某项专利技术可以分解为 A + B + C + D 四个技术特征，如果被控侵权人完全使用了这四个技术特征，则构成侵权；如果被控侵权人所使用的技术为 F + A + B + C + D，虽然该技术在原有技术前置了 F，但是该技术特征仍然全面覆盖了 A + B + C + D 这四个技术特征，依然构成侵权，但是如果被控侵权人所使用的技术为 F + A + B + D 或者 F + A + E，那么被控侵权技术缺少权利要求记载的一项或者多项技术特征的，由于不符合全面覆盖原则，故其不构成侵权。

2. 等同原则

由于现实生活中，完全照搬别人技术的并不常见，如果要求严格按照权利要求的字面含义对专利权人的权利进行保护可能会导致大部分权利人的权利得不到保护。等同原则（doctrine of equivalents）认为，将被控侵权技术的构成与专利权的权利要求书所记载的内容进行比较，如果被控侵权行为采用了同领域内常见的部件替换、技术拆分或者合并等方法对权利内容进行规避的行为，这种行为在同领域技术人员阅读权利要求书时可以不经思考就能联想到的特征即构成侵权。如用汽油机替换电动机，用尺子替换刻仪，用螺丝替代螺栓等行为。

等同原则确立于 1950 年美国联邦最高法院审理的 Graver Tank & Mfg Co. v. Linde Air Products Co. ❶ 一案，在该案中对专利权的解释即采用了等同原则。等同原则将权利要求书中的内容范围扩大到虽然权利要求书中没有记载，但是实际与权利要求书中技术特征相同的范围，扩大了专利权的保护范围。一般情况下，在专利侵权案件中如有部件位移或步骤的简单调整，等同替换，分解或合并技术特征等表现形式的，都可以认定为侵犯专利权。

我国专利法中虽然没有明确规定等同原则，但是在《最高人民法院关于审理侵犯专利权纠纷案件应用法律若干问题的解释（二）》（2020 修正）第 8 条第 2 款中明确规定："与说明书及附图记载的实现前款所称功能或

---

❶ 339 US 605，70 S. Ct. 854（1950）.

者效果不可缺少的技术特征相比，被诉侵权技术方案的相应技术特征是以基本相同的手段，实现相同的功能，达到相同的效果，且本领域普通技术人员在被诉侵权行为发生时无须经过创造性劳动就能够联想到的，人民法院应当认定该相应技术特征与功能性特征相同或者等同。"

3. 禁止反悔原则

禁止反悔原则主要是指专利申请人在专利授权或者无效宣告阶段，为了满足其专利权的新颖性和创造性而书面放弃权利要求的保护范围后，因此获得了专利授权，那么，在专利侵权审理中，禁止其将已将放弃的内容重新纳入其保护范围之中。《最高人民法院关于审理侵犯专利权纠纷案件应用法律若干问题的解释（二）》（2020 修正）第 13 条规定："权利人证明专利申请人、专利权人在专利授权确权程序中对权利要求书、说明书及附图的限缩性修改或者陈述被明确否定的，人民法院应当认定该修改或者陈述未导致技术方案的放弃。"

第二节 专利权保护范围

1. 专利权保护范围的确定

专利权的保护范围是指专利权的法律效力所涉及的范围。发明或者实用新型专利权的保护范围以其权利要求的内容为准，说明书及附图可以用于解释权利要求的内容。外观设计专利权的保护范围以表示在图片或者照片中的该产品的外观设计为准，简要说明可以用于解释图片或者照片所表示的该产品的外观设计。

专利保护范围主要通过以下三种方式确定。

（1）中心原则。中心原则是指一权利要求书为专利保护的依据，在解释权利要求书时，不应当仅仅拘泥于文字所记载的内容，而应当以权利要求书为中心，全面考虑该发明创造的目的、性质及说明书和附图，将中心范围一定范围内的技术都纳入专利权的保护范围之内。但是这种原则导致专利权的边界不清晰，对于第三人来说不利。

（2）周边原则。周边原则是指权利要求书是专利保护的依据，必须严

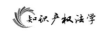

格按照权利要求书记载的内容对专利权进行保护。说明书及附图不能够成为专利保护的依据，只有在权利要求书记载不明或者无法准确解释时，说明书和附图才可以用来对专利权的保护范围进行解释。这种原则采用严格的字面解释，对社会公众有利，因为对权利要求书的内容稍作修改，就可以跳出权利人的权利范围，不利于保护专利权人的利益。

（3）折中原则。折中原则是对中心原则和周边原则的一个折中。根据折中原则，对于专利的保护范围应当根据权利要求的实质内容进行确定，在对权利要求有疑义时，引用说明书和附图权利要求进行解释。

2. 发明专利与实用新型专利的保护范围

我国《专利法》第 64 条规定："发明或者实用新型专利权的保护范围以其权利要求的内容为准，说明书及附图可以用于解释权利要求的内容。"第 26 条第 4 款规定："权利要求书应当以说明书为依据，清楚、简要地限定要求专利保护的范围。"根据这两条法律规定，发明专利与实用新型专利的保护范围应当从以下方面考虑。

（1）发明专利与实用新型专利都应当以权利要求书的内容为准，权利要求书是保护范围的根本依据。权利要求书应当记载发明或者实用新型的技术特征。权利要求书有几项权利要求的，应当用阿拉伯数字顺序编号。权利要求书中对于权利的记载必须明白准确，因为凡是权利要求书中没有记载的，都不属于权利范围。权利要求书应当有独立权利要求，也可以有从属权利要求。独立权利要求应当从整体上反映发明或者实用新型的技术方案，记载解决技术问题的必要技术特征。从属权利要求应当用附加的技术特征，对引用的权利要求作进一步限定。

（2）要准确理解专利的作用和保护范围。在实践中，完全照抄或仿制专利产品的行为少之又少，大部分都是经过改头换面后的模仿。准确把握权利要求书的实质内容和技术特征，理解该专利技术的作用、目的，巧妙地设计权利要求书，便于准确地判定侵权行为

（3）明确产品发明的特征、结构和性能。这样无论产品是通过何种方法生产制造，只要其特征、结构与性能都能落入权利要求书中，都构成侵权。所以，权利要求书应当不仅局限于方法的说明，应当将同类的参数、使用方法和使用效果均纳入保护范围之中。

3. 外观设计专利的保护范围

外观设计专利不同于发明专利和实用新型专利，其是依附于具体的产品，其没有说明书和权利要求书，只有外观表现的图片或者设计图。所以外观设计专利的保护只能依靠图片或者照片来确定。我国《专利法》第64条第2款规定："外观设计专利权的保护范围以表示在图片或者照片中的该产品的外观设计为准，简要说明可以用于解释图片或者照片所表示的该产品的外观设计。"第27条第2款规定："申请人提交的有关图片或者照片应当清楚地显示要求专利保护的产品的外观设计。"

外观设计专利的保护范围主要有以下几点。

（1）外观设计专利保护的是图片或照片中的外观设计，任何单位和个人均不得模仿或者仿制，如外观设计专利中的色彩搭配。这里的模仿或仿制不仅包括一模一样的模仿，也保护实质模仿，即突出外观设计中的创造性和新颖性进行仿制，替换背景衬托等内容。

（2）外观设计专利的保护范围主要是针对产品名称对图片或者照片中表示的外观设计所应用的产品种类。

（3）外观设计专利的保护不仅限于同种商品，也及于同类型商品。

（4）外观设计专利保护范围还需要借助简要说明文件，简要说明可以用于解释图片或者照片所表示的该产品的外观设计。

第三节　专利权的法律保护

对于专利侵权行为，专利权人可以与侵权行为人协商解决，协商不成或不愿协商的，可以通过民事、行政以及刑事手段进行相应的救济。

一、民事措施

1. 诉前禁令

（1）诉前禁令。根据我国《专利法》第72条规定，为了更好地保障专利权人的权利，当专利权人或者利害关系人有证据证明他人正在实施或者即将实施侵犯专利权、妨碍其实现权利的行为，如不及时制止将会使其

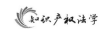

合法权益受到难以弥补的损害的，可以在起诉前依法向人民法院申请采取责令停止有关行为的措施。诉前禁令制度符合 TRIPS 协议的规定，但是为了避免权利人滥用诉前禁令影响正常的生产经营活动，提出诉前禁令申请的应当提供担保，不提供担保的，驳回申请。人民法院在收到申请之时起48 小时内作出裁定，特殊情况下需要延长的，可以延长 48 小时。提出诉前禁令的应当提交如下证据：①专利权人应当提交其权利证明文件；②利害关系人应当提交专利实施合同或者在国务院专利行政部门的备案材料，继承人应当提交相应的继承证据；③提交被诉侵权人侵权或者即将侵权的初步证据，如被控侵权产品以及相应的技术对比文件。

（2）诉前证据保全。根据我国《专利法》第73条规定，为了制止专利侵权行为，在证据可能灭失或者以后难以取得的情况下，专利权人或者利害关系人可以在起诉前依法向法院申请保全证据。法院采取保全措施可以责令申请人提供担保；申请人不提供担保的，驳回申请。法院应当自接受申请之时起48 小时内作出裁定；裁定采取保全措施的，应当立即执行。申请人自法院采取保全措施之日起 15 日内不起诉的，法院应当解除该措施。

2. 诉讼时效

我国《专利法》第74条规定："专利侵权的诉讼时效为三年，从专利权人或者利害关系人知道或者应当知道侵权行为以及侵权人之日起计算。发明专利申请公布后至专利权授予前使用该发明未支付适当使用费的，专利权人要求支付使用费的诉讼时效为三年，自专利权人知道或者应当知道他人使用其发明之日起计算，但是，专利权人于专利权授予之日前即已知道或者应当知道的，自专利权授予之日起计算。"

如果专利侵权行为一直连续存在，侵权行为人以侵权行为已超过诉讼时效进行抗辩的，法院可以根据原告的请求判定侵权人停止侵权，但侵权赔偿数额应当自原告向人民法院起诉之日起向前推算三年计算。

3. 举证责任

专利侵权案件的举证责任与一般民事诉讼中"谁主张，谁举证"的举证责任不同，若专利产品为新产品，其采用的是举证责任倒置的方式，根据我国法律规定，专利侵权纠纷涉及新产品制造方法的发明专利的，制造同样产品的单位或者个人应当提供其产品制造方法不同于专利方法的证明。专利侵权纠纷涉及实用新型专利或者外观设计专利的，人民法院或者管理专利工作的部门可以要求专利权人或者利害关系人出具由国务院专利行政部门对相关实用新型或者外观设计进行检索、分析和评价后作出的专利权评价报告，作为审理、处理专利侵权纠纷的证据；专利权人、利害关系人或者被控侵权人也可以主动出具专利权评价报告。

《最高人民法院关于知识产权民事诉讼证据的若干规定》第3条规定："专利方法制造的产品不属于新产品的，侵害专利权纠纷的原告应当举证证明下列事实：（一）被告制造的产品与使用专利方法制造的产品属于相同产品；（二）被告制造的产品经由专利方法制造的可能性较大；（三）原告为证明被告使用了专利方法尽到合理努力。原告完成前款举证后，人民法院可以要求被告举证证明其产品制造方法不同于专利方法。"

通过上述法律规定可见，如果专利产品属于新产品，那么举证责任采用倒置的方式，由被告证明其制造方法不同于专利方法，如果专利产品不属于新产品，那么依然有原告提供侵权的证据，被告提供不侵权的证据。

4. 民事保护方式

当事人可就侵犯专利权引起的纠纷协商解决，协商不成的专利权人可以向法院起诉，经法院审理认定被诉侵权人构成侵权的，则依法追究侵权人下列责任。

（1）停止侵权。停止侵权的主要目的是防止侵权人继续进行侵权活动导致权利人损失扩大。停止侵权是一般专利侵权保护中首先适用的方式。

（2）赔偿损失。赔偿损失的目的在于补偿专利权人或利害关系人因为侵权行为而带来的损失。根据我国法律规定，侵犯专利权的赔偿数额按照权利人因被侵权所受到的实际损失或者侵权人因侵权所获得的利益确定；权利人的损失或者侵权人获得的利益难以确定的，参照该专利许可使用费的倍数合理确定。对故意侵犯专利权，情节严重的，可以在按照上述方法确定数额的1倍以上5倍以下确定赔偿数额。权利人的损失、侵权人获得的利益和专利许可使用费均难以确定的，人民法院可以根据专利权的类型、侵权行为的性质和情节等因素，确定给予3万元以上500万元以下的赔偿。赔偿数额还应当包括权利人为制止侵权行为所支付的合理开支。人

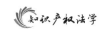

民法院为确定赔偿数额，在权利人已经尽力举证，而与侵权行为相关的账簿、资料主要由侵权人掌握的情况下，可以责令侵权人提供与侵权行为相关的账簿、资料；侵权人不提供或者提供虚假的账簿、资料的，人民法院可以参考权利人的主张和提供的证据判定赔偿数额。

（3）没收侵权产品。没收侵权产品是为了防止侵权产品流入市场，对专利权人继续造成伤害，同时也是对侵权人采取的一种制裁手段。

二、刑事措施

刑事措施是通过刑事诉讼程序实现的。根据我国法律规定，当专利侵权行为危害社会公共利益，对于社会危害较为严重，构成犯罪的，可以追究刑事责任，通过刑事手段进行威慑。我国《专利法》第68条规定："假冒专利的，除依法承担民事责任外，由负责专利执法的部门责令改正并予公告，没收违法所得，可以处违法所得五倍以下的罚款；没有违法所得或者违法所得在五万元以下的，可以处二十五万元以下的罚款；构成犯罪的，依法追究刑事责任。"我国《刑法》第216条对假冒专利罪的规定："假冒他人专利，情节严重的，处三年以下有期徒刑或者拘役，并处或者单处罚金。"

刑事手段是较为严苛的制裁手段，英美法系大多数国家认为侵害专利权仅仅损害权利人的利益而不会影响社会公众的利益，对专利侵权行为不实施刑事制裁。我国为了保障社会正常的竞争秩序，鼓励创新，为了保障良好的创新氛围，将专利侵权纳入《刑法》保护对象之中，对于专利侵权行为起到了一定的遏制作用。

三、行政措施

专利权的行政保护是通过行政诉讼程序实现的。由于专利授权是通过国家专利行政部门授权，所以专利授权行为是行政权。如果权利人对于国家专利行政部门授权驳回授权决定不服的，可以在收到通知后3个月内申请复议，对复议结果不服的可以在收到通知后3个月内向人民法院起诉。

当发生专利侵权行为时，当事人不仅可以向法院起诉，也可以通过市场监管部门进行投诉，请求市场监管工作人员进行处理。我国《专利法》

第 69 条规定："负责专利执法的部门根据已经取得的证据，对涉嫌假冒专利行为进行查处时，有权采取下列措施：（一）询问有关当事人，调查与涉嫌违法行为有关的情况；（二）对当事人涉嫌违法行为的场所实施现场检查；（三）查阅、复制与涉嫌违法行为有关的合同、发票、账簿以及其他有关资料；（四）检查与涉嫌违法行为有关的产品；（五）对有证据证明是假冒专利的产品，可以查封或者扣押。管理专利工作的部门应专利权人或者利害关系人的请求处理专利侵权纠纷时，可以采取前款第（一）项、第（二）项、第（四）项所列措施。负责专利执法的部门、管理专利工作的部门依法行使前两款规定的职权时，当事人应当予以协助、配合，不得拒绝、阻挠。"所以根据法律规定，市场监管人员有权查封扣押侵权产品。通过询问当事人或者调取相关证据认定是否构成专利侵权，如被控侵权行为人构成专利侵权，则市场监督管理部门有权对相关企业进行处罚，同时可以对双方就赔偿数进行调节。

主要参考文献

一、著作类

［1］McCarthy J T. McCarthy on Trademarks and Unfair Competition ［Z］. 5th Ed. Westlaw, 2022.

［2］崔国斌. 著作权法：原理与案例 ［M］. 北京：北京大学出版社，2014.

［3］崔国斌. 专利法：原理与案例 ［M］. 2 版. 北京：北京大学出版社，2016.

［4］冯术杰. 商标法原理与应用 ［M］. 北京：中国人民大学出版社，2017.

［5］冯晓青. 知识产权法利益平衡理论 ［M］. 北京：中国政法大学出版社，2006.

［6］冯晓青. 知识产权法律制度反思与完善：法理·立法·司法 ［M］. 北京：知识产权出版社，2021.

［7］黄晖. 商标法 ［M］. 北京：法律出版社，2016.

［8］孔祥俊. 商标法适用的基本问题 ［M］. 北京：中国法制出版社，2012.

［9］李龙. 日本专利法研究 ［M］. 上海：华东理工大学出版社，2018.

［10］刘春田. 知识产权法 ［M］. 北京：中国人民大学出版社，2022.

［11］卢海君. 版权客体论 ［M］. 北京：知识产权出版社，2011.

［12］马一德. 专利法原理 ［M］. 北京：高等教育出版社，2021.

［13］［美］穆勒. 专利法 ［M］. 3 版. 沈超，译. 北京：知识产权出版社，2013.

［14］王迁. 知识产权法教程 ［M］. 北京：中国人民大学出版社，2021.

［15］王太平. 商标法：原理与案例 ［M］. 北京：北京大学出版社，2015.

［16］吴汉东. 知识产权法学 ［M］. 北京：北京大学出版社，2014.

［17］吴汉东. 知识产权多维度学理解读 ［M］. 北京：中国人民大学出版社，2015.

［18］郑成思. 版权法（上）［M］. 北京：中国人民大学出版社，2009.

二、论文类

［1］崔国斌. 专利申请人现有技术披露义务研究［J］. 法学家，2017（2）.

［2］冯晓青，付继存. 实用艺术作品在著作权法上之独立性［J］. 法学研究，2018，40（2）.

［3］冯晓青. 我国著作权客体制度之重塑：作品内涵、分类及立法创新［J］. 苏州大学学报（法学版），2022，9（1）.

［4］冯晓青，李薇. 我国专利法中公共领域保留原则研究［J］. 学海，2020（4）.

［5］管育鹰. 保护作品完整权之歪曲篡改的理解与判定［J］. 知识产权，2019（10）.

［6］郭禾. 改革开放后我国专利制度思想观念的嬗变［J］. 知识产权，2021（6）.

［7］胡开忠. 论著作权延伸集体管理的适用范围［J］. 华东政法大学学报，2015，18（2）.

［8］李明德. 中国外观设计保护制度的改革［J］，知识产权，2022（3）.

［9］李琛. 中国商标法制四十年观念史述略［J］. 知识产权，2018（9）.

［10］李琛. 论修改权［J］. 知识产权，2019（10）.

［11］李雨峰. 专利确权的属性重释与模式选择［J］. 中外法学，2022（3）.

［12］刘银良. 著作权兜底条款的是非与选择［J］. 法学，2019（11）.

［13］刘自钦. 论我国商标注册诚信原则运用机制的改进［J］. 知识产权，2016（11）.

［14］刘自钦. 商标权注册取得领域的客观诚信和恶信［J］. 知识产权，2017（12）.

［15］卢海君. 论思想表达两分法的法律地位［J］. 知识产权，2017（9）.

［16］孙玉荣，李贤. 知识产权惩罚性赔偿制度的法律适用与完善建议［J］. 北京联合大学学报（社科版），2021（1）.

［17］彭学龙. 寻求注册与使用在商标确权中的合理平衡［J］. 法学研究，2010（3）.

［18］王迁. 论平面美术作品著作权的保护范围——从"形象"与"图形"的区分视角［J］. 法学，2020（4）.

［19］吴汉东. 试论"实质性相似＋接触"的侵权认定规则［J］. 法学，2015（8）.

［20］张惠彬. 从工具到财产：商标观念的历史变迁［J］. 知识产权，2016（3）.

［21］张乃根. RECP等国际经贸协定下的专利申请新颖性宽限期研究［J］. 知识产权，2022（2）.